Do-agora-para-o-que-está-por-vir na Psicoterapia:

A **GESTALT-TERAPIA** Recontada na Contemporaneidade

Margherita Spagnuolo Lobb

Do-agora-para-o-que-está-por-vir na Psicoterapia:

A **GESTALT-TERAPIA** Recontada na Contemporaneidade

Artesã

Do-agora-para-o-que-está-por-vir na Psicoterapia:
A GESTALT-TERAPIA Recontada na Contemporaneidade

DIRETOR
Alcebino Santana

TRADUÇÃO
Julia Inácio

REVISÃO TÉCNICA
Claudia Lins Cardoso

REVISÃO
Giovanna Marques Hailer Felipe

CAPA
Letícia Ribeiro Ianhez
Michelle Guimarães El Aouar

PROJETO GRÁFICO E DIAGRAMAÇÃO
Conrado Esteves

L796 Lobb, Margherita Spagnuolo.
Do-agora-para-o-que-está-por-vir na Psicoterapia : A GESTALT-TERAPIA Recontada na Contemporaneidade / Margherita Spagnuolo Lobb ; tradutora: Julia Inácio. – Belo Horizonte : Artesã, 2023.

344 p. ; 23 cm

ISBN: 978-85-7074-097-7

1. Gestalt-terapia. 2. Psicoterapia. 3. O contemporâneo. 4. Fenomenologia II. Inácio, Julia. III. Título.

CDU 159.9.019

Catalogação: Aline M. Sima CRB-6/2645

IMPRESSO NO BRASIL
Printed in Brazil

(31)2511-2040 (31)99403-2227
www.artesaeditora.com.br
Rua Rio Pomba 455, Carlos Prates - Cep: 30720-290 | Belo Horizonte - MG
/artesaeditora

Agradecimentos

Enquanto entreguei a edição em inglês revisada do meu livro à editora, senti-me grata por várias pessoas que me apoiaram significantemente em sua realização.

Meus agradecimentos a Giuseppe Sampognaro, que viu o livro em seu nascimento e o tem amado generosamente, dando-me suporte em momentos difíceis, removendo implacavelmente partes ou capítulos inteiros; suas críticas têm sido uma fonte de instrução e um espelho que tem me dado solidez.

Também sou grata a Piero Cavalieri, pelo encorajamento com o qual acolheu as novas ideias aqui contidas e por ler cuidadosamente o Capítulo 3, que leva o mesmo título deste livro, apoiando suas novidades e sugerindo mais desenvolvimento.

Agradeço à Ruth Anne Henderson por traduzir este livro com puro amor, reconhecendo minha alma e realizando a versão em inglês de minha criatura com o mesmo ritmo de contato que expresso na versão italiana.

Agradeço à Elizabeth Reed, por revisar este livro, com seu forte, porém delicado amor, impulsionando-me a completar o trabalho nesta edição em inglês.

Agradeço à Carlotta Datta, por ter paginado e checado todos os últimos detalhes do livro.

Obrigada a todos os professores da Escola de Pós-Graduação em Psicoterapia do *Istituto di Gestalt HCC* Itália, por seu grande entusiasmo por este livro: por eles, eu superei os milhares de obstáculos que surgem na escrita de um livro. Estou feliz em listar seus nomes: Gianni, Teresa, Piero, Sergio, Albino, Gina, Viviana, Rosanna, Isabella,

Aluette, Michele, Susanna, Angela, Giuseppe, Chicca, Peppe, Peppe, Barbara, Sebastiano, Valeria, Antonio, Maria, Betti, Giuseppe, Luciana, Donatella, Giuseppe, Jlenia, Michele e Salvo, Alessia, Rosanna. E o nome dos formandos dos formadores: Roberta e Paola, Matteo e Elena, Alessia e Silvia, Graziana e Francesca, Maria e Silvia, Stefania e Antonella, Paola e Simona, Graziella e Pinella, Angela e Barbara, Marisa e Silvia, Teresa e Vera, Michele e Valeria, Daniela e Nunzia, Carlo e Maria Chiara, e tantos outros que seria impossível listá-los todos aqui.

Este livro tornou-se um ponto de referência ao redor do qual nos reunimos para desenvolver novas ideias. Nós todos continuamos a trabalhar nele para seu contínuo desenvolvimento, com a ajuda de uma ferramenta eletrônica criada para nós por Marco Lobb, um engenheiro administrativo que dá a todos o suporte técnico necessário para realizarmos nossos sonhos.

Meus colegas no mundo internacional da Gestalt-terapia têm sido e continuam a ser minha constante fonte de novidade, de entusiasmo e de crescimento: primeiramente, meu psicoterapeuta Isadore From (†) (Nova York), que abriu minha mente para a teoria da Gestalt-terapia e meu coração para todas as emoções humanas as quais um psicoterapeuta deve estar aberto. Em seguida, Erving e Miriam Polster (†) (EUA), meus primeiros e sempre significativos formadores desde os 23 anos e em diante. Adicionalmente, Carmen Vázquez Bandín (Espanha), Dan Bloom (Nova York), Jean Marie Robine (França), Ruella Frank (EUA), Natasha e Daniel Khlomov (Rússia), Frank Staemmler (Alemanha), Joseph e Sandra Zinker (EUA), Sonia e Ed (†) Nevis (EUA), Joe Melnick (EUA), Sergio La Rosa (Argentina), Carl Hodges (EUA), Lynne Jacobs (EUA), Philip Lichtenberg (EUA), Malcolm Parlett (Inglaterra), Peter Philippson (Inglaterra), Gary Yontef (EUA), Gordon Wheeler (EUA), Nancy Amendt-Lyon (Áustria), Robert Lee (EUA), Michael Clemmens (EUA), James Kepner (EUA), Ansel Woldt (EUA) e muitos outros.

No mundo da psicoterapia mais amplo, sou grata a todos os meus colegas líderes em psicoterapia na Itália, pelo diálogo aberto e intenso que nos liga na *Federazione Italiana delle Associazioni di Psicoterapia (FIAP)*: nossos encontros são, cada vez mais, oportunidades de descobrir diferentes formas nas quais a habilidade terapêutica pode ser modificada.

Finalmente, agradeço a um número de colegas de importância internacional, mentes brilhantes que, com sua amizade, abertura mental e espírito pioneiro, são para mim uma fonte constante de aprendizado. Menções especiais vão para Daniel Stern (†) (Suíça), Donna Orange (EUA), Elisabeth Fivaz-Depeursinge (Suíça), Vittorio Gallese (Parma), Umberto Galimberti (Milão) e Massimo Ammaniti (Roma).

Por fim, meus agradecimentos a Paolo Migone e a Donna Orange por escreverem, respectivamente, o prefácio da edição italiana e da edição inglesa deste livro.

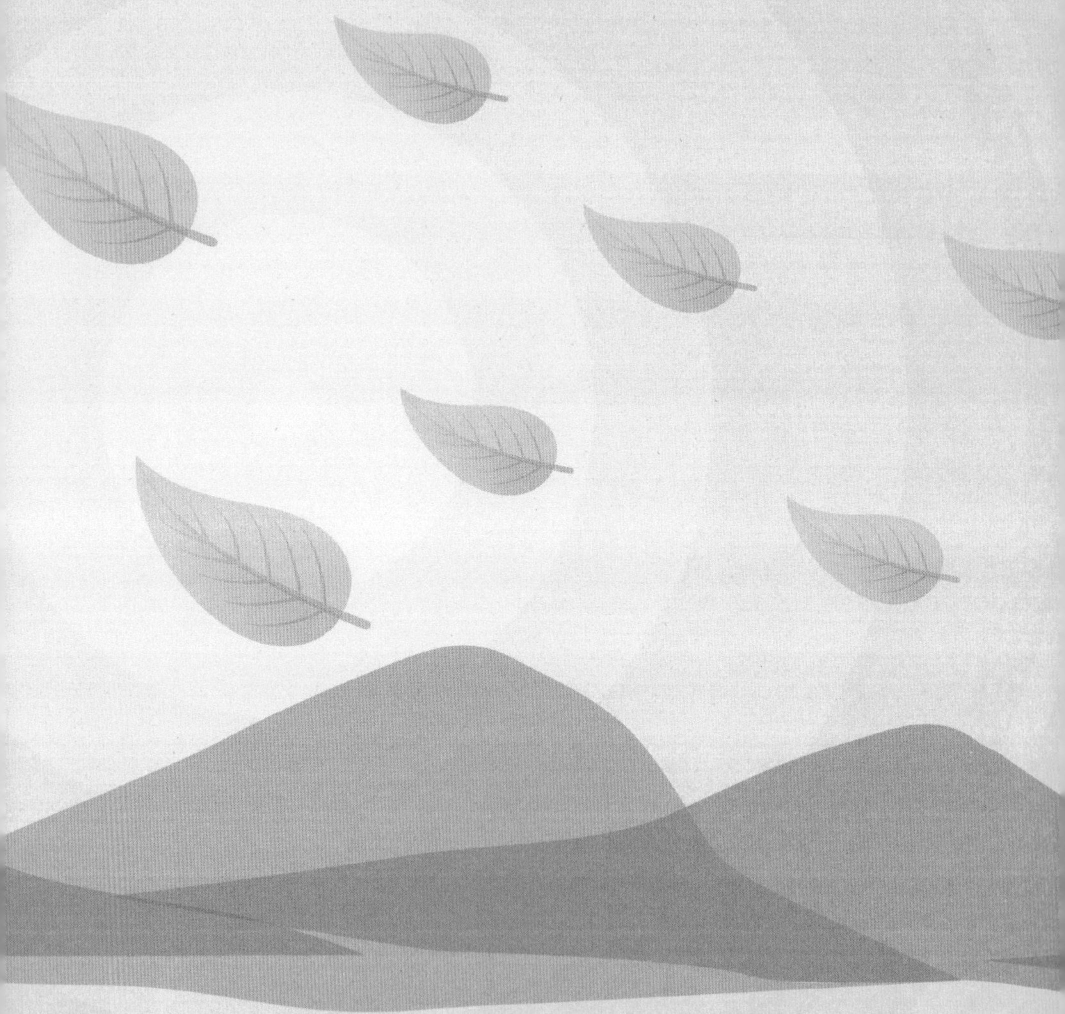

Sumário

Prefácio

Donna Orange[1]

O contato é importante para a sobrevivência e para o bem-estar humano, independentemente de como definimos estes últimos. Os Gestalt-terapeutas têm colocado a necessidade do contato no centro do projeto terapêutico desde suas origens históricas, sem dúvida corrigindo um sério ponto cego na tradição psicanalítica ou em qualquer cura que aborde pessoas metodologicamente. Agora vem uma das maiores líderes intelectuais e professoras da Gestalt-terapia contemporânea para atualizar e expandir as contribuições centrais de sua tradição, ela explica, incluindo a empatia encarnada, o aqui-e-agora, o diagnóstico narrativo, a terapia de casal e a terapia de grupo. Ela declara que na sociedade "líquida", descrita por Zygmund Bauman, na qual ninguém está realmente em casa, o trabalho na fronteira de contato, descrito por Perls, Hefferline e Goodman há tanto tempo, tem ganhado novos sentidos.

Minha tarefa não pode ser explicá-los, os antigos ou os novos. Margherita Spagnuolo Lobb fez sua parte, e vocês, seus leitores, farão a sua. Minhas formações em psicanálise e em filosofia me deixam sem a longa imersão em Psicologia da Gestalt, na teoria da Gestalt-terapia e na prática em Gestalt-terapia que outro poderia trazer para este livro extraordinariamente prático. Posso apenas elogiar sua ampla

[1] Formada em Filosofia, Psicologia Clínica e Psicanálise, Donna Orange, PhD, PsyD leciona na NYU Postdoc (Nova York). Seus livros mais recentes são *Thinking for Clinicians: Philosophical Resources for Contemporary Psychoanalysis and the Humanistic Psycho- therapies* (2010), e *The Suffering Stranger: Hermeneutics for Everyday Clinical Practice* (2011) que recebeu o Prêmio Gradiva de melhor livro psicanalítico de 2012.

e profunda sabedoria clínica para os Gestalt-terapeutas e para todos aqueles dispostos a aprender com outra tradição humanista. Porém, ouço ressonâncias com minhas próprias fontes e, com prazer, contarei a vocês sobre elas.

O "*Do-agora-para-que-está-por-vir*", inicialmente, lembrou-me de um conceito da psicologia do *self* psicanalítica que há muito tempo é caro para mim: a "vanguarda". Nós, psicanalistas, normalmente pensamos sobre a origem dos sintomas e dificuldades do paciente: "Quando você se lembra de ter se sentido assim pela primeira vez?". Apesar de considerar que essa pergunta aprofunda e promove o trabalho, em algum momento, uma orientação para o futuro também se torna útil. É claro que um clínico experiente aguarda o momento oportuno em que o testemunho traumático tenha sido adequadamente fornecido e parte suficiente da dor tenha sido trabalhada. Mas, como este livro ensina, a imagem das possibilidades do paciente, realizada previamente pelo psicoterapeuta muito antes que o paciente possa se imaginar emergindo das garras do trauma ou da repetição, forma um aspecto importante do processo terapêutico intersubjetivo. Pela primeira vez, alguém esteve interessado o bastante para imaginar o que esse paciente poderia se tornar ou para acreditar que havia mais nele do que apenas sua patologia. Na versão *Do-agora-para-o--que-está-por-vir* de entrar em contato, como ocorre na psicoterapia individual, na terapia de casal e na terapia de grupo, ouço algo como confiança, especialmente confiança nas possibilidades do campo. "É a intencionalidade de contato implícita no campo que determina o sentido das experiências, não as necessidades internas dos indivíduos isolados" (p. 161).

Porém, há mais. Entrar em contato, concebido desta forma, implica vulnerabilidade. É claro que o paciente é vulnerável. Envergonhado, o paciente (*patior:* sofrer) vem até nós pedindo ajuda, em um mundo que admira autossuficiência e cada vez mais recusa comunidade. Nós o encontramos apenas se nos fizermos vulneráveis também, se abdicarmos de nossa posição de autoridade especializada – não de nossa responsabilidade – e abrirmos nossas mãos e coração para ele, "confiando-nos" a este processo terapêutico com este paciente. O que eles precisarão de nós, inicialmente, não sabemos, mas o tipo de trabalho ético que este livro descreve não é para os fracos do coração. Tal vulnerabilidade, disponibilidade emocional, requer coragem e muitos tipos de recursos pessoais e comunitários.

Tenho observado, depois de uma década trabalhando com Gestalt-terapeutas em várias formações, que os recursos comunitários, tanto durante quanto após o treinamento, excedem aqueles das comunidades psicanalíticas que conheço. Este livro contribui grandemente para os recursos intelectuais e espirituais da Gestalt-terapia, e estou verdadeiramente honrada por Margherita ter me solicitado este prefácio.

Duas ressonâncias me ocorrem particularmente. Primeiro, a expansão do aqui-e-agora da Gestalt-terapia para o *Do-agora-para-o--que-está-por-vir* soa muito como Hans Loewald, que escreveu da ação terapêutica da psicanálise:

> [...] devemos ter, mesmo que apenas em rudimentos, uma imagem daquilo que precisa ser trazido para si mesmo. O paciente, ao se revelar para o analista, provê rudimentos de tal imagem através de todas as distorções – uma imagem que o analista deve focar em sua mente, assim mantendo-a segura para o paciente, para quem ela está em grande parte perdida (Loewald, 1960, p. 18).

Em outra obra, Loewald nos recorda que uma boa mãe ou um bom pai se lembra, em momentos estressantes, que esta criança um dia será capaz de andar, de falar e de vestir-se. Do mesmo modo, Heinrich Racker nos advertiu que se estivéssemos despreparados para aceitar as responsabilidades da paternidade/maternidade, não deveríamos nos tornar psicanalistas. Enquanto a tradição da Gestalt-terapia e Spagnuolo Lobb encontram o *Do-agora-para-o-que-está-por-vir* como intencionalidade logo na fronteira do contato e, portanto, não exatamente como minhas fontes analíticas o fariam, acredito que a leitura de Freud, feita por Loewald, teria nos entendido de forma semelhante, como motivados a intuir o futuro dentro da conexão, *Eros*.

Assim, emerge a segunda ressonância ocorrida: o poder terapêutico do amor. Quem, nesta era de tratamentos baseados em evidências e medicalização de tudo, ousaria dizer tal coisa? Mas nós, psicanalistas, temos nossa tradição de subversivos, há muito silenciados, neste tópico também. Seus nomes são Sandor Ferenczi, Ian Suttie, Michael Balint,

Ronald Fairbairn, Frieda Fromm-Reichmann, e agora, Daniel Shaw (SHAW, 2014). Os gregos antigos distinguiam quatro tipos de amor: *Agape* (amor espiritual), *Eros* (amor romântico), *Philia* (amizade) e *Storge* (amor parental, afeição). O que Shaw descreve, e o que eu vejo como indispensável em meu trabalho quando este dá certo, é uma afeição emergente por meu paciente. Dan Perlitz (PERLITZ, 2014) escreve sobre esta indispensabilidade do afeto analítico, e falamos juntos sobre um processo que chamamos de compreensão afetuosa[2]. Habitualmente, entendo a profunda ausência de tal afeto – ou de qualquer sensação que ele poderia promover – como um sinal de que eu provavelmente não deveria aceitar esta pessoa como paciente. Aprendi a confiar nesta sensação ao longo dos anos. Apenas o trabalho no clima de tal afeição, mesmo que dificuldades vão e venham, pode fazer a diferença para os assassinados de alma.

Tal afeição, ou "amor analítico", pode e vive, de fato, com o conflito, a ruptura, o mal-entendido e terrível dor. Com muitos sofredores, este preço será cobrado de nós e de nossos pacientes. Nós entendemos, contudo, que crimes contra a humanidade trouxeram muitos desses pacientes aos nossos cuidados. Como Ferenczi e Fairbairn escreveram, não importa quais rotinas complicadas e defensivas aparentem repetir, eles estão em busca de amor e, portanto, temos uma chance com eles. Para mim, transferência e realidade não são opostas; ambas são modos de amar e de buscar amor. Falamos uma palavra simples. Daniel Shaw escreve:

> Em contraste com o sistema narcisista de se relacionar, o amor analítico é o que acontece quando fazemos nosso trabalho com consciência e aceitação de nossas próprias vulnerabilidades e falibilidades; e com a disposição para reconhecer a vergonha, pelo menos para nós mesmos, quando é isso que estamos sentindo. O amor analítico é o equilíbrio que encontramos e a tensão mantemos entre a confiança em nós mesmos, e a confiança em nossa sinceridade e em nossa experiência, enquanto sabemos que nunca somos mais do que humanos, sempre em

[2] Não estamos certos de quem começou usando essa expressão (OGDEN, 2003).

grande parte inconscientes, e como tal, sempre falíveis, sempre vulneráveis... (Shaw, 2014, p. 148)

Eu chamo esta atitude de humildade clínica, uma condição essencial para a possibilidade de um amor analítico ou afeição que não entrará em colapso, não se tornará destrutivo ou autodestrutivo. Este livro abarca com clareza e coragem a necessidade de que o paciente realmente importe emocionalmente para o psicoterapeuta. Leiam!

Prefácio para Edição Italiana

por Paolo Migone[1]

Por volta da metade do século 20, o movimento psicoterapêutico passou por um período de grande efervescência e desenvolvimento de novas escolas. Isso aconteceu sobretudo nos Estados Unidos, pois a Europa emergia com dificuldade da Segunda Guerra Mundial. Além da destruição e do terrível sofrimento, a guerra havia causado a emigração dos mais importantes protagonistas da cena psicoterapêutica, muitos dos quais, justamente, foram para o Novo Mundo. E enquanto a Europa estava engajada na reconstrução pós-guerra, a expansão econômica nos Estados Unidos, que nos alcançaria mais tarde, nos anos 60, já estava em andamento. Esta expansão trouxe consigo novas demandas, necessidades que não eram apenas materiais, mas também psicológicas.

Nos Estados Unidos, sobretudo, a Costa Leste e a Costa Oeste foram talvez mais expostas a novas influências culturais, palco para estes desdobramentos. Naquela época, nos Estados Unidos havia principalmente dois movimentos psicoterapêuticos, ambos muito influentes: a psicanálise e o behaviorismo. Todavia, uma série de corajosos colegas, dotados de pensamento crítico e independente, começaram a se sentir limitados nestas abordagens, claramente vendo suas falhas, especialmente com relação à forma como essas abordagens eram praticadas na época. O grupo, formado por esses colegas, foi chamado de "Terceira Força" do movimento psicoterapêutico, após a psicanálise e o

[1] Codiretor da revista italiana *Psicoterapia e Scienze Umane* (Visite o *site*: www.psicoterapiaescienzeumane.it).

behaviorismo que, historicamente, surgiram um após o outro. Fritz Perls, fundador da Gestalt-terapia, foi um dos maiores expoentes desse novo movimento, também chamado de "humanista", o qual deixou uma potente marca experiencial e fenomenológica.

Margherita Spagnuolo Lobb, que foi treinada nos Estados Unidos por um dos fundadores da Gestalt-terapia, é, por assim dizer, uma das "mães" da Gestalt-terapia na Itália. Neste livro, ela condensa o conhecimento acumulado de anos de experiência clínica e de ensino para torná-lo disponível, de forma clara e com abundantes exemplos clínicos, para seus alunos do *Istituto di Gestalt HCC,* fundado nos anos 1970, e para a comunidade psicoterapêutica italiana inteira.

Ao folhear o livro, seus aspectos mais interessantes emergem imediatamente. Em primeiro lugar, e acima de tudo, somos tomados pelo título, no qual o assim chamado *Do-agora-para-o-que-está-por-vir* em psicoterapia ganha proeminência, um conceito – tipicamente fenomenológico – que implica uma constante atenção e empatia, por parte do psicoterapeuta, para com a intencionalidade com a qual o paciente se revela para ele no aqui e agora da sessão terapêutica. É precisamente o suporte terapêutico desse sentido que permite a realização autêntica do paciente. Essa atenção ao futuro, e não apenas ao passado, tem sido, em alguns aspectos, relativizada na psicanálise clássica, pois, como sabemos, esteve presente em Jung. Na Gestalt-terapia, entretanto, o suporte da tensão direcionada ao futuro é realizado por canais processuais (não relacionados nem ao conteúdo nem simbólico), que se referem à totalidade da experiência do paciente.

O livro também evidencia uma tentativa de conectar a Gestalt-terapia com a sociedade, com os desdobramentos recentes da "sociedade contemporânea", como o subtítulo também indica. Isso não é muito comum hoje em dia. Se pensarmos, por exemplo, sobre psicanálise, na qual, previamente, a reflexão sobre a sociedade sempre esteve presente e também foi sentida profundamente por Freud (poderíamos pensar em seus escritos sociológicos ou aqueles sobre psicanálise aplicada, de maior interesse), hoje, grande parte do movimento psicanalítico rejeita essas reflexões, abstendo-se, como se estivesse se fechando na atividade clínica. Esse fenômeno reduz as potencialidades de uma disciplina que originalmente tinha ambições mais altas. Bem, este livro de Margherita

Spagnuolo Lobb tenta atualizar a Gestalt-terapia, fundada há mais de cinquenta anos, para a sociedade de nossos tempos.

Outro aspecto interessante deste livro é o fato de que ele mostra muito efetivamente quantas e quais são as áreas de interseção atuais entre as várias abordagens presentes no diverso mundo da psicoterapia. Isso não é tudo: ele também mostra como conceitos centrais da Gestalt-terapia anteciparam recentes desenvolvimentos em psicoterapia. Estou fazendo alusão, por exemplo, a certos aspectos da psicanálise contemporânea: podemos pensar sobre os conceitos da autorregulação emocional, da motivação para a relação interpessoal e do crescimento criativo, da necessidade de compreensão intuitiva entre o filho e a mãe (e o paciente e o psicoterapeuta ou entre o indivíduo e o mundo ao seu redor), e assim por diante. Não é mera coincidência Margherita Spagnuolo Lobb ser muito próxima de Daniel Stern, o conhecido psicanalista cujos estudos no campo da pesquisa infantil revolucionaram a teoria de motivação e desenvolvimento.

Este livro mostra que há áreas de convergência entre descobertas das neurociências (como os neurônios-espelho), certas concepções filosóficas (como a fenomenologia da percepção de Merleau-Ponty) e certas intuições da Gestalt-terapia. De fato, podemos dizer que as intuições clínicas da Gestalt-terapia anteciparam conclusões as quais, subsequentemente, os pesquisadores que descobriram os neurônios-espelho chegariam.

A propósito da relação entre a Gestalt-terapia e os neurônios-espelho, eu gostaria de aproveitar esta oportunidade para recordar que Eagle e Wakefield (2007)[2] recentemente mostraram que o princípio do "isomorfismo interpessoal", formulado pelos psicólogos da Gestalt, Köhler e Koffka, nos anos 1920-40, foi incontestavelmente anterior

[2] Esse trabalho de Eagle e Wakefield (2007) apareceu na revista *Gestalt Theory*, que na edição seguinte também organizou um debate sobre o tema. Morris Eagle é autor de contribuições de grande interesse, por exemplo, em um livro de 1984 (*Recent Developments in Psychoanalysis*), ele oferece um exame crítico da consistência interna das principais teorias psicanalíticas e, em um recente livro (*From Classical to Contemporary Psychoanalysis. A Critique and Integration*, 2011), ele compara os principais aspectos da teoria freudiana com aqueles das principais escolas psicanalíticas contemporâneas.

à descoberta dos neurônios-espelho[3]. Certamente, a Psicologia da Gestalt não é, de forma alguma, a mesma coisa que a Gestalt-terapia, a qual pode ser definida como uma psicoterapia "pós-analítica" que, subsequentemente, tomou seus próprios caminhos. Contudo, como a própria Margherita Spagnuolo Lobb recordou em uma concisa e muito clara apresentação da Gestalt-terapia (Spagnuolo Lobb, 2007c, p. 901), Fritz Perls havia tido experiência direta com a Psicologia da Gestalt quando trabalhou no laboratório de Kurt Goldstein, e sua esposa (Laura Posner Perls) havia estudado na escola de Berlim em um grupo de estudos, com Max Wertheimer, Kurt Koffka e Wolfgang Köhler, que também, naqueles mesmos anos, havia atraído Kurt Lewin (fundador da teoria de campo) e o próprio Goldstein.

Este é apenas um exemplo das interconexões entre várias escolas e campos de conhecimento, em tempos até muito remotos uns dos outros, conforme demonstrado neste livro. Permitam-me mencionar outra importante área de interconexão entre as várias escolas psicoterapêuticas: o conceito de *Self* como "produto relacional", proposto em uma "posição mediana" entre o organismo e o ambiente, pois, em uma perspectiva de campo, o indivíduo se concentra na "fronteira de contato". Ouvindo essas teorizações da Gestalt-terapia, como podemos não pensar nos desenvolvimentos da psicanálise relacional, como a de Mitchell, ou na perspectiva intersubjetiva (explicitamente fenomenológica e "holística") de Storolow e outros? Há uma estreita semelhança evidente, mas com a diferença de que certas posições haviam sido tomadas previamente pelos Gestalt-terapeutas há décadas.

3 Fui eu que, anos atrás, contei à Morris Eagle sobre a descoberta dos neurônios-espelho, feita no Departamento de Neurociências da Universidade de minha própria cidade (Parma). Ao falar sobre os neurônios-espelho e suas possíveis implicações, ele imediatamente compreendeu sua importância e disse que, há mais de cinquenta anos, os psicólogos da Gestalt haviam antevisto estes conceitos. Mais tarde, Morris Eagle estudou a fundo este tema com grande interesse, tanto que queria envolvê-lo no trabalho sobre as implicações dos neurônios-espelho para a psicanálise junto de Vittorio Gallese, um dos integrantes da equipe de pesquisadores que fez a descoberta dos neurônios espelho (nosso trabalho foi publicado na edição 3/2006 da *Psicoterapia e Scienze Umane* [Gallese; Migone; Eagle, 2006], e uma versão em inglês foi publicada no *Journal of the American Psychoanalytic Association* [Gallese, Eagle; Migone, 2007], que desencadeou um debate [Vivona, 2009a, 2009b; Olds, 2009; Eagle; Gallese; Migone, 2009]).

Há tantos aspectos deste livro que mereceriam comentários, relacionando-os com outras teorizações psicanalíticas, que seria impossível examinar todos. Fui tomado, por exemplo, pela reavaliação do conceito de agressividade em termos de crescimento e de autoafirmação, pelo diagnóstico gestáltico, pelas reflexões sobre o amor em psicoterapia (um tópico muito importante, central para o psicoterapeuta) e pela passagem de uma visão diádica para triádica, pelas declinações clínicas da abordagem no trabalho com casais, com famílias e com grupos experienciais, e assim por diante.

Mas os méritos deste livro não são limitados à amostra de interconexões entre escolas ou à atualização da Gestalt-terapia para a sociedade contemporânea, estudando a técnica a fundo em vários contextos clínicos. Para mim, este livro tem ainda outro mérito: ele leva o leitor em uma aventura não apenas intelectual, mas também cativante de um ponto de vista emocional. E essa é uma característica central da Gestalt-terapia que sempre me fascinou.

Introdução

Cliente: "Eu tive um pequeno sonho na noite passada"

Psicoterapeuta: "Sim, pequeno como eu!"

Isadore From

1. Os Motivos do Livro

Este livro não é uma resposta a perguntas como "O que é Gestalt-terapia?", com as quais tive de lidar longamente no passado[1], mas busca penetrar a trama do trabalho gestáltico clínico contemporâneo, para determinar como ele tem se desenvolvido, e encontrar o necessário entrelaçamento entre trabalho clínico e sociedade, que define as raízes epistemológicas desta abordagem.

O livro foi concebido para os estudantes das escolas de especialização, a fim de possibilitar o aprendizado da Gestalt-terapia, "palavra por palavra", e foi escrito para todos aqueles que querem adentrar no coração do encantamento da Gestalt-terapia, incluindo psicoterapeutas experientes, para oferecer-lhes quadros de compreensão do que já fazem ou ideias diferentes que possam ampliar o *Weltanschauung* de seu trabalho clínico.

Ele é, em primeiro lugar, um tributo aos meus alunos os quais, em meus trinta anos de ensino e de prática clínica, têm me permitido, com suas perguntas, suas curiosidades e seus afetos, entender o que *é* a Gestalt-terapia. Também sou grata aos meus pacientes, que *têm* me permitido conhecer as suas dores e, confiando a mim, deram-me a chave para acessar as suas intimidades mais profundas; espero ter sempre mostrado a eles respeito e um senso de responsabilidade para

[1] Veja, por exemplo, SPAGNUOLO LOBB, 2001b; 2001c; 2001e; 2004a; 2005b; 2007b; 2007c; 2010b.

com seus desejos de dar nova forma às suas histórias de sofrimento relacional, e tê-los ajudado a concluir a intencionalidade de contato que os tornam espontâneos.

Uma motivação básica é, certamente, o vínculo com meu psicoterapeuta, Isadore From, cujos ensinamentos têm sido sempre minha luz-guia no desenvolvimento teórico. Seu amor e seu bom discernimento, sempre tão inesperados e tão básicos para mim, foram um espelho, no qual fui capaz de ver quem sou eu, sentindo-me livre para crescer, a começar pelo meu amor pela Gestalt-terapia e por ele.

A epígrafe, trocas entre psicoterapeuta e cliente que ele amava contar aos seus alunos, resume a abordagem clínica da fronteira de contato que apresento neste livro. Longe de exprimir a análise de uma projeção, a resposta do psicoterapeuta evoca com poder estético a dinâmica figura/fundo que move o contato do cliente. Essa perspectiva fenomenológica, centrada no campo experiencial criado entre psicoterapeuta e cliente, é o desdobramento contemporâneo do método gestáltico (veja Spagnuolo Lobb, 2009d; 2010b), respondendo tanto às novas tendências culturais quanto a um desenvolvimento da abordagem gestáltica consistente com seus princípios fundamentais.

Entre meus pontos de referência teóricos e metodológicos, está também Daniel Stern, não apenas por ter dado à humanidade sérios e criativos estudos que demonstram a saúde intrínseca com a qual relações humanas são espontaneamente constituídas e desenvolvidas, mas também pela abertura mental e pelo rigor que manteve em sua "amizade" comigo. Ele teve um potente impacto em meu trabalho.

Os colegas que colaboram comigo no *Istituto di Gestalt HCC* fizeram-me entender que eu tinha que escrever um livro que relataria como trabalho. Eles sempre disseram que para eu me conhecer completamente, seria necessário me ver em ação no meu trabalho clínico. Acredito que ali está meu "verdadeiro eu", a condição que permite a mim me mostrar inteiramente. Por isso, este livro combina o "revelar-me" no encontro clínico (o que, devo dizer, é primeiramente uma revelação para mim, no sentido de que sempre me surpreendo com o encanto que emerge no trabalho gestáltico) com meu amor pela teoria da Gestalt-terapia.

A psicoterapia tem sido meu sonho e minha paixão desde a época em que cursei o ensino médio e, desde então, a Gestalt-terapia tem sido meu único grande amor, apesar de ter sido treinada em muitas outras abordagens. Aos 23 anos, recém-formada, fui à Califórnia para me especializar com Erving e Miriam Polster. Brincando, Erving gostava de dizer que teve que pedir permissão aos meus pais para me admitir em seu grupo de formação. Foi lá que conheci Isadore From, um dos fundadores da Gestalt-terapia, que se tornaria meu próprio psicoterapeuta, e quem estaria sempre ao meu lado nos momentos importantes de minha vida, até sua morte, em junho de 1994 (Spagnuolo Lobb, 1994). Isadore me apresentou o Instituto de Gestalt-terapia de Nova York, o qual se tornou (e continua sendo) meu lar. A partir do fundo seguro nascido de minha filiação, o mundo da Gestalt-terapia internacional se tornou minha *pólis*, e eu apresentei à Itália os mais importantes Gestalt-terapeutas, traduzindo suas obras e convidando-os para lecionar no Instituto que dirijo. Então, tive a sorte de presidir associações italianas e internacionais de psicoterapia e Gestalt-terapia: nelas, trabalhei pelo bem comum da psicoterapia, institucionalizando padrões de formação e créditos de diversos métodos, dando, com isso, dignidade à abordagem gestáltica e, adicionalmente, criando diálogo entre métodos, o que acredito ser uma das coisas mais enriquecedoras para todos os psicoterapeutas.

Portanto, expressei meu amor pela Gestalt-terapia de várias maneiras. Neste livro, gostaria de relatar a expressão mais íntima e profunda desse amor, isto é, meu modelo clínico.

2. Criatividade Gestáltica: um Recurso e um Limite

Como Laura Perls costumava dizer, há tantas Gestalt-terapias quanto Gestalt-terapeutas. Basicamente, penso que isso é verdade para todas as abordagens (há tantas psicanálises quanto psicanalistas, tantas terapias de família quanto terapeutas de família, etc.), mas a coragem de encarnar essa flexibilidade no corpo teórico de um método psicoterapêutico é típica da Gestalt-terapia. A criatividade e a integração de diferenças têm sido sempre as características mais marcantes[2] e mais atraentes do trabalho clínico gestáltico.

Ao mesmo tempo, este valor precioso tem precisa e paradoxalmente contribuído, nas últimas décadas, para legitimar a negligência de adesão aos princípios epistemológicos da abordagem. Um desses princípios é exatamente a impossibilidade de adesão a clichês predefinidos. Mas isso não significa uma ausência de princípios, mas sim, expressa a necessidade de ajustá-los criativamente em uma síntese sempre nova. No fervor anti-institucional característico da sociedade dos anos 70, Gestalt-terapeutas, em alguns casos, identificaram este aspecto metodológico (a não aderência a quaisquer clichês predefinidos) como ditame ateórico[3], acabando não apenas caindo no mesmo absolutismo que desejavam combater, mas também criando problemas de pertencimento e de consistência entre os próprios Gestalt-terapeutas (Spagnuolo Lobb, 2004b). Felizmente, hoje tem emergido no diálogo científico internacional uma partilha dos princípios epistemológicos, a partir dos quais se inicia um desenvolvimento consistente da abordagem, capaz de responder aos problemas da prática clínica contemporânea.

A arte do Gestalt-terapeuta, portanto, é árdua: é difícil tanto aplicá-la quanto transmiti-la, porque ela implica em permanecer inteiramente aderente a um espírito, a princípios, sem abandonar a criatividade que nossa paixão nos permite.

Em seu desenvolvimento, a abordagem gestáltica tem tornado figura certos aspectos fenomenológicos que anteriormente eram fundo, conforme o desdobramento das tendências culturais. É por isso que, enquanto todo o mundo psicoterapêutico abordava a relação (dos anos 90 em diante), ao mesmo tempo da descoberta dos neurônios-espelho em 1992 (Gallese; Migone; Eagle, 2006), a Gestalt-terapia não teve de criar algo novo, mas apenas tornar figura a teoria de contato e o conceito da fronteira de contato, que, em décadas passadas, haviam permanecido no fundo (Wheeler, 2000b).

2 Veja SPAGNUOLO LOBB; AMENDT-LYON (2003), um compêndio de contribuições sobre ajustamento criativo 50 anos após a fundação da abordagem.

3 Veja, por exemplo, o modelo de Claudio Naranjo (1980).

3. O Desenvolvimento de Sentimento Social e a Psicoterapia

Quase todas as abordagens psicoterapêuticas modernas foram fundadas nos meados dos anos 50, e logo se difundiram nos vinte anos seguintes. Desde então, nossos clientes mudaram muito e, portanto, somos desafiados a modificar tanto as formulações quanto o método, por um lado, mantendo a confiança na epistemologia de nossa abordagem e, por outro, criando novos instrumentos para resolver os problemas de hoje. Reflitamos sobre o desenvolvimento clínico destes 60 anos.

1950 a 1970

Esses foram os anos em que a maioria das abordagens psicoterapêuticas foi mais difundida. Nesse período, definido por sociólogos como "sociedade narcisista" (Lasch, 1978), todas as novas abordagens psicoterapêuticas visavam à resolução de um problema relacional e social: como dar mais dignidade às capacidades da vida real, o que estava à sombra das últimas formulações de Freud. Na verdade, ele havia dado mais poder para a força do inconsciente. A própria "prole" mais ou menos dissidente de Freud – Otto Rank, com os conceitos de vontade e de contravontade (Rank, 1929; 1942); Adler (1924) com o conceito de desejo de poder; Reich (1945) com sua perspectiva absolutamente confiante sobre a sexualidade (Spagnuolo Lobb, 1996) – expressou, no começo do século, uma mudança na perspectiva psicossocial das relações humanas: o "não" da criança (e do cliente) é saudável, as emoções de poder são "normais", a energia corporal e a sexualidade podem ser inteiramente experienciadas sem cair em orgia patológica. O equivalente filosófico desta mudança é encontrado no pensamento de Nietzsche, enquanto, no nível artístico, novas formas, desde o jazz ao surrealismo (podemos pensar nas figuras desconstruídas de Miró), refletiram o desejo de afirmar novas perspectivas subjetivas.

No nível político, a emergência dos direitos das minorias, como um desdobramento dos regimes ditatoriais, comprovou o desejo de dar dignidade a toda e qualquer forma de existência humana. Todas as correntes psicoterapêuticas que surgiram nos vinte anos, entre 1950 e

1970 (bem como algumas "revisões" da psicanálise), tinham em comum um desejo de dar maior dignidade e confiança à experiência individual, considerada de importância fundamental para a sociedade. O ego foi reavaliado, atribuindo-lhe um poder criativo para independência: a criança tinha de ser libertada da opressão do pai, e os clientes, das normas sociais. Até a loucura não era mais vista como uma irrecuperável falta de senso de realidade, como uma dominação por um inconsciente destrutivo, mas como uma oportunidade de entender uma parte antes inalcançável, a qual, apesar de desviante, era também uma fonte de criatividade: a salada de palavras do esquizofrênico, como uma imagem que expressa emoções sem estrutura, tem um valor em si mesma que, embora seja bem diferente da racionalidade, apoia o poder criativo e independente do ser humano. A necessidade emergente era se redescobrir como importante, mesmo que desviante (ou não dominante).

Nesse contexto, a Gestalt-terapia reconhece essa necessidade, fundando uma teoria do *self*[4] capaz de compreender a experiência durante o processo de contato do organismo com o ambiente (em vez de intrapsíquico), revelando a criatividade do ego nesse processo, que é, ao mesmo tempo, criador e criado. O modo médio, encarnado na estética da cultura grega (no Ocidente, é apenas na língua grega que certos verbos tem um "modo médio"[5]), também caracteriza a descrição do *self*, que é "criado" na fronteira entre o organismo e o ambiente, através de um processo estético, da *awareness* e da presença para os sentidos, como qualidade intrínseca de um bom contato (veja o Capítulo 2).

Outro conceito original, com o qual a Gestalt-terapia fez sua contribuição para as necessidades emergentes da sociedade nos anos 50, refere-se à natureza positiva do conflito nas relações humanas: o conflito suprimido leva ao tédio ou à guerra (Perls, 2002). Passar pelo conflito é uma garantia de vitalidade e de crescimento verdadeiro.

[4] Gestalt-terapeutas optam por escrever as palavras "*self*", "*ego*", "*id*" com a letra inicial minúscula para exprimir uma definição processual e holística desses termos, em vez da tendência de objetificá-los, considerando-os como aplicações.

[5] O "modo médio", ou *diátese*, é exclusivo ao idioma grego e indica uma participação especial do *self* na ação. Muitas vezes, indica o grande interesse do sujeito pela ação em que está envolvido; corresponde ao reflexivo em italiano e em inglês.

Mas qual eram as frases, a linguagem típica dos clientes nos anos 50? O cerne da demanda por psicoterapia naqueles anos poderia ser: "Eu quero ser livre"; "Vínculos são sufocantes, eles me impedem de me realizar com minhas potencialidades"; "Estou pedindo ajuda para me libertar dos vínculos que me oprimem"; "Eu gostaria de sair de casa, mas não posso fazer isso"; "Não aguento quando meu pai me ordena a fazer as coisas". A evidência clínica dos anos 1950-1970 emerge ao redor dessas experiências. Havia uma necessidade de expandir o ego, de dar a ele maior dignidade, uma necessidade de independência. O fundo experiencial do qual essa necessidade emergiu era mais sólido do que é hoje para nós: relacionamentos íntimos eram mais duradouros (embora, muitas vezes, nivelados por fatores normativos), e os relacionamentos familiares primários eram, certamente, mais estáveis.

As respostas do psicoterapeuta eram: "Você tem o direito de ser livre, de se realizar, de desenvolver suas potencialidades"; "Eu sou eu e você é você...". Em suma, o que era apoiado era a autorregulação e a separação dos vínculos, ao custo de se preocupar com o que acontecia na fronteira de contato com o outro.

1970 a 1990

Esses anos foram caracterizados pelo que Galimberti (1999) chama de a "sociedade tecnológica", precisamente porque puseram a máquina em um pedestal e, ao seu lado, colocaram a ilusão de controlar as emoções humanas, especialmente a dor, e consideraram as relações da *oikos*[6] como um "erro", um impedimento para a produtividade que, em contraste, era vista como o único valor confiável. Amor e dor, duas emoções que na realidade são inseparáveis, foram neste período consideradas irreconciliáveis.

Se considerada como produto de uma "sociedade narcisista", a "sociedade tecnológica" poderia ser definida como "borderline". Essa geração teve, por um lado, a forte pressão de pais bem-sucedidos, os quais queriam que seus filhos fossem "deuses" como eles e,

[6] "Lar", em grego.

por outro, a falta de suporte para seus próprios desejos e tentativas de ser alguém no mundo. O filho de Deus não comete erros! Essa geração, que por um prisma cresceu com a ilusão de ser excepcional e por outro teve que esconder a sensação de que estava blefando, desenvolveu uma modalidade relacional borderline: ambivalente, insatisfeita, incapaz de se separar para afirmar seus próprios valores. A fuga dos jovens para "paraísos artificiais" e a raiva pelos pais portadores de valores distantes de sua humanidade facilitaram a disseminação de drogas, mas também de importantes experiências grupais. Não foi por acaso que, na psicoterapia, nesses vinte anos, houve um interesse especial pelos grupos: o grupo era percebido como uma (às vezes, a única possível) fonte de cura.

As frases dos clientes nos anos 70 e 80 poderiam ser, por exemplo: "Eu me apaixonei por uma colega, estou me relacionando com ela, minha esposa não sabe e não sei se conto a ela ou não"; "Meus pais estão sempre pegando no meu pé; quando estou em um grupo me sinto mais livre, fumar um baseado é a libertação da opressão diária"; "Drogas (ou meu trabalho ou meu/minha amante), esse é meu vínculo principal, o vínculo com meu/minha parceiro/a é um extra opcional". Havia uma busca de si mesmo fora dos vínculos íntimos, uma tentativa de resolver a dificuldade de *estar-com* por meio da substância ilegal ou do trabalho.

Nos anos 90, apenas dez anos mais tarde, a busca por si mesmo se transformou em uma necessidade de se sentir sozinho: "Eu gostaria de sentir a mim mesmo, de me encontrar. Às vezes, sou forçado a fazer jejum para sentir a mim mesmo através da fome. Todos querem algo de mim e não sei como descobrir quem sou"; ou "Eu tenho um relacionamento com um homem que vive a 600 milhas de distância. Não sei muito sobre ele. No início, era bom estarmos juntos quando nos encontrávamos. Mas agora é um tédio. Nós não sabemos o que fazer. Você acha que isso é normal?"

As respostas do psicoterapeuta eram: "Confie em si mesmo – volte às origens do seu ser (em termos fenomenológicos) – descubra quem você é se concentrando." Ou ainda: "Vamos ver o que está acontecendo entre nós dois". Na prática, todos os métodos se dirigiam, na época, ao que em Gestalt-terapia chamamos de "fronteira do contato": uma nova forma de olhar para transferência e para a contratransferência. "Confie na autorregulação, tanto das suas emoções quanto do espaço entre nós dois".

Em outras palavras, o slogan perlsiano "Perca a cabeça e volte-se para seus sentidos" foi revisado como "Siga sua empatia encarnada"; "Eu me reconheço no seu olhar".

1990 a 2010

No sentimento social, o interesse pela tecnologia (um recurso hoje dado como garantido) e a ambivalência para com os próprios valores deram lugar à uma sensação de liquidez, como Bauman (2000) coloca tão bem. Os filhos da "sociedade borderline" estão experienciando a ausência de relações íntimas e constitutivas: pais têm estado ausentes, em parte porque estiveram ocupados no trabalho (o valor difundido pela sociedade foi o da tecnologia) e preocupados com a iminente crise social, em parte porque foram incompetentes no nível relacional (a ambiguidade borderline é derramada sobre a prole com um distanciamento emocional). A geração destes vinte anos também cresceu em um período de grandes movimentos migratórios, nos quais muitas pessoas não puderam contar com a tradição intergeracional para suporte e senso de enraizamento (Spagnuolo Lobb, 2011a).

Tradições são, muitas vezes, perdidas e as praças dos vilarejos têm sido substituídas pelas "praças" virtuais das redes sociais. A experiência social das pessoas jovens atualmente é líquida: incapaz de conter a excitação do encontro com o outro e extremamente aberta às possibilidades de troca oferecidas pela globalização dos fluxos comunicativos. A criança fazendo seu dever de casa, por exemplo, no momento em que tem uma dificuldade, precisa de uma contenção e de um encorajamento para resolvê-la, usando a energia que a anima. Mas ninguém está em casa para falar ou para oferecer alguma contenção para fazê-la entender o que está sentindo e o que quer. Então, ela vai para a Internet, e uma ferramenta de pesquisa fornece a resposta; sua excitação é jogada e espalhada pelo mundo e ela encontra todas as respostas possíveis, mas não encontra uma relação de contenção, um corpo humano, apenas um computador frio incapaz de acolher a criança. A excitação desenfreada se torna ansiedade. Isso é perturbador e, para evitar sentir isso, o corpo deve ser dessensibilizado. É por isso que hoje temos vários distúrbios de ansiedade (como ataques de pânico[7], estresse pós-traumático, etc.), dificuldade em formar vínculos, patologias do mundo virtual e dessensibilização corporal. Nossos clientes, especialmente os mais jovens (como qualquer um que que trabalhe com adolescentes ou com jovens casais sabe), dizem-nos coisas como: "Fiz amor com um rapaz pela primeira vez, mas não senti nada"; "Em um *chat on-line* me sinto livre, mas com minha namorada não sei sobre o que falar"; "Ninguém, realmente, me interessa", ou "Na nossa lua de mel, meu marido me contou que tem outra mulher já faz tempo". Formas de mal-estar emergem ligadas a uma insensibilidade corporal que aparece na relação. É até difícil perceber o outro: o campo está cheio de ansiedade e de preocupações.

O psicoterapeuta responde dando suporte ao processo fisiológico do contato (o *id* da situação, como diz Robine, 1977): "Respire e sinta o que acontece na fronteira". Além disso, ele dá suporte ao fundo da experiência: ele identifica como (com qual modalidade de contato) o cliente mantém a figura (ou o problema). Em outras palavras, o psicoterapeuta foca no *suporte ao processo de contato,* onde uma vez teve que direcionar a atenção para o suporte de uma individualidade egoica, para favorecer sua emergência entre outras individualidades. Ou seja, se antes – na mente social comum – estar saudável implicava encontrar as razões para vencer, para emergir na batalha da vida, hoje significa experienciar o afeto nos relacionamentos íntimos e a reação emocional e corporal ao outro. Em grupos, o psicoterapeuta dá suporte à autorregulação harmoniosa que ocorre quando se vive em um contexto horizontal (igual), no qual é possível respirar e oferecer suporte mútuo.

Até vinte anos atrás, era difícil manter-se na relação, hoje é difícil sentir-se na relação, por vezes, até sexualmente: as evidências clínicas variam desde ambiguidade na escolha do parceiro (Spagnuolo Lobb, 2005c; Iaculo, 2002) até a inabilidade de sentir desejo sexual no corpo. A leitura gestáltica do "medo líquido" (Bauman, 2008) corresponde

[7] Ver FRANCESETTI (2007).

à sensação na qual a excitação que deveria levar ao contato se torna uma energia indefinida: espelhamento mútuo e contenção relacional, o senso de presença do outro, a "parede" que nos permite sentir quem somos – estes faltam.

Eu acredito que, hoje, a psicoterapia tem uma tarefa dupla: *res-sensibilizar o corpo* e dar ferramentas para o *suporte relacional horizontal,* que podem fazer com que as pessoas se sintam reconhecidas pelo olhar do outro igual (ver o Capítulo 5).

4. Intencionalidade e Fronteira de Contato: Gestalt-terapia na Sociedade Contemporânea

Nessa nova necessidade clínica e social, a Gestalt-terapia foca nos conceitos de intencionalidade do contato e de fronteira de contato, como uma síntese de duas raízes fenomenológicas (Rosenfeld, 1978b[8]) e pragmáticas (Bloom, 2009).

Se, em seu nascimento, a Gestalt-terapia assimilou da fenomenologia o valor da natureza unitária da experiência e do conhecimento que advém dos sentidos (Cavaleri, 2013; Spagnuolo Lobb, 2013), hoje – quando esses valores já foram estabelecidos – a comunidade gestáltica vê um renovado interesse pelo estudo da fenomenologia no que tange à intencionalidade, ao *Do-agora-para-o-que-está-por-vir*[9]. A co-criação da experiência terapêutica é motivada – apoiada e dirigida – por uma intencionalidade que, para a abordagem Gestáltica, é sempre uma intencionalidade de contato com o outro.

Retornando à epígrafe, o cliente diz ao psicoterapeuta: "Eu tive um pequeno sonho na noite passada". O psicoterapeuta, ciente de que é baixo, responde: "Sim, pequeno como eu". Esta leitura não é interpretativa, no sentido de que não foca em uma falta de realidade no cliente, uma lacuna em seu fluxo psicodinâmico; pelo contrário,

[8] Veja também a edição 2010-1 da revista *Quaderni di Gestalt*, dedicada à "Gestalt-terapia e fenomenologia".

[9] No original, *now-for-next* (Nota da Tradutora).

pensamos que o "pequeno sonho" se desdobra com dados realistas em uma intencionalidade de contato, que o cliente escolhe essas palavras específicas para alcançar *aquele* psicoterapeuta em particular e que, ao fazê-lo, ele corre o risco de superar os bloqueios relacionais habituais. Não pensamos que ele evita uma parte de si mesmo na relação. Na verdade, uma reação típica do cliente frente à resposta do psicoterapeuta é, provavelmente, um sorriso constrangido: como se tivesse sido pego em uma nova possibilidade de contato da qual nem ele mesmo estava ciente. A intervenção terapêutica é focada na oferta de suporte dessa intencionalidade de contato, a qual esteve previamente retrofletida e que agora recupera sua vitalidade, para ajudar a pessoa a sentir que é vista, enfim, reconhecida pelo psicoterapeuta. Quando o psicoterapeuta diz: "Sim, pequeno como eu", ele está ajudando a pessoa a dissolver uma intencionalidade de contato congelada e a alcançar, e a ser alcançada, pelo psicoterapeuta.

A resposta do psicoterapeuta também define a fronteira de contato com o cliente. Os conceitos de transferência e de contratransferência são inseridos nesta lógica de suporte da intencionalidade de contato do cliente para com o psicoterapeuta. O sentimento do cliente é compreendido em sua tensão na direção do outro significativo no aqui-e-agora, e o sentimento do psicoterapeuta é usado como "mundo-da-vida" do cliente, como ambiente espontâneo, que reage ao cliente e é, por sua vez, encenado por ele, com a diferença, em relação ao cliente, de que o psicoterapeuta tem um mapa para ler o contato que está ocorrendo no aqui-e-agora do encontro terapêutico.

A fronteira de contato entre psicoterapeuta e cliente é o local da psicoterapia, e o cliente tende a ser mais espontâneo com o psicoterapeuta do que ele tem sido capaz de ser em relações significativas precedentes. O trabalho terapêutico, para nós, não consiste em análise, mas no reconhecimento relacional daquela intencionalidade de contato que havia sido bloqueada.

O conceito de fronteira de contato atualiza a ideia de focar no mundo fenomênico que nunca está "dentro", mas sempre na superfície dos sentidos, da consciência, estimado para a fenomenologia acadêmica da Psicologia da Gestalt. Ele está também conectado à raiz pragmática da Gestalt-terapia, à sua alma americana (Kitzler, 2007; Bloom, 2003), que privilegia os aspectos sociais da interação humana. A fronteira é co-criada com base na experiência em regulação contínua e mútua que se tem com o outro. Ademais, esse desdobramento da Gestalt-terapia é muito próximo dos últimos desdobramentos da psicanálise, em particular, dos estudos de Donna Orange (2011), Frie e Orange (2009) e Orange, Atwood e Stolorow (1997).

5. Psicopatologia como Ajustamento Criativo

O que tem sido dito até aqui implica em uma série de pontos fundamentais. Primeiramente, considerar o desenvolvimento e a psicopatologia humanos como *ajustamentos criativos*. Não há comportamentos que são maduros e corretos e outros comportamentos que são errados ou imaturos. Os termos "saudável", "maduro" ou "patológico", "imaturo", todos fazem referência a uma norma externa à experiência da pessoa, estabelecida por alguém que não está imerso na situação (e que, precisamente por essa razão, pode declarar-se "objetivo"). A perspectiva fenomenológica, apesar do dilema entre subjetividade e objetividade, que é uma questão central no pensamento de muitos filósofos (de Husserl a Heidegger a Merleau-Ponty e em alguns aspectos também Kierkegaard e Adorno), considera ser a experiência aquilo que dá o conhecimento e a qual não pode ser, de forma alguma, substituída pela análise conceitual (Watson, 2007). Por isso, é importante considerar a intencionalidade de um comportamento, ou seja, o contato que o anima e o motiva. Um conhecimento que é encarnado, intencionado-para-o-contato e estético, enraizado na natureza unitária do organismo/ambiente, é que faz mais jus à nossa abordagem. Como Merleau-Ponty (1965; 1979) nos lembra, conhecimento fenomenológico sempre implica em "reaprender a olhar": no mundo da fenomenologia, conhecimento não exclui intuição, no sentido de que ele emerge da percepção (Merleau-Ponty, 1965) e – sendo a percepção baseada nos sentidos – ele é estritamente conectado ao julgamento estético. A defesa, que na perspectiva psicodinâmica tem sido tradicionalmente vista em seu impedimento ao processo terapêutico, na abordagem gestáltica, é vista, em contraste, como habilidade relacional baseada em um *processo* de ajustamento criativo a ser apoiado. Isso permite que a psicoterapia se mova de um modelo extrínseco de saúde para um modelo estético, baseado na percepção atual do encontro entre psicoterapeuta e cliente, portanto, em fatores intrínsecos à relação (ver Capítulo 4; também Francesetti; Gecele, 2011). O diagnóstico gestáltico foca na modalidade de contato com a qual a pessoa evita a ansiedade da excitação do contato e possibilita identificar o tipo de contato, no qual a relação terapêutica será estabelecida (ver Capítulos 4 e 5).

Desse modo, o problema clínico que se coloca ao Gestalt-terapeuta vai ao encontro da pesquisa fenomenológica, na qual, partindo da evidência natural, chega a um conhecimento transcendental, deixando de lado qualquer julgamento, permitindo-nos ser guiados pela intuição. Isso se alinha também com a Psicologia da Gestalt (Köhler, 1975), corrente acadêmica europeia de pesquisa que oferecia a fenomenologia, como a visão epistemológica capaz de superar o problema da objetificação da percepção humana, e com o pragmatismo americano, que também enraíza a experiência na sensação (James, 1980) e a considera como um processo estético do organismo e do ambiente em equilíbrio co-criativo, dotado de graça, de harmonia e de ritmo (Dewey, 1934)[10]. O Gestalt-terapeuta não intenciona trazer o cliente para um padrão de experiência ou de comportamento "saudável" ou "maduro", mas levá-lo a se (re)apropriar da espontaneidade de fazer contato, a (re) adquirir a completude de seu estar-aí no contato. A tarefa terapêutica consiste em ajudar a pessoa a reconhecer a experiência criativa de seu ajustamento, reapropriando-a de forma encarnada, sem ansiedade, ou seja, com espontaneidade.

No atual fervor científico pela relação, a pesquisa neurocientífica, a qual confirma com ênfase cada vez maior a natureza relacional do cérebro[11], e as mais recentes reflexões de Daniel Stern

[10] Ver BLOOM (2003, p. 65).

[11] Os estudos mais recentes de Gallese (2007) especificam que a habilidade de intuir o outro (atribuída aos neurônios-espelho) está ligada à percepção de movimentos intencionais: os neurônios-espelho são ativados frente a um movimento intencional feito pelo outro, e não frente a um movimento repetitivo.

(2010), que enxerga na percepção das formas-em-movimento a unidade mais básica da consciência, confirmam a intuição dos fundadores da Gestalt-terapia, de acordo com os quais a realidade primária é a presença co-criada na fronteira de contato, a *Gestalt* emergindo do encontro das intencionalidades de contato.

6. Os Capítulos do Livro

O livro é composto por dez capítulos.

O primeiro, "*A Prática Clínica Gestáltica na Sociedade Contemporânea*", introduz os princípios clínicos gestálticos fundamentais, tais como foram desenvolvidos na sociedade pós-moderna, e ilustra-os em uma sessão real, transcrita e comentada aqui.

O segundo capítulo, "*O Self que Cria e é Criado no Contato – A Teoria Clássica da Gestalt-terapia*", é minha descrição, pontuada por intervenções de meu colega americano Philip Lichtenberg, da teoria do *self* de acordo com a Gestalt-terapia, uma versão atualizada de um capítulo escrito para estudantes universitários americanos, incluído em um livro editado por Ansel Woldt e Sara Toman (2005).

No terceiro capítulo, "*Rumo a uma Perspectiva de Desenvolvimento na Teoria e na Prática da Gestalt-terapia: o Desenvolvimento Polifônico de Domínios*", proponho o conceito de desenvolvimento polifônico de domínios, uma forma adequada de olhar o desenvolvimento do cliente no aqui-e-agora da sessão, a fim de sustentar a excitação pelo contato que perdeu sua espontaneidade no desenvolvimento. Também descrevo os domínios gestálticos, suas características e riscos, e, por fim, explico esses conceitos em um exemplo clínico.

O quarto capítulo, "*Recontar-se na Psicoterapia: o Do-agora-para-o-que-está-por-vir e o Diagnóstico Gestáltico*", fornece uma ferramenta diagnóstica clínica baseada no relato do cliente e, portanto, na intencionalidade de contato, tal como se apresenta no aqui-e-agora da sessão. São apresentadas as diversas formas da experiência (confluente, introjetiva, projetiva e retroflexiva), com exemplos extraídos diretamente de sessões reais. A perspectiva gestáltica das relações humanas é holística e não pode desconsiderar a natureza unitária do conhecimento relacional implícito e explícito[12]. É no processo narrativo, afinal, que a criatividade socializada dos indivíduos é estabelecida, junto da possibilidade de fazer sua distinta e autêntica contribuição para a sociedade.

O quinto capítulo, "*Agressão e Conflito na Sociedade Contemporânea e na Psicoterapia*", traduz o conceito de agressão, tão básico e problemático para a Gestalt-terapia, em uma linguagem contemporânea. Qual agressão deve receber suporte hoje? E como mantermos nossa originalidade ligada à perspectiva da agressão dental? Minha ideia é de que a sociedade passou da negação da necessidade de agressão, da qual Perls se queixava, para a negação da necessidade de enraizamento. O capítulo apresenta exemplos clínicos de suporte para o fundo no caso de diferentes experiências de conflito (introjetivas, projetivas, etc.).

O sexto capítulo, "*O Amor na Psicoterapia. Da Morte do Édipo à Emergência do Campo Situacional*", aborda o amor legítimo e como usar os sentimentos "ilegítimos" em psicoterapia de acordo com a visão triádica, a qual, precisamente por ser distinta da visão diádica baseada no apego (Beebe; Lachmann, 2002), permite uma visão mais ampla das emoções, enquanto emergente de um campo de relações.

O sétimo capítulo, "*O Do-agora-para-o-que-está-por-vir na Psicoterapia de Casal*", apresenta meu modelo de trabalho com casais, já antecipado em um capítulo do livro de Robert Lee (2008) e apresentado aqui de forma mais completa. Embora inspirado no modelo "positivo", de Joe Melnick e Sonia Nevis (2003) e de Joseph Zinker e Sandra Cardoso Zinker (2001), este trabalho distingue-se do deles por propor dimensões experienciais de contato conjugal não consideradas em outros modelos.

O oitavo capítulo, "*O Do-agora-para-o-que-está-por-vir na Psicoterapia Familiar*", apresenta um modelo de trabalho gestáltico com famílias cujo objetivo é dar suporte e realizar as intencionalidades de contato entre seus membros. O trabalho traz à tona um novo paradigma de

[12] Como argumenta Daniel Stern (2006, p. 35): "A revolução que emerge do reconhecimento de um conhecimento implícito cria enormes problemas para todos nós psicoterapeutas, enormes, porém também fascinantes. Talvez, se desenvolvermos estes problemas, possamos trazer a psicoterapia na direção de algo mais consistente e unificado".

trabalho terapêutico das relações familiares, demandado, ao meu ver, pela sociedade contemporânea.

O nono capítulo, "*O Do-agora-para-o-que-está-por-vir na Psicoterapia de Grupo. A Magia de Estar Junto*", apresenta a intervenção gestáltica com grupos, desde Perls até nossos dias, propondo um modelo de trabalho que inclui tanto aspectos diagnósticos quanto terapêuticos, sincrônicos e diacrônicos.

O décimo capítulo, "*Formação em Gestalt-terapia. Novidade, Excitação e Crescimento no Grupo*", conclui o livro com um olhar sobre a tarefa pedagógica de transferir a arte desta abordagem para psicoterapeutas aspirantes. É para eles, que são nosso futuro, que deixei a última palavra.

7. Para concluir...

Enquanto escrevia este livro, fui tomada, no fundo de minha experiência, por uma profunda gratidão pela esplêndida contribuição que todo psicoterapeuta dá à civilização, pela maneira – totalmente pessoal e sempre respeitosa – com que, necessariamente, integra-se à dor da própria vida com a da vida dos clientes, pela criatividade com a qual cada um continua a amar os seres humanos e a "desejar o desejo que cada um tem pelo outro"[13].

[13] Este é um evocativo ícone lacaniano (PRIGOGINE, 1996).

A Prática Clínica Gestáltica na Sociedade Contemporânea

1

Certos princípios epistemológicos da Gestalt-terapia parecem definir atualmente a especificidade da abordagem em comparação a outros. Assistindo a vídeos de Perls em ação, fica claro que essa forma de trabalhar – a qual, de fato, ainda é muito atrativa – está ligada ao contexto cultural dos anos 50. Hoje, este mesmo trabalho – apesar de manter sua originalidade inerente – não se adequaria ao nosso sentimento social. Como, então, tem se desenvolvido a originalidade da Gestalt-terapia? Como, até os dias de hoje, desenvolvemos essa especificidade epistemológica e de que forma ainda somos (ou podemos ser) únicos em nossa forma de trabalhar?

Para respondermos a isso, é necessário ampliar nosso olhar para o contexto mais geral da psicoterapia e fazer comparações com outros métodos. Minha extensa experiência com o intercâmbio clínico entre métodos confirma que não há abordagens que sejam melhores que outras, mas simplesmente "vestimentas" ou "linguagens" com as quais o psicoterapeuta-aspirante se identifica no momento de escolher a abordagem na qual será treinado. Na diversidade de métodos existentes, cada abordagem tem seu próprio pensamento e, portanto, sua própria práxis clínica, mas esta particularidade diz respeito à consistência teórica e metodológica, não à supremacia (veja o Capítulo 10). A comparação entre diferentes linguagens epistemológicas e clínicas é a oportunidade de "nos olharmos no espelho": olhar de fora, o que serve para revelar que estamos mais "dentro" do que somos. Isso é o que eu responderia hoje se alguém me perguntasse o que é específico da Gestalt-terapia.

1. Do Paradigma Intrapsíquico para o Paradigma do Entre Cocriado

Na atual tendência cultural centrada na relação, a Gestalt-terapia redefine, em termos de cocriação, a intuição original de seus fundadores, a qual considera a experiência como um acontecimento na fronteira de contato, no "entre", o que significa entre o "eu" e o "você" (Spagnuolo Lobb, 2003b). Na década de 50, todas as psicoterapias humanistas eram identificadas por estatuto no paradigma da subjetividade que se autorregula, em oposição ao paradigma da verdade como autoridade superior, em vigor até a década de 30. Então, nos anos 80-90, como escrevi na introdução, as ciências, a arte e a filosofia se direcionaram para a relação, com uma decidida preferência pelo *paradigma da verdade que pertence intrinsecamente à relação*, que brota dela e pertence indissoluvelmente à sua tecitura, em vez do paradigma da verdade-que-define *a priori*. Da ética do dever de Kant à ética do discurso de Habermas no campo da filosofia, da psicologia da mente individual à neurociência com o conceito de empatia encarnada (veja, por exemplo, Damasio, 1994; Siegel, 1999; Gallese, 2007), da arte expressiva dos anos iniciais do século à arte "utilizável"[1] contemporânea (Tessarolo, 2009), o pensamento do mundo ocidental se direcionou à experiência compartilhada.

No campo da psicoterapia, a Gestalt-terapia, sobretudo graças à contribuição de Isadore From, passou do ponto de vista da *interação organismo/ambiente*, focada na satisfação de necessidades individuais (veja Wheeler, 2000b), para o ponto de vista do *campo organismo/ambiente,* um evento fenomenal unitário, no qual emergem modalidades de contato que o psicoterapeuta acolhe para favorecer a percepção clara e, portanto, a espontaneidade do *self* do cliente.

Um exemplo clínico disso é o caso do cliente que diz para o psicoterapeuta: "Eu estava em um estado terrível na noite passada e não dormi". De acordo com a Gestalt-terapia contemporânea,

[1] Com esse termo, uma corrente de artistas ambiciona enfatizar a arte que deve ser usada por pessoas, manuseada, experienciada.

ele está expressando não apenas uma experiência que lhe pertence ("Eu gostaria de entender melhor meu estado terrível"), mas também algo que pertence ao contato atual com o psicoterapeuta (o "estado terrível" *relembrado* é uma forma de falar sobre o *atual,* é uma questão de escolher certas partes do fundo de experiência em vez de outras, no exato momento da sessão presente com o psicoterapeuta). Talvez ele queira comunicar-lhe uma ansiedade com relação à sessão anterior, ou à sessão que está prestes a começar; por exemplo, ele pode querer dizer: "Na sessão passada aconteceu algo que me deixou ansioso. Espero que hoje você perceba o efeito que isso teve em mim e seja capaz de me proteger dos efeitos negativos". Essa leitura relacional (seria mais correto chamá-la de "situacional") permite que o psicoterapeuta saia da visão intrapsíquica tradicional, que considera trabalhar o "estado terrível" e perceba o que emerge, e veja a psicoterapia como um processo relacionado à capacidade do cliente de estar *aware* da satisfação (ou sublimação) de necessidades, para entrar plenamente na perspectiva contemporânea, que situa o trabalho terapêutico no espaço cocriado pelo cliente e pelo psicoterapeuta, no qual novos padrões de contato são construídos, os quais libertam a espontaneidade do *self.*

2. A Relação Terapêutica como um "Fato" Real: a Soberania da Experiência

Em linhas gerais, as abordagens psicoterapêuticas consideram a relação terapêutica uma ferramenta virtual para melhorar as relações reais da vida do cliente[2]. A Gestalt-terapia, em contraste, atribui à relação terapêutica o caráter de uma *experiência real,* que nasce e tem sua própria história no espaço que existe "entre" cliente e psicoterapeuta. A relação terapêutica é, de fato, considerada não como o resultado de projeções de padrões relacionais pertencentes ao passado do cliente, nem como apenas um laboratório no qual são realizados "testes" sobre

[2] A título de ilustração, veja SPAGNUOLO LOBB, 2009b.

padrões relacionais que são mais eficazes para o mundo externo, para a vida real.

Entre cliente e psicoterapeuta surge uma relação única, irrepetível, na qual se modificam as percepções recíprocas e desenvolvem-se os padrões do passado com vistas a melhorar *essa* relação, não aquelas do passado. O que acontece entre esse psicoterapeuta específico e esse cliente específico constitui uma das muitas experiências possíveis da psicoterapia. Isso implica que o Gestalt-terapeuta mergulhe totalmente na relação, que use o seu próprio *self*. O processo terapêutico é, de fato, baseado em duas pessoas reais as quais, embora também possam ser reveladas por meio de técnicas, apostam uma na outra espontaneamente, por meio das suas limitações humanas, numa relação claramente definida pelos seus papéis complementares: uma que oferece o trabalho terapêutico e outra que o recebe. Recordando o exemplo de Isadore From, citado na Introdução, um cliente tinha-lhe relatado um sonho, começando pelas palavras: "Tive um pequeno sonho na noite passada". Isadore era bastante baixo. Totalmente consciente desta limitação, que estimulava nos seus clientes reações que muitas vezes não eram demonstradas por "boas maneiras", ele imediatamente respondeu: "Sim! Pequeno como eu". O cliente foi surpreendido por essa piadinha, parou por um momento, sentindo-se constrangido e depois irrompeu em uma gargalhada libertadora. A sua respiração tornou-se mais plena e ele foi capaz de entrar em contato com sentimentos de ternura e confiança para com o psicoterapeuta, sentimentos que anteriormente tinha bloqueado. Esse mesmo encontro entre psicoterapeuta e cliente, na humanidade de suas limitações, tinha dado ao cliente a possibilidade de se abrir na relação com os sentimentos mais encobertos e com um sentido de confiança no outro que era difícil para ele experienciar. Esse exemplo mostra como – para a Gestalt-terapia – é o encontro real entre duas pessoas que produz o processo terapêutico: um encontro no qual ocorre uma novidade capaz de reconstruir a habilidade de contato do cliente.

Uma perspectiva semelhante pode ser encontrada em Stern (2004; Stern *et al.*, 2003), que considera um fator importante para a mudança psicoterapêutica: a "assinatura" que o psicoterapeuta coloca na sua intervenção (um sorriso particular, uma forma particular de falar ou de olhar, etc.), o que dá ao cliente a sensação de que esta é a forma como ele (o psicoterapeuta) se preocupa com um outro significativo.

3. O Papel da Agressão[3] no Contexto Social e o Conceito de Psicopatologia como *Ad-gredere*[4] sem Suporte

A intuição de Fritz Perls sobre o desenvolvimento infantil, que valoriza a desconstrução implícita no desenvolvimento dos dentes (*agressão dentária*, Perls, 2002), baseia-se numa concepção da natureza humana capaz de autorregulação, certamente positiva se comparada com a concepção mecanicista vigente na virada do século XIX para o XX (com a qual a teoria freudiana estava imbuída). A capacidade de morder da criança sustenta e acompanha sua capacidade de desconstruir a realidade. Essa força espontânea, positiva e agressiva tem função de sobrevivência, mas também de interconexão social, permitindo ao indivíduo alcançar ativamente o que no ambiente pode satisfazer suas necessidades, desconstruindo-o de acordo com a sua curiosidade.

A experiência fisiológica de *ad-gredere*, que sustenta a experiência mais geral do organismo de ir em direção ao outro, requer oxigênio, ou seja, tem de ser equilibrada e sustentada pela expiração, um momento de confiança em relação ao ambiente, no qual o organismo relaxa a sua tensão e controle, para continuar a respirar (e oxigenar) novamente de uma forma espontânea e autorregulada. A pausa no controle, deixando-se ir ao outro ou ao ambiente, é a deixa fundamental para que o ritmo de controle/confiança possa ocorrer de forma espontânea, de modo a atingir o outro, equilibrando presença ativa e restritiva,

[3] Eu uso a palavra "agressão" aqui para ser coerente com a linguagem de Perls (*Ego, Fome e Agressão*, 1942). Perls referiu-se ao ato de "*ad-gredere*" (do latim, "ir em direção a"), salientando a necessidade da sociedade e dos seres humanos de lidar com a agressão como um ato real, um movimento, e não um sentimento mentalizado. A agressão refere-se ao ato de "ad-gredere", enquanto a agressividade é o sentimento relacionado. Utilizo os dois termos neste sentido.

[4] Veja o Capítulo 5 para uma descrição mais ampla do conceito de agressão atual e as consequências metodológicas para a prática clínica.

criatividade e ajustamento, assimilando a novidade constitutiva do contato com o outro.

Quando este suporte de oxigênio está faltando, a excitação torna-se ansiedade. A definição que damos de "ansiedade" na Gestalt-terapia é, de fato, "excitação sem o suporte do oxigênio". Falta o suporte fisiológico para alcançar o outro. O contato acontece de qualquer maneira (não poderia deixar de acontecer enquanto houver o *self*, ou enquanto houver vida), mas a experiência é caracterizada pela ansiedade (Spagnuolo Lobb, 2004a). Isso implica uma certa dessensibilização da fronteira de contato: para evitar a percepção da ansiedade, é preciso adormecer parte da sensibilidade no aqui-e-agora do contato com o ambiente; o *self* não pode estar totalmente concentrado, a *awareness* diminui, e o ato de contato perde a qualidade de *awareness* e de espontaneidade[5].

Por essa razão, o Gestalt-terapeuta olha para o processo corporal do *cliente-em-contato* e sugere expirar, caso veja que, concentrando-se em uma experiência significativa, ele não está expirando completamente. O psicoterapeuta sabe que, neste caso, a experiência fisiológica do cliente é a de uma excitação sem o suporte do oxigênio, ele sabe que o cliente está distraído naquele momento do contato terapêutico e não consegue assimilar nenhuma novidade nele contida. Em outras palavras, o contato terapêutico não pode acontecer sem o suporte do oxigênio, na medida em que a mudança, para a Gestalt-terapia diz respeito a todos os processos psicocorporais e relacionais. É necessário sugerir ao cliente que expire para ter o suporte de oxigênio, para aceitar a novidade trazida pelo contato terapêutico.

Assim, a Gestalt-terapia reúne maravilhosamente a alma "animal" e a alma "social", durante séculos consideradas mutuamente antagônicas na cultura filosófica ocidental: se o contato é um sistema motivacional superior, não há separação entre a motivação instintiva para a sobrevivência e a motivação gregária social[6].

[5] Esses conceitos são a base da teoria de psicopatologia gestáltica (ver FRANCESETTI, GECELE; ROUBAL (orgs.), 2013).

[6] A teoria de conhecimento relacional implícito de Daniel Stern como um sistema motivacional superior na humanidade confirma a intuição da teoria de contato gestáltica, trazida à luz uns bons 50 anos antes (veja SPAGNUOLO LOBB *et al.*, 2009).

A ênfase que a Gestalt-terapia coloca sobre a relação tem uma valência antropológica, ao considerar a autorregulação (entre desconstrução e reconstrução) da interação organismo/ambiente, e uma valência sociopolítica, ao conceber a criatividade como um resultado "normal" da relação indivíduo/sociedade.

O *ajustamento criativo* é, na verdade, o resultado dessa força espontânea de sobrevivência que permite ao indivíduo diferenciar-se do contexto social, mas também fazer parte dele de forma plena e significativa. Todo comportamento humano, mesmo aquele patológico, é considerado um ajustamento criativo.

O conceito de *ad-gredere* encontra sua especificidade na Gestalt-terapia, na formação da fronteira de contato.

4. A Natureza Unitária do Campo Organismo/ Ambiente, a Tensão para o Contato e a Formação da Fronteira de Contato

De acordo com a perspectiva gestáltica, o indivíduo e o grupo social não são entidades separadas, mas partes de uma única unidade em interação mútua, e consequentemente a tensão que pode existir entre eles não deve ser considerada como a expressão de um conflito insolúvel, mas como o movimento necessário dentro de um campo que tende à integração e ao crescimento.

Nossa alma fenomenológica nos lembra da impossibilidade de emergirmos de um campo (ou situação) no qual nos encontramos e nos dá ferramentas para agirmos, enquanto mantidos dentro do limite imposto pela experiência "situada". Os fundadores da *Gestalt-terapia*, desde o início, propuseram o método "contextual" (Perls; Hefferline; Goodman, 1997, p. 56), o qual, muitos anos antes de Gadamer, bem como uma circularidade hermenêutica entre o leitor e o livro: "Assim, o leitor é aparentemente confrontado com uma tarefa impossível: para entender o livro precisa ter a mentalidade "gestaltista", e para adquiri-la precisa entender o livro" (Perls; Hefferline; Goodman, 1997, p. 32).

A Gestalt-terapia toma emprestado o conceito de "intencionalidade" (Husserl, 1965) da fenomenologia. A consciência existe apenas em seu "relacionar-se com", em sua "intenção em direção a" um objeto, em sua própria transcendência. É no ato da "transcendência" que se forma a subjetividade (Spagnuolo Lobb; Cavaleri, no prelo).

> Se a pessoa se constitui essencialmente ao ser formada, ao ser intencionada, ao entrar em contato com o que a cerca, isso implica na necessidade da psicopatologia e da psicoterapia abordarem a exploração dessa transcendência contínua, desse ser intencionado, desse entrar em contato. É nessa relação com o mundo, nessa intenção em direção a ele, que a origem do sofrimento psíquico e, ao mesmo tempo, o espaço do trabalho terapêutico devem ser considerados (*ibidem*).

Na Gestalt-terapia, falamos de "intencionalidade do contato" e, ao fazê-lo, consideramos tanto a força fisiológica "agressiva" (como explicado na seção anterior), que acompanha o movimento em direção ao outro (do latim *ad-gredere*), quanto a evidência do *ser-aí-com*, a fisiologia relacional constituinte do ser humano.

Aqui temos uma forma de descrever o processo de contato com foco no ritmo totalidade/diferenciação que caracteriza os movimentos de *ser-aí-com* em uma dada situação, de acordo a epistemologia tipicamente gestáltica.

A partir de um estado inicial unitário indiferenciado no campo emergem energias e, portanto, diferenciações que levam à emergência de percepções distintas, constituindo a fronteira de contato, como o lugar onde as intencionalidades de contato se cumprem na concretude do *aqui-e-agora* do contato. O processo de construção do *self*-em-contato é justamente esse atravessamento, uma indiferenciação inicial, que dá lugar a um crescimento de excitação, acompanhado pela percepção de uma novidade no campo fenomenológico. É precisamente a excitação dos sentidos que permite a diferenciação (percebo que meu movimento é diferente daquele dos outros, então, identifico-me e me defino justamente porque sou diferente deles). A fronteira de contato é constituída pelo encontro um com o outro na diversidade, que é desenvolvida na decisão do movimento em direção ao outro, e empreende a partir da solidez da própria diversidade (a partir do fundo da *awareness*).

Retornando aos exemplos das seções anteriores, comunicar ao psicoterapeuta sua agitação noturna ou descrever o sonho como "pequeno" são fronteiras de contato cocriadas em um campo.

5. Uma Psicoterapia Baseada em Valores Estéticos

A palavra "estética" deriva da palavra grega αισθετικός, que significa "relativo aos sentidos". Voltando ao que disse na introdução, na seção sobre "psicopatologia como ajustamento criativo", gostaria de ressaltar aqui que, na Gestalt-terapia, o termo *contato* não sugere apenas que somos seres interconectados, mas também expressa uma consideração da fisiologia da experiência. O interesse pelo entendimento consciente da experiência é decididamente substituído pelo interesse na experiência gerada pela natureza concreta dos sentidos. Usamos o termo excitação para nos referirmos à energia percebida na fisiologia da experiência do contato (FRANK, 2001; KEPNER, 1993). O conceito de excitação é para nós o equivalente fisiológico do conceito fenomenológico de intencionalidade (CAVALERI, 2003).

O conceito de *awareness*, bem diferente do de consciência, expressa ter os sentidos presentes no processo de contato com o ambiente, identificando-se de forma espontânea e harmoniosa com a intencionalidade do contato. A *awareness* é uma qualidade do contato e representa sua "normalidade" (SPAGNUOLO LOBB, 2004a). A neurose, ao contrário, é a manutenção do isolamento (no campo organismo/ambiente) por meio de uma exacerbação da função da *consciência.*

Esse conceito fornece ao psicoterapeuta uma mentalidade para estar presente na fronteira de contato com o cliente e permite que ele evite leituras diagnósticas fáceis do outro. Somente a fé na capacidade intrínseca do ser humano de fazer o melhor possível em determinado momento e em determinada situação pode direcionar o Gestalt-terapeuta para estar em contato e na relação terapêutica, sem depender de padrões diagnósticos externos a ele. É essa *awareness* que lhe permite sempre encontrar uma nova solução terapêutica.

6. A Dinâmica Figura/Fundo

Como uma consequência clínica desses aspectos hermenêuticos do contato terapêutico, o psicoterapeuta sente-se parte da situação, dá suporte ao *ad-gredere* implícito na diferenciação (que deve ser do cliente e sua), coloca-se na função do cuidado terapêutico, assumindo uma postura coerente com esta finalidade, permanecendo na fronteira de contato com os sentidos e não com categorias mentais. Além disso, tendo em vista a natureza unitária de organismo e ambiente, o psicoterapeuta se pergunta: "Como contribuo para a experiência do cliente neste momento?" A questão não é colocada em termos de ação/reação, nem em termos de assumir responsabilidade, mas sim: "De qual fundo da experiência do contato terapêutico emerge a figura que o cliente está criando?".

Não se trata de uma atribuição moral de responsabilidade, mas de ser curioso em relação à percepção que o cliente tem agora, nesta situação específica. É um cuidado "vivo" com a percepção do cliente, do qual o psicoterapeuta é parte significativa, com suas emoções e sensações, as quais certamente são parte do campo fenomenológico co-criado. É a própria definição da situação terapêutica (o psicoterapeuta oferece cuidado terapêutico ao cliente que o solicita) que "define" o campo fenomenológico no qual tanto o psicoterapeuta quanto o cliente estão imersos.

Por exemplo: o cliente conta ao psicoterapeuta que sonhou com uma parede intransponível na noite anterior à sessão. O psicoterapeuta se pergunta: "Como fui uma parede intransponível para esse cliente durante a sessão anterior?".

Não se trata de referir-se à lógica transferencial da projeção, mas à dinâmica figura/fundo. O psicoterapeuta se pergunta: "Por que, dos muitos estímulos possíveis que minha presença atual pode proporcionar, o cliente extrapola alguns e não outros?". A hipótese é que esse estímulo em particular esteja ligado a uma necessidade relacional que o cliente está motivado a resolver. A "projeção" do cliente (melhor seria chamá-la de percepção) sempre tem um gancho no psicoterapeuta, cujas características pessoais são consideradas aspectos necessários para a cocriação da relação.

No exemplo clínico, o cliente, no início da sessão, diz: "Ontem à noite sonhei com uma parede. Estava à minha frente, intransponível. Eu não conseguia ver nem o começo nem o fim dela. Acordei com a sensação de não poder seguir em frente, não sabia mais para onde ir". De que fundo experiencial emerge a figura da parede? Além disso, ainda mais importante, que intencionalidade do contato promove a formação dessa figura? Se o fundo da experiência pertence ao campo fenomenológico cocriado pela presença do cliente e do psicoterapeuta, a formação da figura deve ter a ver com esse contato.

O psicoterapeuta pergunta: "Como eu fui uma parede intransponível para você na sessão anterior?". O cliente, um pouco chateado, diz: "Você... a parede...?".

Psicoterapeuta: "Concentre-se na experiência da parede em seu sonho e pense em nossa última sessão. Você acha que há alguma semelhança?".

O cliente se concentra, então: "Foi quando me senti comovido na sua frente. Naquele momento, eu teria gostado de te abraçar. Você estava impassível. Eu me sentia assim na frente do meu pai quando era pequeno. Nunca fui capaz de dizer a ele se eu tinha um problema ou se eu estava feliz. Todas as minhas tentativas de alcançá-lo foram abortadas por sua austeridade. Seu olhar severo era como um relâmpago que me atingia. Eu me senti desequilibrado com você: eu não sabia para onde ir naquele momento. Talvez não adiante esperar ser espontâneo".

O psicoterapeuta: "Então, eu fui uma parede para você quando não aceitei sua emoção. Obrigado por me dar a oportunidade de não ser assim agora. Tente me dizer o que você não me contou sobre sua emoção na última sessão. Estou ouvindo".

O cliente: "Tenho um pouco de vergonha".

O psicoterapeuta: "Você está tão acostumado a ter paredes intransponíveis à sua frente que fica envergonhado quando não as tem".

O cliente: "Claro, é algo novo para mim".

O psicoterapeuta: "Respire, olhe para mim e, quando estiver pronto, me conte – ao expirar – sobre sua emoção. Estou ouvindo". O cliente respira fundo, olha para o psicoterapeuta e consegue dizer: "Você é importante para mim. Gosto da sua paciência, do calor que sinto intuitivamente em você quando olho para você. Obrigado por estar aqui comigo".

O psicoterapeuta: "Como está agora?".

O cliente: "Tudo bem, sinto que fiz o que queria. Me sinto leve e sei para onde quero ir. Foi importante para mim lhe dizer isso".

A definição da figura trazida pelo cliente (a parede intransponível) como propriedade emergente da dinâmica figura/fundo, que anima o contato terapêutico, possibilitou ao psicoterapeuta refazer a intencionalidade do contato do cliente e sustentá-la de modo que pudesse ser desenvolvida no contato entre eles. Pode-se perguntar quão importante teria sido neste caso favorecer a "transição ao ato" com um abraço real. A meu ver, o suporte deveria ser direcionado para revelar o desejo do abraço, para definir-se como alguém que quer um abraço, ao invés de efetivar o movimento corporal: um suporte à *função-personalidade* ao invés da *função-id* do *self* (ver Capítulo 2). É esse suporte para contato com o outro, de acordo com a definição de *self*, que possibilitará, então, o abraço concreto.

É importante que o Gestalt-terapeuta não considere a transição para o ato como uma solução definitiva para o cliente, mas sim, desenvolva a sensibilidade para discriminar o que é realmente útil para ele; o risco é a retroflexão, por parte do próprio psicoterapeuta e do cliente, das emoções não ditas. Essa condição criaria dependência e dessensibilização na fronteira de contato entre eles. Antes da sedução de um abraço do psicoterapeuta, então, o cliente não diz nada, mas fica com um sabor final confuso (não era realmente o que ele queria), o que pode ser explicitado fora da sessão, na forma de críticas ao psicoterapeuta ou à psicoterapia. Traçar o que a intencionalidade do contato anima na formação da figura a partir de um fundo específico da experiência relacional do cliente é uma habilidade fundamental para o Gestalt-terapeuta, para que não fique ingenuamente preso a padrões humanistas obsoletos e generalizantes.

7. A Prática Clínica Contemporânea em Ação

Como consequência prática do que foi dito até aqui, agora relatarei uma sessão terapêutica, parando em "recortes" individuais para explicar o processo terapêutico.

A sessão é inteiramente sustentada na modalidade de contato introjetivo. Como psicoterapeuta, alinho-me com o código experiencial da cliente, usando um estilo que pode parecer diretivo. Na perspectiva do campo cocriado, na verdade, a cliente que faz contato com um estilo introjetivo sente-se "em casa" com uma contraparte que fornece "alimentação", e esse é o estilo linguístico que utilizo, para que minhas palavras possam ser mais facilmente assimiladas por ela. Em consonância com a teoria paradoxal da mudança (Beisser, 1971), fonte de inspiração para Perls (cf. Beisser, 1997), sobretudo para o conceito de ajustamento criativo, acredito que a ação terapêutica deve dar suporte ao que a cliente já é capaz de fazer, em vez de modificar o que não funciona.

Por isso, no meu trabalho, procuro reconhecer o que a cliente faz bem, em seu código experiencial. É esse ser reconhecido em uma relação que dissipa a ansiedade, que permite à cliente relaxar: finalmente, ela sente que é vista pelo outro e pode expirar, pode relaxar a tensão que permanece na fase de inspirar enquanto espera um "Ok, eu vejo você". Então, se a cliente é capaz de fazer o que já sabe fazer sem ansiedade, ela fica livre para perceber outras coisas, para ampliar suas possibilidades de percepção e de movimento, e assim também pode modificar o que faz, pode agir de forma mais funcional em direção ao seu crescimento ou continuar fazendo o que já faz, mas com espontaneidade e *awareness*, sem ansiedade[7].

7.1. A Sessão Terapêutica[8]

Cliente e psicoterapeuta estão sentadas de frente uma para a outra em cadeiras giratórias, que podem girar 360°. Ao longo da sessão, elas

[7] É interessante que, em um diálogo recente com o professor Umberto Galimberti (SPAGNUOLO LOBB, 2010a), ele mesmo enfatiza como o objetivo da psicoterapia é ampliar as possibilidades perceptivas do cliente (em sua palavra, a *Weltanschauung*).

[8] A sessão foi gravada em 5 de dezembro de 2006. A "cliente" foi cliente apenas durante a sessão: ela era, na verdade, uma aluna que se voluntariou para um vídeo de ensino. Ela com 32 anos de idade, psicóloga, cursando o terceiro ano da Escola de Especialização em Gestalt-terapia. Parte desta sessão foi publicada na revista italiana *Quaderni di Gestalt* (ver SPAGNUOLO LOBB, 2009h).

se olham diretamente, sem girar suas cadeiras. As câmeras estão em um canto da sala.

Psicoterapeuta (P). *Bom dia, E.*

Cliente (C). *Bom dia, M.*

P. *Estamos aqui para fazer essa coisa meio estranha...*[9]

C. *Sim... e estou muito ansiosa.*

P. *Um encontro íntimo, mas... público...*

C. *... certo, público... mas é bom assim também ...*

P. *... sim.*

C. *Acho que não é a situação habitual.*

P. *Exatamente: é uma situação nova.*

C. *Nova... humm... para mim, sou o tipo de pessoa que... às vezes, tenho um pouco de medo do risco... é como mergulhar para mim, é isso.*

P. *Então você decidiu dar esse mergulho.*

Decido dar suporte à coragem implícita no que a cliente está fazendo, em vez de analisar seu medo (que também faz parte de sua experiência). Com o intuito de sustentar a espontaneidade do processo de contato da cliente comigo, a psicoterapeuta, observo o "movimento incompleto", aquela energia que é retida, não permitindo que o gesto intencional se forme. De fato, a atenção ao presente, conhecida na Gestalt-terapia, não deve ser entendida em termos analíticos: analiso *como* a cliente entra em contato comigo durante a sessão para restituir a ela o que atualmente não percebe ou – como eu disse – ajudo-a a explorar seus medos, para que ela possa se tornar mais *aware* de como eles estão inseridos em sua forma de contato. Para a Gestalt-terapia, estar no presente é antes um estar na realidade da situação (tanto do cliente quanto do psicoterapeuta), na realidade de sua finitude humana, e é permanecendo nessa finitude compartilhada que ambos são direcionados para o objetivo terapêutico. O processo de contato-retirada do contato é vivenciado por si mesmo, com vistas a encontrar nessa relação percepções

[9] Eu estava me referindo a sermos filmadas durante a sessão.

alternativas que possibilitem uma espontaneidade do contato, uma plenitude do *ser-com-o-outro*. O objetivo terapêutico da Gestalt-terapia não é o tratamento de relações fora da relação terapêutica, mas a criação aqui e agora de um contato mais espontâneo, menos ansiogênico, que constitui a garantia de melhorar a forma como o cliente se relaciona externamente também.

C. *Sim.*

P. *Você decidiu conscientemente.*

C. *Sim, com um pouco de inconsciência... conscientemente demais não, porque um pouco de inconsciência é útil nas escolhas fundamentais.*

P. *Sou grata a você.*

C. *Sou eu que estou grata a você pela oportunidade... realmente...*

P. (sorri) *Sou grata a você por se colocar em minhas mãos, certo?*

C. *Sim, estou feliz em fazê-lo.*

Apesar de sua função na psicoterapia, o psicoterapeuta é definido como um companheiro de viagem com o cliente, no sentido de que é sempre este que orienta como e o quanto "mergulhar" na relação terapêutica. Se a atenção do psicoterapeuta está voltada para o *aqui-e-agora* da relação, seu trabalho terapêutico está centrado no *Do-agora-para-o-que-está-por-vir.*

Como já foi dito, nossa alma fenomenológica nos lembra da impossibilidade de sair do campo (ou situação) em que nos encontramos e nos dá ferramentas para trabalhar, permanecendo no limite imposto pela experiência "situada".

A relação terapêutica é assim, vista como uma *experiência real* que nasce e tem uma história própria no espaço "entre" cliente e psicoterapeuta, não como resultado de projeções transferíveis do passado do cliente. A dimensão relacional vem antes da dimensão interna ou, em qualquer caso, *não pode ser explicada pela experiência individual.*

Quando digo "Sou grata a você por se colocar em minhas mãos", quero chamar a atenção da cliente para a realidade do contato comigo como pessoa, para além da idealização que ela possa ter desenvolvido de mim. Eu também quero que ela saiba que eu a vejo e a aprecio confiando-se a mim. Assim, a cliente sabe que o que faz é visível, e isso a ajuda a confiar mais em si mesma.

P. *Você estava me dizendo que estava pensando em trabalhar em alguma coisa.*

C. *Bem, sim, eu teria tantas coisas, mas neste momento eu tenho que ver o que me deixa mais... acho que gostaria de trabalhar... a minha vida em Trapani, que não é minha cidade. …acho que meu problema é que nunca consegui me encaixar ou viver nesta cidade como algo prazeroso… hum… é difícil… ainda não estou dando elementos para você entender. Sou de Siracusa e estou casada há quase seis anos. Meu marido não é de Trapani, é da província de Enna. Escolhemos morar onde ele trabalhava e eu deixei minha família e fui morar com ele. Nós nos casamos, agora eu tenho uma filhinha, que tem três anos... ehh... isso não foi bem aceito, principalmente pela minha mãe.*

P. *O fato de você ter se mudado?*

C. *Sim, ela sentiu que era uma espécie de traição. Essa é a coisa fundamental na qual eu gostaria de trabalhar, é algo que ainda não trabalhei totalmente... e acontece que desde que moro em Trapani não consigo me encaixar em espaços para me agradar. No sentido de que não consegui fazer amizades íntimas, enquanto que em Siracusa (minha cidade natal) as mantenho. Em Trapani (a nova cidade "casada") como posso dizer, só há dever, trabalho, nossa vida de casal… mas acho muito difícil me encaixar, encontrar uma maneira de me encaixar...*

P. *Sentir que a cidade é sua.*

C. *Sim, estou começando agora, faço isso há pouco tempo... mas toda vez que volto para Siracusa, para a casa dos meus pais – volto pela escola também, escolhi lá de propósito por isso – … não sei se estou com saudades de casa, um pouco como um primeiro amor… e por isso tenho uma crise sobre o que realmente gostaria de fazer. Não estou preocupada com meu relacionamento com meu marido, absolutamente não.*

P. *Sim, parece ter algo a ver, como você estava dizendo, com sua relação com sua mãe, como se o fato dela não ter aceitado sua partida, sua saída da cidade...*

A partir dessas primeiras frases da cliente, fica evidente que sua modalidade habitual de experienciar o contato (seu estilo de contato) é do tipo introjetivo (Perls; Hefferline; Goodman, 1997): o outro é visto mais como figura do que ela própria, como possuidor da verdade, enquanto ela se vê como aquela que trabalhou duro na tentativa de crescer, para atingir objetivos adultos (como sentir-se à vontade em uma cidade que não é a sua). Sinto que este padrão relacional também é ativado comigo ("eu é que devo agradecer", etc.) e sei que este é o ponto crucial da nossa sessão: dar suporte ao desejo de crescer, de ser "adulta". Essa minha verbalização direciona a atenção da cliente para sua relação com a mãe; quero focar na relação dialógica com a mãe, e não na experiência de incapacidade de ser "normal" da cliente. "O fato de ela não ter aceitado sua partida..." é exatamente a polaridade dialógica da percepção da cliente de não conseguir ser "normal" em Trapani. Em outras palavras, a não aceitação da partida da filha pela mãe "apoia" a percepção da cliente de não ser "normal".

C. *Certo, ela não aceitou, ela tem sofrido.*

P. *...isso faz você sentir que não pode se divertir em Trapani, seria como uma traição.*

C. *Talvez, talvez.*

P. *... e assim você trabalha, se ocupa, quase para justificar o fato de ter se mudado. É por dever, não é?*

C. *Sim, sim, talvez seja um pouco isso, mas uma vez que sei disso... é uma coisa que eu tenho dito para mim mesma um pouco, que trabalhei um pouco... mas realmente acho muito difícil...*

P. *Isso não é suficiente para você escolher diferente... não?*

C. *Certo: é uma coisa que eu sei, é uma coisa na qual eu trabalhei, mas... humm... isso não me deu um empurrão concreto. Aqui está um exemplo idiota. Eu disse: "Vou tentar me inscrever na academia". Em Siracusa fiz dança afro e gostei muito, fiz durante cinco anos. Durante cinco anos, em Trapani, eu não fiz nada, mesmo antes da bebê nascer, então... o que posso dizer, eu tive dois anos de paz em que eu estava bem e poderia ter feito as coisas. Mas me senti sozinha, muito sozinha, não sou uma pessoa que gosta de ficar sozinha. Era como se essa nova vida, essa nova casa, meu marido fossem o suficiente para mim, como se eu não precisasse de ninguém. Até inventei desculpas para uma amiga que me chamou para sair, inventei qualquer desculpa.*

P. *...e essa foi a sua maneira de lidar com uma espécie de luto, não? De separação.*

Mais uma vez, chamo a atenção da cliente para sua capacidade de autorregulação: fechar-se dentro dos limites da jovem família nuclear em Trapani não é errado (como sua modalidade introjetiva a levaria a pensar). Trata-se antes de uma autorregulação que lhe permitiu lidar com o luto da separação de sua mãe e de sua cidade, sem sérios danos ao contexto global de sua vida relacional.

C. *Talvez.*

P. *Mesmo que essa separação tenha ficado em segundo plano, porque você teve o bebê, sua nova vida, seu casamento.*

C. *Sim, sim, sim, isso mesmo.*

P. *Mas tenho a impressão de que há algo em seu relacionamento com sua mãe... que não deixa você respirar.*

Tendo dado suporte à espontaneidade com a qual a cliente conseguiu se autorregular na situação de separação da mãe, estamos mais aptas a enfrentar o tema de sua relação com a mãe, ponto temático crucial da sessão.

C. *Nãooo, ... não, não me deixa respirar. Não que não tenhamos um bom relacionamento, não é isso.*

P. *Precisamente porque vocês têm um bom relacionamento, talvez.*

C. *Sim, mas é como se eu nunca conseguisse... expressar o que sinto, o que quero. Em termos de agressividade também: não consigo discutir com minha mãe, não consigo ficar realmente furiosa... isso acontece com meus amigos também, não deixo sair a parte raivosa de mim. Tenho dificuldade, aprendi finalmente a discutir com meu marido... as coisas deram certo, mas acontece com minhas amizades que não consigo trazer à tona as coisas que não quero.*

P. *Hum... Vamos ver se você gostaria de fazer um pequeno experimento agora: se eu fosse sua mãe, o que você me diria?*

C. ... (Olha para a psicoterapeuta interrogativamente).

P. *Sobre você ter ido embora, sobre o carinho que você tem por ela.*

C. *Você quer dizer... hum... eu deveria falar como se você fosse minha mãe?*

P. *Sim, como se eu fosse sua mãe.*

A psicoterapeuta assume como fundo de sua relação um contexto de tensão básica em direção ao contato, em vez de defesa a ser rompida e, portanto, de cumprimento do "senso de realidade". Essa tensão em direção ao contato mobiliza as energias do campo fenomenológico, no qual tanto cliente quanto psicoterapeuta estão imersas e leva à formação da fronteira de contato, o lugar onde o *self* se desdobra, como um movimento de diferenciação do – e ao mesmo tempo compartilhado com – o outro.

Na Gestalt-terapia, o *self* é aquela função do organismo humano que expressa sua capacidade de entrar em contato com seu ambiente e retirar-se dele. O *self* é, portanto, concebido como um processo, uma "função-do-contato", e se desdobra, "acontece" no local onde o organismo e o ambiente se encontram, por meio dos sentidos (ver Capítulo 2). Assim, o *self* expressa tanto o contato com o ambiente quanto a diferenciação dele.

Essa tensão processual chama constantemente a atenção da psicoterapeuta que, em sua função no trabalho terapêutico, está focada no *Do-agora-para-o-que-está-por-vir*, no apoio ao movimento "em gestação" do cliente.

A atual ênfase nesse aspecto epistemológico levou a uma revisão da famosa técnica gestáltica da *cadeira vazia* que, como se sabe, utiliza a exteriorização de um diálogo interno para ampliar a *awareness* de dinâmicas internas. Considerando antes a centralidade da construção da relação entre cliente e psicoterapeuta, a técnica da cadeira vazia é substituída por dizer *ao psicoterapeuta* – e não à cadeira – o que o cliente diria à pessoa ou a parte dele mesmo colocado na cadeira (Isadore From, em Müller, 1993). Essa mudança permite que o cliente volte ao cerne da situação, ao campo do encontro atual, ao bloco relacional;

ou seja, o padrão relacional que cobre (impede de sentir) a ansiedade ligada à excitação não expressa, não atualizada.

C. *Talvez, às vezes, eu gostaria que você não chorasse pela distância entre nós.* (Saindo do experimento) *Se ela estivesse aqui eu diria para ela ficar com a menininha... ou então... eu contaria a ela sobre minha independência... como se ela não visse que eu sou capaz de me virar mesmo sozinha. Eu consigo me virar sozinha: até vir aqui foi um desafio para mim. Eu disse a mim mesma: eu deixo a menininha no jardim de infância, sou organizada, meu marido me ajuda; se ela tiver alguma necessidade, ele está lá. Mas, às vezes, minha mãe me diz: "É, se você estivesse aqui com certeza teria mais ajuda. Você não sabe o que significaria: você poderia sair com seu marido à noite, teria mais liberdade"* (ela cai em prantos, enquanto fisicamente se contrai um pouco, tirando os pés do chão).

P. *Eu realmente aprecio isso... você se deixa levar pelas suas emoções... Olha, abaixe seus pés, sinta o contato dos seus pés com o chão. Há alguns lenços atrás de você.*

C. *Obrigada, eu também tinha no bolso... Já tinha preparado, mas aceito esses.*

P. *...sim... humm... Percebi que tocar no assunto da garotinha é... doloroso, não é?... Desconcertante para você. Quero dizer, você sabe que ela gostaria de ver mais sua filha?*

C. *Sim, acho que sim... e a garotinha gosta muito das avós, tanto da minha mãe quanto da minha sogra, gosta muito delas e toda vez a separação é difícil para ela. Quando elas vêm nos ver e quando vamos até elas, ela chora.*

P. *Então, é pela sua filha também que...*

C. *Sim...*

P. *O fato de você estar chateada é pela sua filha também.*

C. *Sim... porque ela está sozinha... ela não tem primos em Trapani, ela não tem parentes... enquanto eu cresci com minha avó, que morava em casa conosco. Eu dormia com ela, ela não está mais conosco... Foi uma relação fundamental para mim... talvez mais do que com minha mãe, em alguns aspectos. Minha mãe era mais austera... muito frágil também. Para ser honesta, você me lembra um pouco ela: você me parece austera, não frágil.*

P. *Humm... sim, é verdade* (acena com a cabeça que sim).

C. *Você me inibe um pouco... mas também vejo uma abertura, uma gentileza... que talvez minha mãe nunca se permitiu, a não ser se fazendo de vítima ou com chantagem emocional.*

P. *Parece que entendo que agora as coisas estão um pouco diferentes. Desde que sua filha nasceu, é como se um novo vínculo afetivo tivesse sido criado entre você e sua mãe, o mesmo vínculo que lhe permite ver minha gentileza.*

C. *Sim, sim.*

P. *Percebo que você está chateada, porque gostaria que ela e sua filha fossem mais próximas.*

C. *Sim.*

P. *... e me parece que podemos olhar para o fato de você estar em Trapani e freando seu viver em Trapani a partir de uma nova perspectiva. Eu gostaria que você falasse mais comigo... me dissesse (como se eu fosse sua mãe) como você gostaria que eu visse a menininha, o que você gostaria que acontecesse entre mim e sua filha.*

C. *... mas... se eu falar isso, eu choro...* (ela chora baixinho). *Eu nunca digo a ela... não, toda vez que... não, eu não sei se consigo, ah! ...cada vez que ela me fala isso, eu mudo, fico muito fria, muito... eu a interrompo... eu digo: "Tudo bem, sim!", mas eu me fecho, não consigo nem ficar chateada... Quando eu saio de Siracusa e a vejo chorar... não consigo... porque, para mim, ir para Trapani era também manter uma distância segura, não foi por acaso que a escolhi. Ah!*

P. *Claro, eu entendo. Você está levantando seus pés, está quebrando o contato dos seus pés com o chão. Esta é uma distância segura de mim também. Quer dizer: é como se em certos casos a emoção fosse demais... sim, para você. Entendo bem isso, e acho que você me escolheu em parte porque sentiu que tenho um estilo semelhante: a austeridade defensiva está circulando no ar entre nós. Quando a emoção é demais para você, você se distancia... mas... isso te enfraquece. O que te faz mais forte, te torna capaz de suportar as emoções – e as separações, não? – é estar totalmente com as coisas... Então, eu estou pedindo que você continue me dizendo – ou tentando me dizer – com seus pés no chão e sentindo plenamente sua respiração e suas emoções, como você gostaria – se eu fosse sua mãe – como você gostaria que fosse a relação entre sua filha e eu.*

A relação terapêutica é uma forma pela qual o cliente implicitamente dá ao psicoterapeuta (e a si mesmo) a oportunidade de refazer uma história relacional, restituindo a certas intencionalidades do contato a possibilidade de desenvolvimento pleno e espontâneo (Spagnuolo Lobb, 2003b) que havia sido restringido.

Essa cliente se emociona ao conversar comigo sobre as coisas positivas que nunca disse à mãe e sobre o fechamento emocional em que se encontra desde que se mudou para outra cidade. Por outro lado, diz que escolhe por vontade própria estar a uma distância segura da mãe, garantindo, assim, que não terá uma overdose de emoções. Quando me diz isso, levanta os pés do chão. Ressalto a ela que o distanciamento ao retirar o suporte fisiológico do contato dos pés com o chão não lhe permite restringir suas emoções. A meu convite, ela mantém os pés no chão enquanto olha para mim e, ao mesmo tempo, respira fundo. *Este é o suporte terapêutico que lhe permite concluir com espontaneidade as intencionalidades interrompidas do contato.* Essa nova competência do "estilo gestáltico", que não é apenas verbal, nem apenas emocional, mas diz respeito à experiência completa e unitária do contato com uma mulher mais velha que está cuidando dela, é o início de uma nova história na fronteira de nosso contato, o que mudará seus padrões relacionais também fora da psicoterapia.

Mais tarde na sessão, depois de expressar as emoções positivas que havia reprimido (para evitar a ansiedade de se sentir inadequada em relação à mãe, de acordo com o padrão introjetivo de contato), ela será capaz de se emocionar comigo, contará completamente, e este será o sinal de que atingimos o objetivo terapêutico da sessão.

C. *Humm...* (ela suspira).

P. *Acho que isso pode reforçar seu estar em Trapani e seu retorno a Siracusa também.*

C. *Sim... mas... não sei o que quero...*

P. *Me conte as coisas mais bonitas que você se proíbe de imaginar.*

O padrão introjetivo de contato é uma forma de ajustamento criativo que permite à cliente não experimentar a ansiedade que sentiria caso se espalhasse, se ocupasse o espaço que gostaria de ocupar sem se deixar reter pelos introjetos dos "adultos". Com esta intervenção, dou suporte à energia da sua expansão, ou seja, dou-lhe um bom introjeto, ajudo-a a introjetar com menos ansiedade.

C. *Ehh... as coisas mais bonitas são... bem: eu estou falando com você como se você fosse minha mãe. Imagino quantas tardes você poderia passar com minha garotinha... ensinando coisas para ela...* (os olhos dela estão úmidos, ela está emocionada).

P. *O quê?*

C. *...talvez para ser calorosa de uma maneira diferente... de como você era comigo...*

P. *Ah! ...você sabe que (se eu fosse sua mãe) eu seria diferente com ela.*

É claro que as emoções da cliente não são apenas o desejo de maior calor por parte de sua mãe, mas também a raiva por não ter tido esse calor. Escolho focalizar o *Do-agora-para-o-que-está-por-vir*, e levá-la a ficar com a diferença que já está presente em sua mãe. Em outras palavras, acho que o valor terapêutico não está em analisar a inveja pelo que a cliente não teve como filha, mas em ajudá-la a enfrentar a novidade presente em sua mãe. Na Gestalt-terapia, é a novidade o fator indispensável para o crescimento, não o conhecimento do inconsciente. A questão aqui, portanto, é fazer com que a cliente desenvolva um novo modo de ser, o qual, graças ao contato terapêutico, pode operar um novo ajustamento criativo no contato com a mãe.

C. *... (se você fosse minha mãe) ... eu gostaria que você fosse diferente.*

P. *Eu – sua mãe – já sou diferente, não acha?*

C. *Sim, é verdade. Você aceita a bagunça que a criança faz na casa, enquanto que você sempre me repreendeu. Então, a chantagem era: "Você faz uma bagunça porque você não me ama o suficiente"... e então... sempre havia esse amor que era questionado. É algo que não suporto. Tenho certeza da relação que tenho e, se tenho limitações, se erro, não é porque não te amo.*

> **P.** *Considerando que o que eu (sua mãe) questionei foi o seu amor.*
>
> **C.** *Sim, sim, sempre isso. "Então, você não me ama, ou você não me ama o suficiente", ela me dizia. Sempre esse julgamento, mas no dia a dia, com coisas banais... e isso me deixou um pouco...*

A cliente naturalmente se detém na dor sentida quando criança, ao ser acusada de não amar quando cometia um erro em seguir as regras. É daí que emerge o padrão introjetivo de contato, que a leva a seguir as regras a qualquer preço, renunciando à expansão de sua energia em direção ao outro, justamente para evitar ser acusada de não amar. O ajustamento criativo consiste em tornar-se uma boa menina para o outro, para que ela não ouça ninguém lhe dizer: "Você não me ama". Decido fornecer-lhe informações sobre a experiência de sua mãe e como isso leva a uma mudança perceptiva nela também, a fim de dar-lhe o elemento de novidade que pode dar suporte ao crescimento, à expansão do *self* para além do padrão introjetivo.

> **P.** *Estou pensando em uma série de coisas, vou lhe dizer quais são. Estou pensando em como, quando você é mãe, você é mais forte e ao mesmo tempo mais frágil, certo? A maternidade é vivida com senso de responsabilidade, e essa responsabilidade, às vezes, nos freia, nos torna mais... rígidos... E quando você é avó você se solta... e para nós, nossos pais que mudam quando se tornam avós nos fazem sentir que houve uma abertura, nos fazem ver com nossos próprios olhos que podemos esperar que até o que parecia mais rígido possa mudar. Isso nos dá esperança sobre a vida, não é?*
>
> **C.** *Sim, sim é bom... é bom... sim. É como equilibrar as contas, quero dizer, as contas de certos relacionamentos. Como se você, finalmente, pudesse dar sua opinião... não sei, minha mãe muitas vezes me criticou sobre o que fazer com minha filha... sobre o jeito de fazer as coisas... Aí, eu tive coragem de gritar com ela... eu não sou dessas pessoas que gritam, e isso acontece muito raramente, eu guardo tudo... e, principalmente, com minha mãe... porque gritar significava não amá-la o suficiente... ou... e, portanto, ela ficava de mau humor por dias... até que eu, finalmente, pedia desculpas. Mesmo quando eu não achava que era certo, eu pedia desculpas apenas para parar aquilo, e isso é um pouco o que me dá...*

A cliente responde trazendo à tona a questão do poder e da competitividade entre ela e sua mãe (*equilibrando as contas*), que é a questão "evitada" no contato introjetivo. Embora saiba que agora tem mais competências adultas com sua mãe, sua raiva e sua dor pela situação do passado são quase hipnotizantes para ela: ela continua voltando a elas e começa a andar em círculos. Por isso, a trago de volta ao presente.

P. *Antes, ou agora também?*

C. *Agora eu notei que não é assim. Eu finalmente briguei com minha mãe alguns dias atrás...* (ela ri) *...sobre uma crítica que ela fez de como eu me comportei com meu irmão... Eu apenas não achei que tinha sido rude com meu irmão, e ele também não tinha esse sentimento. Eu tinha ouvido a minha própria necessidade de sair com outras pessoas, uma coisa trivial, e ela me disse algo como: "Sim, mas às vezes temos que nos controlar". Eu fiquei furiosa. Eu disse: "Já tive o suficiente de controle, eu não quero me controlar".*

P. ... *"você me ensinou isso o suficiente".*

C. (Ela ri) *Exatamente! ... e nesse momento ela disse: "Ah, então, não vamos falar mais sobre isso". "Não", eu disse, "não. Você não falar sobre isso significa que você fica de mau humor por dias, mas se eu quero um relacionamento autêntico com você, eu tenho que te dizer o que não combina comigo". Então, foi assim que deixamos. Ela disse: "Tudo bem, tudo bem. Isso serve". Aí, durante o dia eu ficava pensando: "Eu vou ligar pra ela, eu não vou ligar pra ela, eu vou ligar pra ela, eu não vou ligar pra ela". Eu não liguei para ela. Não até à noite, mas tudo estava normal.*

P. *Humm... assim, você está mais forte e ela está mais forte também.*

Aqui também dou suporte à resiliência tanto da cliente quanto de sua mãe. Trabalho para a construção de um novo padrão de contato que, embora permaneça no padrão relacional introjetivo, deixa de ser ansiogênico e utiliza os recursos que evidentemente já estão na relação entre ela e sua mãe devido à forma como se desenvolveu.

C. *Sim...*

P. *Vocês são duas mulheres mais fortes.*

C. *Sim, talvez... para aguentar o conflito.*

P. *Sim. Humm... há menos fechamentos, mais aberturas, mais fé na força uma da outra também, não é? Você tem mais fé em sua própria força, no fato de que pode ficar com raiva dela e, ao mesmo tempo, tem mais fé na força dela também, na capacidade dela de conter sua raiva.*

C. *Sim, para mim isso era algo novo, porque eu estava imaginando que não fazia ideia de quão brava ela poderia estar, ou se ela ficaria com seu humor silencioso habitual, porque ela não fala muito quando está chateada. Mas ela estava normal.*

P. *Bom, chegamos a um ponto. Já passamos por algumas coisas, não é?*

C. *Sim.* (Ela ri)

P. *Passamos por emoções, que estão no fundo da experiência de você ter se mudado, de viver em Trapani. E agora, depois de passarmos por essas coisas, eu me pergunto se você pode olhar para sua vida em Trapani e ver se algo mudou... em sua percepção.*

C. *Não, não. Essa percepção, eu sinto que é diferente de antes... é como se minha saudade de casa tivesse voltado.*

P. *Sim, sim. Me fale sobre isso.*

Estamos "descascando a cebola". A saudade de casa é a emoção espontânea, que provavelmente foi reprimida (graças ao padrão "tenho que ser uma boa filha"), e da qual a cliente agora pode se apossar de uma nova maneira.

C. *Não é que eu queira ficar em Siracusa, céus, não. É também uma questão de assuntos práticos.*

P. *Sim, vamos falar sobre isso.*

C. *Sim... Eu sinto que se eu estivesse em Siracusa, eu certamente me sentiria mais protegida, esse é o ponto. Protegida apenas com a ideia de que eles estão lá, meus pais. Eles me fazem sentir muito protegida. Só que essa proteção me deixou com medo do lá fora... não sou o tipo de pessoa que consegue viajar sozinha, que... nunca tive experiências, a não ser com meu marido, com meu namorado, com meu irmão...*

P. *Mas você me parece se sair bem, quando o faz.*

C. *Sim...*

P. *Como vir aqui.*

C. *Sim, tem sido muito bom para mim* (ela ri). *Sim, vindo de ônibus, sim, eu gosto. Me dá uma sensação de independência... e o meu marido me encoraja nessas coisas, felizmente. Ele nunca me limitou, pelo contrário!*

P. *Ele sabe que você é forte.*

C. *Sim, sim, sim... ficar em Trapani me dá muita força e me faz sentir que é a minha própria cidade... Na minha imaginação, é um pouco como Patópolis, a cidade natal do Pato Donald: é pequena, eu a contenho, gosto desse tamanho menor.*

P. *Patópolis.*

C. *Sim, isso me faz pensar. Meu pai me disse uma vez: "Imagino você andando pelas ruas como uma formiguinha". Assim, imaginei um mapa onde eu realmente conhecia o caminho... Fui para Trapani, comecei minha formação, depois tive a sorte de encontrar um emprego temporário em um hospital, que está prestes a terminar, e a angústia sobre o que eu vou fazer tomou conta de mim novamente. Não que tipo de trabalho eu vou fazer, sinceramente, não é isso que me preocupa, eu poderia até não fazer nada... isso me assusta... que vínculos eu tenho com a cidade se não tenho trabalho?*

P. *Entendo.*

C. *Não consigo encontrar o que me dá prazer.*

P. *E você gostaria de adicionar alguns novos tijolos à sua nova cidade?*

C. *Afetivo, amigável... Meu marido e eu, muitas vezes, nos encontramos sozinhos. Estamos bem sozinhos, honestamente, nem sempre queremos ter pessoas por perto, mas ambos temos esses polos de atração para nossas cidades natais. E assim, antes, nem tanto agora, o calendário foi estabelecido com base em fins de semana igualmente divididos. Estou realmente cansada disso: é hora de criarmos raízes do tipo afetivo, amigável e eu não consigo...*

P. *Qual é a primeira raiz que você gostaria de criar, ou poderia criar?*

C. *... Hummm ... bem, eu poderia fazer isso com um vizinho ... com alguns dos meus vizinhos no bloco de apartamentos com quem eu tive contato, mas é como se eu não pudesse ir fundo.*

P. *Por exemplo, o que você faria, o que você gostaria de fazer com alguns deles?*

C. *Eu gostaria de ter uma melhor amiga. Eu sei que é muito infantil. Mas gostaria de ter uma amiga por perto, como fiz em Siracusa...*

P. *Ah, você acha que isso é possível?*

C. *Acho que é possível. Eu tenho esse desejo, mas ao mesmo tempo, concretamente, sou muito indiferente.*

P. *O que acontece quando você pensa que poderia passar um pouco mais de tempo com uma dessas mulheres? O que acontece nesse momento?*

C. *Ah... eu invento desculpas. Minha filhinha, um compromisso, estudar... para não perder tempo.*

P. *Entendo, mas o que acontece por dentro?*

C. *Por dentro, há essa tensão: "vou fazer, não vou, vou, não vou". E, então, eu não faço. Mas quando eu faço, ou quando elas batem na minha porta, para mim, é como o sol se abrindo. Eu digo: "Ainda bem que foi ela que fez isso".*

P. *O que está faltando para você mesma fazer isso?*

C. *... ... não sei ... realmente, não sei ... precisaria de tão pouco ... é como se eu realmente não devesse sair de casa nem por um minuto ...*

É evidente que o padrão de contato introjetivo torna-se do tipo obsessivo-compulsivo no momento em que a cliente gostaria de desenvolver sua própria energia no contato com seus vizinhos, mas ela não tem o suporte (interno e externo) necessário para confiar na emoção que essa novidade implica. Este é outro momento crucial da sessão, no qual meu suporte terapêutico consiste em fornecer um bom introjeto, usando a mesma linguagem e o mesmo código experiencial que a cliente.

P. *Acho que posso imaginar um pouco o que está faltando.*

C. *Humm...*

P. *Mas não poderia faltar. Você sente falta de pensar que sua mãe é forte e que você é forte, que ela sentiria sua afeição por um vizinho como uma coisa normal, natural, não como uma ofensa, ou uma traição de afeições enraizadas.*

C. *Sim, talvez seja isso... sim.*

P. *O que falta para você é a tranquilidade de pensar que talvez possa até contar para sua mãe sobre suas novas amigas.*

C. *Hum...*

P. *Que para sua filha se abre um mundo maior se, além de ter sua mãe, seus avós, ela também tiver as amigas da mamãe.*

C. *Isso seria muito útil para mim.*

P. *O que está faltando para você é descobrir que é um mundo grande.*

C. *Isso sempre foi um... um problema para mim.*

P. *Não sei se é um problema, acho que é falta de hábito. Porque você disse que tinha muito em casa, então, teve o apoio para se entregar ao mundo.*

C. *Bom, eu estava em casa, sim, quer dizer, entre minhas amigas, minhas amizades, eu também senti falta de sair como estudante, como muitas pessoas sentem.*

P. *Sim e, quando você sai, você funciona bem!*

C. *Sim.*

P. *Você também gosta.*

C. *Sim, eu realmente gosto.*

P. *Por isso, digo que é uma questão de hábito... não de incapacidade.*

C. *Humm... sim.*

P. *É um mundo grande: você pode pegar um ônibus e ir para onde quiser, pode bater na porta da sua vizinha e conversar com ela.*

C. *Isso é verdade.*

P. *E você pode descobrir coisas novas que ampliam seu coração, sua mente. Não é um problema de incapacidade. Você não está convencida?*

C. (Ela sorri) *Não: estou imaginando quando me encontrarei nessa situação e me pergunto o que farei.*

P. *Você vai pensar em minhas palavras.*

C. *Com certeza... mas outro problema é que eu vou obedecer o que você me disse, logo eu vou tomar isso como... eu costumo ser uma boa cliente, então, se um psicoterapeuta me diz alguma coisa, eu faço. Até consegui dormir sozinha... eu nunca tinha dormido sozinha, tinha medo do escuro, da solidão. Imagine eu dormindo sozinha em Trapani! Quando aconteceu (meu marido tem que viajar a trabalho), um comboio inteiro se pôs a caminho para me fazer companhia. Assim, eu trabalhei isso na terapia e a psicoterapeuta foi muito dura comigo e me disse que eu tinha que enfrentar esse problema. Bem, em uma palavra, seu tom era austero, quase como se estivesse me repreendendo, e eu era boa em responder a isso e tomar coragem.*

Uma das armadilhas do trabalho terapêutico com o padrão introjetivo de contato é, justamente, o fato de a cliente subestimar suas forças e sucessos na medida em que os atribui à obediência, portanto ao fazer o que outro diz. Nessa reação, encontramos mais uma vez a inveja, sentimento fundamental nesse padrão de contato, que reflete o desejo de se expressar livremente, algo que os outros podem fazer e a cliente não; porque ela deve obedecer, ela tem que se sacrificar. Há muitas maneiras de enfrentar esse círculo vicioso na psicoterapia. Escolho aqui mostrar à cliente que obedecer não é sinal de imaturidade, mas, ao contrário, de resiliência: seu recurso para o crescimento. Essa abordagem terapêutica respeita a realidade para além dos idealismos (a cliente deve superar o padrão e enfim amadurecer!) e acolhe a resiliência.

P. *E por que você reduz seu mérito nisso?*

C. *Porque outra pessoa me diz... é algo que eu já sei, mas só faço se outra pessoa me disser...*

P. *Não acho que isso diminua seu mérito.*

C. *Humm...*

P. *É só uma questão de quem começa a dança.*

C. *Humm...*

P. *Você prefere ser convidada para dançar...*

C. *Sim.*

P. *Mas, então, você dança.*

C. *Sim, é verdade.*

P. *Eu não acho que isso diminua o seu mérito, porque quando você está em alguma coisa, você está lá, e não me parece que você faça isso apenas por obediência. Você acredita nas coisas que faz, mesmo que às vezes prefira ter o OK de outra pessoa para fazê-las.*

C. *Bem... talvez.*

P. *Portanto, se você fizer isso, se você bater na porta da sua vizinha, mesmo pensando que eu te disse para fazê-lo, que te encorajei, tudo bem, sem problemas... Porque vai ser você, E., vai ser você como pessoa ali com sua vizinha, não eu, e você não vai estar me imitando, vai ser você agindo como quiser.*

C. *Ah... humm ...*

P. *Minhas palavras são úteis para te dar um empurrãozinho, digamos, um toque, mas é você quem está ali.*

C. *Sim, claro, é verdade.* (Ela está comovida.). *Obrigada* (Ela ri).

P. *Não sei se você gostaria de parar por aqui. Primeiro, talvez pense um pouco sobre tudo o que sente e veja se quer dizer alguma coisa.*

C. (Ela pausa para refletir, respira calma e plenamente.) *Acho que isso foi o fundamental, esse negócio de eu ser... minha relação com a agressividade, então, às vezes cortando cordas e até desfrutando disso...*

P. *Claro.* (Sua respiração coincide com a da cliente.)

C. *E esse negócio de não ver como perda de tempo eu ir bater um papo com uma vizinha enquanto tomamos um café, que é uma coisa que eu gosto muito.*

P. *Sim.*

C. (Ela ri)

P. *Agora você pode fazer isso.*

C. (Ela ri) *Olha, eu não me dei permissão. Ninguém nunca me disse para não fazer isso, é engraçado.*

P. *Você explorou... o mundo nisso. Ou seja, agora você sabe que permitir-se amplia sua percepção do mundo... amplia seu amor também... não anula seu amor por sua mãe, por Siracusa. Pelo contrário, amplia as possibilidades.*

C. *Sim, me parecia que estar muito bem em Trapani poderia me fazer esquecer Siracusa, então... não me encontrava nem aqui nem lá... ou um pouco aqui e um pouco ali... sempre havia essa oscilação.*

P. *Eu me pergunto se você pode se concentrar por um momento, para ver o que você sente… agora.*

C. ... *Eu sinto energia.*

P. *Onde você sente isso?*

C. *Um pouco no peito, um pouco na barriga... me sinto ampla...* (risos)…*mais ampla* (risos). *Quando eu estava esperando por você antes da sessão, senti um tremor na minha barriga.*

P. *Você consegue respirar mais profundamente?*

C. *Sim...* (Ela respira) *...sim* (respira de novo).

P. *Não esqueça sua energia.*

C. *Sim... me sinto um pouco bêbada... mas é positivo. Não me sinto tonta, nem alterada... parece banal, mas para mim é uma descoberta.*

P. *É importante, não é banal. E como você se sente comigo?*

C. *Bem... você não me assusta, eu estava um pouco assustada antes...* (Ela ri) *Eu não te vejo como austera... sim, eu estou bem, estou animada.*

O padrão relacional introjetivo, antes vivenciado com ansiedade, agora é vivenciado de forma totalmente espontânea, graças ao suporte dado aos recursos que já estavam em ação, e ao padrão relacional que estabelecemos, no qual a introjeção é definida positivamente pela psicoterapeuta. E. modificou o padrão corporal e se percebe "adulta", à altura da situação. Agora ela pode introjetar sem ansiedade.

P. *Eu também estou bem. No que me diz respeito, podemos terminar aqui, não sei quanto a você. Apreciei muito a forma como você esteve aqui, a forma como você se entregou e... o que eu mais apreciei é que você veio aqui de ônibus* (brinco carinhosamente) *e que você continuou esse risco durante a sessão também ... e que você aceitou as coisas que eu disse a você com um senso de risco, não apenas consumindo-as sem qualquer crítica. Eu experienciei como você pode ser diferenciada e não senti que você fosse o tipo de pessoa que aceita acriticamente o que eu digo. Assim, eu experiencio você como uma pessoa diferenciada, capaz de criticar as coisas que eu digo e torná-las suas.*

C. *... estou mastigando elas* (ela sorri).

P. *Obrigada, E. Tchau.*

C. *Obrigada também, M. Tchau.*

Posfácio. Aqui está a mensagem que a cliente me enviou no contexto de me dar sua autorização para publicação: "Quero lhe dizer que, desde então, muitas coisas se moveram dentro de mim e você não foi secundária nisso! Fiquei tão emocionada relendo nossas trocas (meu coração estava batendo forte). Hoje, sou muito diferente da mulher que você viu naquela manhã. E minha vida em Trapani, certamente, é pontuada por muito mais leveza e energia renovada em comparação com três anos atrás, agora que, finalmente, saí daquele isolamento".

8. O Que Muda de Acordo com a Prática Clínica Gestáltica?

Que avaliação clínica podemos fazer desta sessão? O que mudou para a cliente? Definir a mudança faz parte da epistemologia de toda abordagem: de fato, um psicoterapeuta junguiano e um analista transacional usariam palavras e conceitos diferentes para descrever o que mudou durante e graças a essa sessão, tanto na percepção da cliente quanto na relação terapêutica. Consciente da (necessária) relatividade do que direi, apresentarei uma leitura gestáltica da mudança ocorrida.

O objetivo da psicoterapia é que o cliente restabeleça a espontaneidade no contato com o ambiente. Segundo a Gestalt-terapia, não é a compreensão racional e, portanto, o controle do distúrbio que cura, mas algo que tem a ver com aspectos processuais e estéticos. O trabalho terapêutico consiste em ajudar o cliente a viver plenamente, respeitando a sua capacidade inata de se regular na relação, e não só ao nível verbal, mas, sobretudo, ao nível da ativação espontânea das estruturas neurocorporais predispostas em sua vida relacional. A espontaneidade é a arte de integrar a capacidade de escolher deliberadamente (*função ego*) com dois tipos de fundo experiencial: as certezas corporais adquiridas (*função id*) e as definições sociais – ou relacionais – do *self* (*função personalidade*)[10]. Estamos muito longe do conceito de espontaneidade que se confunde com o conceito de impulsividade (típico da antropologia freudiana), em que, diferentemente da impulsividade, na espontaneidade há a capacidade de "ver" o outro. E também estamos muito longe de uma ideia à la Rousseau de espontaneidade infantil: é antes a arte – que se aprende ao longo dos anos – de integrar todas as experiências, inclusive as dolorosas, em um estilo harmônico pessoal,

[10] Estes são aspectos processuais do *self*, veja no Capítulo 2.

plenamente presente para os sentidos, que são os meios fisiológicos pelos quais entramos em relação.

Um exemplo das habilidades espontâneas de contato da criança pode esclarecer em termos práticos o que queremos dizer com "reestabelecer a espontaneidade". A capacidade de sucção do recém-nascido é uma habilidade geral, uma função de fato, enquanto o que ele suga é o conteúdo e é variável. É a capacidade de sugar (e da mesma forma morder, mais tarde, ou se sentar, etc.) que faz a criança entrar em contato com o mundo, que é geradora de sua espontaneidade ou falta de espontaneidade. Se, de fato, de alguma forma, a criança é proibida de sugar, por exemplo, exercer espontaneamente a função que lhe é apropriada, ela tem que compensar fazendo outra coisa para entrar em contato e resolver com falta de espontaneidade a necessidade que gerou o ato de sugar.

Certamente, o fato de a criança sugar um leite que não é bom influenciará sua experiência. Mas o que interessa a nós, Gestalt-terapeutas, não é um julgamento sobre quão bom é o leite, mas entender como o organismo da criança reagiu ao leite que não era bom, ou seja, como ela ajustou criativamente seu funcionamento ao leite ruim: em uma palavra, *que espontaneidade ela perdeu.* Isso nos permite focar em como o organismo pode ser sustentado para se apossar, mais uma vez, da função de sugar com certa espontaneidade. O que ajuda a criança a restabelecer a espontaneidade da sucção não é saber que o leite não era bom, mas vivenciar a possibilidade de voltar a sugar outro leite, de redescobrir sua *espontaneidade funcional* de sugar com um novo ajustamento criativo, uma nova organização da experiência do campo organismo/ambiente (Spagnuolo Lobb, 2001b, p. 91).

Assim, o que muda no processo terapêutico gestáltico é a *percepção da fronteira de contato* entre o cliente e o psicoterapeuta. É uma mudança que acontece não só no cliente, mas também no psicoterapeuta; é, de fato, uma cocriação de uma nova fronteira de contato, uma nova experiência que vai em direção ao futuro, não à explicação retificadora de experiências passadas.

O objetivo final da relação terapêutica é que o cliente se sinta interessado pela vida, com permissão para ser criativo não apenas com o psicoterapeuta, mas também no grupo social do qual faz parte (Polster, 1987; Spagnuolo Lobb; Amendt Lyon, 2003).

Isso se aplica tanto ao contexto individual quanto ao contexto de casal, no qual os parceiros experimentam se sentir "em casa" um com o outro e, portanto, acolhidos em sua intenção de alcançar o outro (ver Capítulo 7). Também se aplica ao contexto familiar (ver Capítulo 8) e ao contexto grupal (ver Capítulo 9), nos quais o objetivo é que cada um se sinta único e ao mesmo tempo parte integrante do grupo, reconhecido pelo grupo e com permissão para fazer sua própria contribuição criativa para o desenvolvimento do grupo. Finalmente, também se aplica à formação do psicoterapeuta (ver Capítulo 10), o qual, mais do que ninguém, deve encontrar sua própria espontaneidade nos processos de relacionamento (ver também a seção sobre egotismo no Capítulo 2).

O *Self* que Cria e É Criado no Contato A Teoria Clássica da Gestalt-terapia[1]

2

Com intervenções de Philip Lichtenberg[2]

Eu gostaria de oferecer aqui a minha jornada em busca de por que e como a Gestalt-terapia nasceu: o que atraiu os fundadores de nossa abordagem para buscar novas soluções para questões sobre psicoterapia em meados do século XX e o que se desenvolveu a partir de suas respostas.

Meu principal ponto de referência será o livro *Gestalt-Terapia: Excitação e Crescimento na Personalidade Humana*, por Frederick Perls, Ralph Hefferline e Paul Goodman (1997). Meu companheiro nessa jornada será meu colega Philip Lichtenberg, com comentários dialógicos, os quais, justamente por funcionarem de certa forma como um contraponto às minhas teorizações, garantem que este capítulo não seja unívoco.

Enquanto Fritz e Laura Perls desenvolveram as ideias que levaram à fundação da Gestalt-terapia (fundamentalmente resumida em F. Perls, *Ego, Fome e Agressão*, 2002), Paul Goodman é creditado com a escrita da maior parte do material teórico no livro, baseado no pensamento original de Perls, conforme discutido e desenvolvido no grupo original de fundadores em Nova York.

Eu não fui testemunha dessa época, simplesmente me apaixonei pela Gestalt-terapia quando estudante (em 1974) e, desde então, me

[1] Este capítulo é a versão revisada de Spagnuolo Lobb (2005b). Alinhado à intenção pedagógica da obra em que foi originalmente inserido, o capítulo inclui intervenções críticas de Philip Lichtenberg, revisadas pela autora para este livro, as quais tornam o texto em parte um diálogo, mantido como opção nesta versão. Sou grata a Philip por me permitir fazê-lo.

[2] Philip Lichtenberg é codiretor do *Gestalt Institute of Philadelphia*.

dediquei a buscar respostas para as muitas perguntas que me fiz. Neste capítulo, tentarei comunicar aos leitores o que aprendi sobre as origens e os elementos básicos dessa teoria.

Enquanto, há cinquenta anos, o *Movimento New Age* apoiava o crescimento pessoal como forma de escapar do modelo autoritário da cultura da época, nossa abordagem se concentrava no desenvolvimento pessoal e na liberdade de padrões culturais. Hoje, na era contemporânea, os modelos contemporâneos da Gestalt-terapia focalizam vários aspectos dos fenômenos relacionais e de campo, que constituem a única realidade experiencial na qual uma verdade temporária pode ser encontrada.

Há quatro caminhos pelos quais eu gostaria de levá-lo para entender o pensamento original de nossos fundadores: a novidade que essa abordagem trouxe para o campo geral da psicoterapia e da cultura, as consequências para nossa prática clínica e algumas das atuais linhas de desenvolvimento.

O *primeiro caminho* está relacionado a uma questão metodológica: "Como devemos ler o livro fundador da Gestalt-terapia?" (doravante referido como *Gestalt-Terapia*). Este livro é tão complexo que não pode ser lido "ingenuamente" – é necessário um método.

O *segundo caminho* trata da novidade da abordagem psicológica dos fundadores em suas primeiras discussões, as perguntas que eles colocam e suas respostas provisórias.

O *terceiro caminho* nos dirá como essas respostas foram desenvolvidas no curso de sua discussão, como foram filtradas pela genialidade de Paul Goodman e como, finalmente, foram transcritas e publicadas no *Gestalt-Terapia*.

Finalmente, no *quarto caminho*, apresentarei dois desenvolvimentos teóricos epistemologicamente consistentes com a teoria original: a dimensão do tempo na compreensão do processo de contato e minha visão do que tem sido chamado de "entre".

Philip Lichtenberg

"Eu gosto do que você escreveu e posso apoiar o que você diz. Eu tenho uma perspectiva ligeiramente diferente sobre algumas das questões que você levanta e vou apresentá-las para você considerar.

Vou participar de vez em quando para estabelecer um diálogo e criar aquela atmosfera de ensino/aprendizagem que é típica de nossa abordagem."

1. O Primeiro Caminho: "Conhecendo" o Livro Fundador – Uma Questão de Metodologia

Nosso livro fundador, *Gestalt-Terapia: Excitação e Crescimento na Personalidade Humana*, é um livro estranho e difícil de entender em termos de categorias racionais e claras, por um lado, e muito evocativo e intelectualmente estimulante, por outro: ele estimula as reflexões dos leitores e tem a característica de gerar ideias. Este efeito não está ligado a nenhum fator cultural, geracional ou geográfico: ele estava atualizado para o leitor de 50 anos atrás e ainda está atualizado para o leitor de nossos tempos. Por esta razão, é muitas vezes referido como a "bíblia" dos Gestalt-terapeutas[3].

Foi escrito em um estilo difícil, o que torna impossível introjetá-lo ou engoli-lo acriticamente. Como escrevem os próprios autores, "empregamos um método de argumentação que pode parecer, à primeira vista, injusto, mas que é inevitável e, em si mesmo, um exercício da abordagem gestáltica" (Perls; Hefferline; Goodman, 1997, p. 57). Eles chamaram esse método de "contextual" e disseram que ele foi concebido para dissolver as principais dicotomias neuróticas (corpo e mente; *self* e mundo externo; emocional e real; infantil e maduro; biológico e cultural; poesia e prosa; espontâneo e deliberado; pessoal e social; amor e agressividade; inconsciente e consciente).

O objetivo do livro é, portanto, criar um experimento para o leitor enquanto lê, com o objetivo de ajudá-lo a experienciar como esses termos não são dicotomias, mas partes de uma estrutura figura/fundo.

Quando apresento aos meus alunos o *Gestalt-Terapia*, aconselho-os a deixar-se levar pelo seu fascínio e a não procurar entendimentos

[3] Refiro-me à parte teórica do livro, um desenvolvimento magistral de Paul Goodman, de um manuscrito de Perls e das reflexões do grupo de fundadores (ver ROSENFELD, 1978b).

esquemáticos. A beleza do *Gestalt-Terapia* está em sua capacidade de estimular o pensamento criativo. Por isso, sugiro que meus alunos não leiam o livro logo no início de sua formação, quando estão em busca de certezas, mas que o abordem de maneira descontraída, para aproveitar sua curiosidade sobre o que mais os fascina no livro. Às vezes, digo a eles para manterem uma cópia do *Gestalt-Terapia* na mesa de cabeceira e lerem livremente partes dele no final do dia. O efeito desse tipo de leitura costuma ser muito forte. Ficam completamente tomados pelo livro, entusiasmam-se, sentem-se vivos, como pessoas que encontraram uma nova forma de ver o que sempre viram. O livro *Gestalt-Terapia* estimula um processo hermenêutico nos leitores, como observaram os próprios autores. Segundo Sichera (2001, p. 19):

> o texto desenvolve-se numa série de círculos concêntricos que obrigam o leitor a assumir uma posição ativa, e não passiva. O conhecimento do texto (como todo conhecimento autêntico do outro) é, ao mesmo tempo, ponto de partida e destino. Os fatos são apreendidos por um momento e, logo em seguida, as perguntas surgem novamente de forma circular, estabelecendo, assim, uma relação com o livro (é o que se define como a lógica hermenêutica da circularidade). Às vezes, quase parece que as contradições foram inseridas deliberadamente no coração do texto, como que para testemunhar a necessária abertura de qualquer reflexão verdadeira.

Philip Lichtenberg

"Sim, o volume *Goodman*, do *Gestalt-Terapia*, é difícil de ler e não está aberto a uma introjeção fácil. Em parte, concordo, pois isso ocorre porque ele se baseia em pessoas colocando a teoria em cima da experiência. Mas há outra razão também. Eu lecionei um grupo de estudo sobre este texto nos últimos 16 anos ou mais, reunindo-me uma vez por mês, durante duas horas. Cobrimos o livro inteiro, passando de um parágrafo para três páginas em uma determinada noite. Descobri que uma razão importante, nem sempre suficientemente reconhecida, é que o livro tanto critica a psicanálise quanto se baseia fortemente em uma variante dela. Por muito tempo, concentramo-nos em sua crítica, e não o suficiente em sua continuação dessa teoria. Goodman se aproximou de Fenichel, o líder dos psicanalistas (politicamente) radicais, e foi rejeitado, mas aprendeu muito. A que esbocei é a versão radical da psicanálise decorrente de uma das duas psicologias que Freud escreveu lado a lado ao longo de sua carreira. Pouquíssimas pessoas conhecem bem a psicanálise, especialmente em sua versão radical, de modo que a teoria do livro lhes escapa. Atenderei a algumas questões dessa teoria em minha resposta a você[4]."

2. O Segundo Caminho: as Novidades Introduzidas pelos Fundadores – Suas Perguntas

Muitas coisas me foram contadas sobre as primeiras reuniões dos fundadores. Isadore From me contou sobre a formação psicanalítica e geralmente bem informada dos membros do grupo e sobre o método desconstrutivo que caracterizou seus questionamentos. Richard Kitzler (1999b) lembra do objetivo informal, porém, prático, dessas reuniões. Os membros trouxeram para o grupo seus problemas práticos (como os problemas de Shapiro, enquanto diretor de uma escola em um bairro difícil: ele queria ajudar os alunos a se encaixarem melhor na sociedade). O grupo apreciou o trabalho de alguns dissidentes freudianos, como Wilhelm Reich, e utilizou métodos de dramatização para discutir problemas clínicos, partindo da perspectiva do campo fenomenológico: "ser o cliente", de fato, permitiu que eles ficassem com a experiência do campo.

O que motivou sua pesquisa foi a necessidade de revisar a psicanálise (principal modelo de psicoterapia naquela época) em um mundo que, naquele período, estava drasticamente alterado após a Segunda Guerra Mundial. "Mastigando" a filosofia moderna, eles integraram novas perspectivas ricas e estimulantes, tanto as dos psicanalistas dissidentes (por exemplo, Karen Horney, Otto Rank e Wilhelm Reich), quanto a da fenomenologia, no sentido de uma nova forma de olhar para a experiência humana.

[4] Para um exame aprofundado, veja LICHTENBERG (2009).

Eles estavam tentando entender se, para ir além de certas limitações, era necessário "inventar" um novo modelo, ou se bastava trabalhar em nível metaclínico. Em outras palavras, mais do que questionar o que não funcionava nos outros modelos clínicos (principalmente analíticos e pós-analíticos), eles buscaram o que realmente funcionava segundo uma análise fenomenológica das ações terapêuticas bem-sucedidas. Certamente, os fundadores não aceitaram acriticamente as ideias de seus colegas contemporâneos, mas estavam abertos para aquelas ideias que pudessem fornecer uma chave para ler a normalidade, a regulação espontânea do organismo, da relação curativa entre o ser humano e a natureza, e entre o indivíduo e o grupo social. O sonho deles era construir um modelo teórico referente à espontaneidade do funcionamento humano, sem desvitalizá-lo no processo. Eles eram bem conscientes de que suas teorias eram uma abstração necessária – um código baseado na lógica do processo, as quais, por essa mesma razão, permitia-lhes manter e respeitar a espontaneidade da vida em sua totalidade.

Os fundadores mudaram, assim, a direção da forma usual de teorizar e de questionar – da observação do negativo para o foco no positivo, constituindo uma mudança revolucionária do ponto de vista epistemológico. Na verdade, olhar para o que se faz como a melhor solução possível é o oposto de olhar para o que se faz em termos de coerência com um "dever" universal. Acreditar no que chamamos de "autorregulação do campo organismo/ambiente" significa olhar o mundo pelas lentes do processo, e não da regra a ser cumprida. Em vez de se preocupar com o que não funciona e fornecer ferramentas para trazer a experiência à "normalidade", podemos observar como o organismo e o ambiente começam a interagir e a integrar seu *estar-aí* com um processo de autorregulação. Isso leva à superação da perspectiva dicotômica (saudável/doente, bom/mau, individual/social, etc.), em prol de uma perspectiva fenomenológica e relacional.

Os fundadores disseram:

> Este livro concentra-se numa série de semelhantes dicotomias neuróticas básicas de teoria e tenta interpretá-las, conduzindo a uma teoria do *self* e sua ação criativa. Partimos de problemas de percepção e realidade primárias, e, em seguida, consideramos

o desenvolvimento e fala humanos até chegarmos a questões de sociedade, moralidade e personalidade (Perls; Hefferline; Goodman, 1997, p. 54).

O método que utilizaram para questionar a realidade e as respostas a que chegaram é consistente com esse princípio básico de ficar com o que funciona e se desenvolve com o que é, em vez de cair na armadilha de categorizar a realidade e de estabelecer o que deve ou não deve ser. Goodman recorreu a uma formulação aristotélica quando afirmou que "o padrão de avaliação emerge na própria ação e é, finalmente, a própria ação como um todo" (IVI, p. 97).

Philip Lichtenberg

"Em sua versão radical, Freud manteve a consciência, o id, o ego, etc., tanto como organização interna quanto como organização social relacional. Ele fez isso quando escreveu sobre impulsos e percepções instintuais como integrados na consciência. Assim, também, onde desenvolveu o id e o ego como princípios de organização, incluiu temas de organização interna e social (a psicanálise conservadora não via o id como algo além do interno e colocava o ego contra isso, em vez de ver que ambos estavam preocupados com a forma como todas as pulsões estavam conectadas umas às outras e ao mundo exterior). O id, em sua forma mais avançada na psicanálise e na Gestalt-terapia, refere-se à integração do fundo, tanto de dentro do organismo quanto do ambiente, qualquer um dos quais pode ser o fator instigante inicial, mas ambos estão integrados no desenvolvimento da formação da figura. Goodman (1994) apresentou uma diferenciação entre Fé e Segurança ao referir-se a como a pessoa vive no presente, seja viva para o presente em sua plenitude ou repetindo o passado – o já alcançado:

> Aceitando seu interesse e o objeto, e exercendo a agressão, o homem criativamente imparcial excita-se com o conflito e cresce por meio deste; ganhe ou perca, ele não está apegado ao que poderia perder, pois sabe que está mudando e já se identifica com o que se tornará. Essa atitude vem acompanhada de

> uma emoção que é o contrário do sentimento de segurança, isto é, a fé: absorvido na atividade concreta, ele não protege o fundo, mas retira energia dele, e tem fé que este se mostrará adequado (p. 161).

Na psicanálise, Ferenczi propôs uma ideia comparável em sua onipotência mágica; T. Benedek chamou isso de 'confiança'; E. Erikson se referiu a isso como 'confiança básica'; e eu chamei isso de 'expectativa confiante'."

Margherita Spagnuolo Lobb

"Eu me pergunto se você está criticando a falta de desenvolvimento de uma base promissora na Gestalt-terapia."

Philip Lichtenberg

"Acho que a Gestalt-terapia desenvolveu algumas ideias básicas, sustentando-se na plataforma da psicanálise radical, mas não se afastando bruscamente dela. Portanto, há coisas novas e há outras já estabelecidas. Nem a psicanálise nem a Gestalt-terapia fizeram o suficiente com a questão da 'confiança' ou da 'fé', assunto que venho desenvolvendo. Ela está em ambas e é bastante provocativa. É uma função personalidade, a 'prontidão' ou 'atitude' de Goodman e a minha 'disposição'."

3. O Terceiro Caminho: As Linhas Teóricas

Quais foram os resultados da pesquisa dos fundadores? A resposta básica deles foi que a vida só pode ser vista na fronteira de contato, na experiência do organismo de fazer e de retirar-se do contato com o ambiente. Embora existam muitas maneiras de apresentar a teoria básica de nossa abordagem, escolhi aqui cinco linhas teóricas: 1) o campo organismo/ambiente; 2) o *self*; 3) a experiência de contato-retirada do contato; 4) distúrbios do funcionamento do *self*; e 5) o objetivo da psicoterapia.

3.1. O Campo Organismo/Ambiente

A expressão "campo organismo/ambiente" é uma das mais recorrentes e significativas no *Gestalt-Terapia*. Embora a influência da Teoria de Campo de Kurt Lewin sobre os fundadores seja evidente, eles implicitamente mantiveram distância dela quando optaram por se concentrar no contato e na retirada do contato como um processo entre organismo e ambiente, em vez de um campo de forças (Perls; Hefferline; Goodman, 1997), concebendo a relação entre organismo e ambiente tanto ao nível antropológico como sociopolítico. A interação entre o organismo e o meio ambiente tem uma matriz antropológica óbvia, com referências à teoria evolucionista darwiniana.

De fato, o organismo animal humano é considerado fruto de uma resposta desenvolvimental ao meio ambiente e, portanto, a interação entre organismo e ambiente está implícita na própria matriz da evolução. O próprio conceito de autorregulação organísmica (Goldstein, 1939) está estritamente ligado à evolução das espécies. A intuição de Fritz e Laura Perls (Perls, 1947/2002) sobre o desenvolvimento na infância e o conceito de agressão dental baseou-se em uma teoria da natureza humana como capaz de autorregulação, uma teoria certamente mais positiva que a concepção mecanicista que permeou a teoria freudiana no início do século XX. O grupo de fundadores da Gestalt-terapia queria, com efeito, mostrar que as necessidades individuais não podem ser consideradas isoladas das regras da sociedade (Spagnuolo Lobb; Salonia; Sichera, 1996).

A perspectiva de campo na Gestalt-terapia nos convida ao pensamento não dicotômico. Por exemplo, se vemos um dos parceiros de um casal se sentindo entediado, podemos ver o fenômeno de forma linear, atribuindo o tédio ao indivíduo que o vivencia. Mas também podemos ver o mesmo fenômeno em uma perspectiva de campo: neste caso, tanto o parceiro entediado quanto o parceiro que reage de alguma forma a isso fazem parte do mesmo campo. Podemos direcionar nossa atenção para como os dois parceiros se relacionam com o tédio. Esse tédio está no campo, é criado e, por sua vez, criador do campo. As perguntas de uma perspectiva de campo podem ser: "Como esse tédio é experienciado por um e por outro parceiro em relação a serem um casal, ao desejo de contato um com o outro e ao sentimento de fracasso?".

Então, o que é o "campo" para os Gestalt-terapeutas? É a percepção pessoal de seu próprio ambiente? Qual é a diferença entre pensar em termos de campo organismo/ambiente e em termos de sistema?

Antes de mais nada, é preciso dizer que estamos nos referindo a um conceito de campo fenomenológico, portanto campo experiencial, mas o qual não é uma realidade meramente subjetiva. A perspectiva de campo permite pensar a percepção como um "produto relacional" estritamente ligado à plenitude da concentração dos sujeitos envolvidos na fronteira de contato. Dessa forma, eles são capazes de apreender tanto o que é interno quanto o que é externo – tanto as necessidades ou experiências do *self* quanto as demandas e as condições ambientais. O que é específico de nossa teoria é que o *self* é considerado em uma *posição média* entre organismo e ambiente e, então, em uma posição estritamente relacional[5].

Há algum tempo pudemos observar uma tendência geral de aproximar o conceito de campo na Gestalt-terapia da definição de "sistema". Embora a teoria sistêmica ofereça a certeza da estrutura, ela não pode, sozinha, fazer jus às possibilidades criativas geradas pela perspectiva do campo fenomenológico por estar na fronteira do desconhecido, com todas as suas incertezas e medos, ao mesmo tempo em que oferece a possibilidade da esperança de que ficar com o processo está de acordo com a natureza humana. O campo na Gestalt-terapia é um processo, não um sistema (Hodges, 1997), e é também a maneira pela qual nossa abordagem resolve a divisão entre subjetivo e objetivo, na medida em que a subjetividade plena coincide com a presença plena na objetividade.

Quanto mais o indivíduo está plenamente presente no "entre", quanto mais ele participa do campo, mais sua presença contribui para criar as condições do campo. Mas quanto mais introvertido ele é, tomado pelo processo intrapsíquico e, assim, distraído da fronteira de contato, menos ele participa das condições do campo e de sua

[5] Veja CAVALERI (2001); PARLETT (2005) para um exame aprofundado da perspectiva do campo fenomenológico.

criação. Somente com presença plena na fronteira do contato é possível, para o Gestalt-terapeuta, resolver os problemas concretos das relações humanas.

3.2. O *Self* como Processo, Função e Evento do Contato

O que levou o grupo de fundadores a criar uma nova teoria do *self* foi uma fraqueza na teoria psicanalítica do ego:

> Na literatura psicanalítica, notoriamente o capítulo mais fraco é o da teoria do *self* ou ego. Neste livro, ao procedermos não pela anulação mas pela afirmação da operação poderosa do ajustamento criativo, ensaiamos uma nova teoria do *self* e do ego (Perls; Hefferline; Goodman, 1997, p. 61).

O *self*, a dobradiça sobre a qual se baseiam todas as abordagens psicoterapêuticas, é concebido no *Gestalt-Terapia* como a capacidade do organismo de entrar em contato com seu ambiente – de forma espontânea, deliberada e criativa. A função do *self* é entrar em contato com o ambiente (em nossa terminologia, o "como" da natureza humana).

Pensar o "*self* como função" ainda representa uma perspectiva única entre as teorias da personalidade e psicoterapêuticas. A teoria da Gestalt-terapia estuda o *self* como função do campo organismo-ambiente em contato, não como estrutura ou instância. Essa abordagem se baseia não tanto na rejeição de conteúdos e estruturas, mas simplesmente na convicção de que a tarefa de quem estuda a natureza humana é observar os critérios que produzem a espontaneidade, não os critérios que permitem esquematizar o comportamento humano.

O que significa dizer que o *self*, como função, expressa uma capacidade ou um processo? Voltando ao exemplo do Capítulo 1, do recém-nascido sugando leite, ele sabe sugar. A capacidade da criança de sugar (e depois morder, mastigar, sentar, ficar de pé, andar, etc.) a coloca em contato com o mundo e sustenta sua espontaneidade. Se a criança é proibida de sugar (morder, mastigar, ficar em pé, andar, etc.), ela deve compensar fazendo outra coisa para fazer contato, buscando, assim, um ajustamento criativo à situação.

Por exemplo, se uma criança recebe leite ruim ou é punida por tentar engatinhar, ficar de pé ou andar, ela é significativamente influenciada por essa experiência. No entanto, a Gestalt-terapia não está interessada em julgar a qualidade do leite ou o comportamento dos pais; em vez disso, é focada em como a criança reage. Isso nos permite ver como o organismo pode se sustentar para readquirir seu funcionamento espontâneo, o qual, para nós, é o fim e o meio pelo qual ele vive: o contato promovido por meio de várias capacidades.

O que ajuda o cliente a redescobrir sua espontaneidade não é apenas saber o que não foi bom, mas também experimentar novas possibilidades de contato ou redescobrir sua capacidade de fazer espontaneamente um novo ajustamento criativo – uma nova organização da experiência do campo organismo-ambiente.

3.2.1 As Três Funções do *Self*

Tendo definido o *self* como o complexo sistema de contatos necessários para o ajustamento em um campo difícil, os autores do *Gestalt-Terapia* identificaram certas "estruturas especiais" que o *self* cria "para propósitos específicos" (Perls; Hefferline; Goodman, 1997, p. 183). Essas estruturas são conjuntos de experiências em torno dos quais se organizam aspectos específicos do *self*.

Embora o *Gestalt-Terapia* utilize termos psicanalíticos (especialmente o id e o ego) emprestados, como dizem os próprios autores, da linguagem psicológica então vigente, eles são descritos em termos experienciais e fenomenológicos, como capacidades de integração funcionando no contexto holístico da experiência que constitui o *self*. Essa inconsistência epistemológica gera confusão. De qualquer forma, em vez de substituir esses termos por outros mais experienciais, o desenvolvimento teórico recente da Gestalt-terapia está direcionado a colocar ao fundo essas estruturas parciais da experiência do *self*, a fim de deslocar o foco para outros processos, como a cocriação da fronteira de contato. Id, ego e personalidade são apenas três das muitas estruturas experienciais possíveis: são entendidas como exemplos da capacidade da pessoa de se relacionar com o mundo: o id como o fundo sensório-motor da experiência, percebido como se estivesse "dentro da pele", a personalidade como assimilação de contatos anteriores, e o ego como o motor que se move com base nas outras duas funções e escolhe com o que se identificar e do que se alienar. Agora, examinaremos essas três funções parciais do *self.*

3.2.1.1 *A Função Id do Self*

A *função id* é definida como a capacidade do organismo de entrar em contato com o ambiente por meio de: a) o fundo sensório-motor dos contatos assimilados; b) necessidades fisiológicas; e c) experiências corporais e aquelas sensações percebidas "como se estivessem dentro da pele" (incluindo situações abertas passadas) (Perls; Hefferline; Goodman, 1997, pp. 186-187).

a) Fundo sensório-motor dos contatos assimilados

Nos vários capítulos do *Gestalt-Terapia,* existem diferentes definições de "contato" que, às vezes, parecem conflitantes. Por exemplo: o contato é uma atividade constante do *self* (o *self* está em contato contínuo), sendo também descrito como uma experiência significativa capaz de alterar o ajustamento prévio do *self.* O que é, então, o contato? É sentar em uma cadeira (contato físico entre partes do corpo e a cadeira) ou algo como fazer amor pela primeira vez com toda a plenitude do nosso ser com a pessoa por quem estamos profundamente apaixonados? O *Gestalt-Terapia* faz referência a dois tipos de contato: o contato assimilado e o contato que traz novidade, que leva ao crescimento.

Em geral, não precisamos verificar todas as vezes, quando estamos sentados, se a cadeira é forte o suficiente para nos segurar ou se temos que reconstruir toda a série de coordenações proprioceptivas e motoras que nos permitem permanecer sentados. Apenas um evento de desconstrução, como a cadeira balançando ou quebrando, reativaria o *self* na fronteira de contato entre nosso corpo e a cadeira. Sentar-se na cadeira inclui a experiência de fundo (da qual não precisamos lembrar como figura) adquirida em contatos anteriores, que passa a ser "dada como certa".

No início da vida, o indivíduo tem que aprender tudo, e tudo é uma novidade a ser experienciada, desconstruída e assimilada. O recém-nascido experimenta uma conexão entre o choro e a chegada (ou não chegada) da mãe e aprende a regular seu senso interno de tempo. Quando a mãe não responde, pode vivenciar a angústia do abandono. A base sensório-motora dos contatos assimilados, então, pertence àquelas aquisições específicas relacionadas à complexidade do desenvolvimento psicofísico (Piaget, 1950) e à experiência corporal (Kepner, 1993).

b) Necessidades fisiológicas

No contexto da teoria da Gestalt-terapia, no qual o *self* é uma função do campo, as necessidades fisiológicas constituem a excitação do *self* que vem do organismo. O *self* pode ser ativado por uma excitação interna (gerada pelo surgimento de uma necessidade ou evento fisiológico) ou por uma influência externa (recebida de um evento ambiental).

Essa distinção, entretanto, existe apenas em nossas mentes, uma vez que o *self* é uma função do campo, um processo integrado no qual um elemento ambiental pode estimular uma necessidade fisiológica da mesma forma que uma necessidade fisiológica pode estimular a percepção de uma parte do campo não percebida anteriormente. Por exemplo, ver uma fonte enquanto caminhamos sob um sol escaldante pode nos lembrar da sede, assim como a sede nos ativa à busca de água no ambiente. Essas dinâmicas perceptivas e relacionais foram originalmente identificadas pelos teóricos da Psicologia da Gestalt (Köhler, 1940; 1975; Koffka, 1935).

c) A experiência corporal e o que é experienciado "como se estivesse dentro da pele"

Este terceiro aspecto da função id sintetiza os dois anteriores, dando o sentido de integração em uma experiência de confiança básica (ou falta de confiança) no contato com o ambiente. Reflete a delicada relação entre autossuporte e suporte ambiental, entre a sensação de plenitude interna e a sensação de que o ambiente pode ser confiável.

As duas experiências estão ligadas: quanto mais se experimenta a sensação de poder confiar no ambiente, mais se experimenta uma plenitude interna como relaxamento da angústia ou dos desejos fisiológicos. Vice-versa, quanto mais seguro se sente internamente, mais é possível e funcional confiar-se ao mundo.

Laura Perls estava particularmente atenta a essa interconexão em seu trabalho clínico. A sua atenção à postura e à marcha do cliente lhe permitia modular a sua intervenção, privilegiando o sentido de autossuporte decorrente da relação com o suporte ambiental (L. PERLS, 1976). Isadore From, por outro lado, conectou a experiência psicótica a uma poderosa ansiedade, que caracteriza o contato por meio dessa experiência do *self.* Para os psicóticos, a experiência do que é percebido como "dentro da pele" revela-se altamente ansiogênica e (o que é ainda mais importante) é percebido como indiferenciado ou confundido com o que está "fora da pele". Em outras palavras, no transtorno psicótico, vemos a falta de percepção da fronteira entre o dentro e o fora (ver SPAGNUOLO LOBB, 2003a).

3.2.1.2. *A Função Personalidade*

A *função personalidade* expressa a capacidade do *self* de fazer contato com o ambiente com base no que se tornou. "A Personalidade é o sistema de atitudes adotadas nas relações interpessoais [...] é essencialmente uma réplica verbal do *self*" (PERLS; HEFFERLINE; GOODMAN, 1997, pp. 187-188). Assim, a *função personalidade* é expressa pela resposta do sujeito à pergunta "Quem sou eu?" É o quadro de referência para as atitudes básicas do indivíduo (BLOOM, 1997).

Ao contrário do que se poderia inferir de um paralelismo com as teorias psicodinâmicas, a *função personalidade* não é um aspecto normativo da estrutura psíquica. A *função personalidade* expressa a capacidade de fazer contato com o ambiente com base em uma dada definição do *self.* Por exemplo: se eu me considero tímida e inibida, estabeleço um tipo de contato com meu ambiente completamente diferente do de outra pessoa cuja definição de si mesma é ousada e extrovertida. Esse conceito lembra o "eu" empírico de G. H. Mead (1934), cuja teoria influenciou Paul Goodman (ver KITZLER, 2007). A *função personalidade*, de fato, diz respeito a como criamos nossos papéis sociais (por exemplo, tornar-se aluno, pai, etc.), como assimilamos contatos anteriores e nos ajustamos criativamente às mudanças impostas pelo crescimento.

Assim, um dos aspectos básicos que um psicoterapeuta deve observar é o funcionamento do *self* no nível da *função personalidade.* Por exemplo: um menino de oito anos usa espontaneamente uma linguagem apropriada à sua idade. Se ele se expressa em linguagem adulta, isso pode ser visto (por ser uma modalidade de contato com o ambiente) como expressão de um distúrbio da *função personalidade.* O mesmo pode ser dito de uma mulher de quarenta anos que fala como uma jovem de dezesseis anos ou de uma mãe que se comporta como uma amiga ou irmã em relação aos filhos ou de um aluno que se comporta como um professor e, obviamente, de um cliente que se define como uma pessoa que não precisa de ajuda.

3.2.1.3. *A Função Ego*

A *função ego* expressa uma capacidade diferente do *self*-em-contato: a capacidade de identificar-se ou alienar-se de partes do campo (este sou eu, este não sou eu). É o poder de querer e decidir que caracteriza a singularidade das escolhas individuais. É a vontade como potência, no sentido do pensamento de Otto Rank (1941, p. 50), que se organiza de forma autônoma, não sendo nem um impulso biológico nem uma motivação social, mas constitui a expressão criativa da pessoa inteira (Müller, 1991, p. 45).

Assim, a *função ego* intervém no processo de ajustamento criativo fazendo escolhas, identificando-se com algumas partes do campo e alienando-se de outras. O ego é aquela função do *self* que dá ao indivíduo a sensação de ser ativo e deliberado. Essa intencionalidade é exercida espontaneamente pelo *self*, que a desenvolve com força, consciência, excitação e capacidade de criar novas figuras. "É deliberada, de modo ativo, sensorialmente alerta e motoricamente agressiva, e consciente de si própria como estando isolada da situação" (Perls; Hefferline; Goodman, 1997, p. 185). Segundo o *Gestalt-Terapia*, são justamente essas características da *função ego* que nos levam a pensar o ego como agente da experiência. E uma vez que criamos essa abstração, não pensamos mais no ambiente como um polo de experiência, mas, sim, como um mundo externo distante, resultando, infelizmente, na visão de que ego e ambiente não são partes de um único evento.

A *função ego* funciona com base nas informações provenientes de todas as outras estruturas do *self*. A capacidade de deliberação espontânea é exercitada em harmonia com a capacidade de contato com o meio através do que é percebido como se estivesse "dentro da pele" (*função id*) e através da definição dada à pergunta "quem sou eu?" (*função personalidade*). É a capacidade de introjetar, projetar, retrofletir e estabelecer contato plenamente.

Um exemplo didático pode ser útil aqui. Uma emoção, normalmente vivenciada como um fenômeno unitário, pode ser descrita de acordo com diferentes funções do *self*. De acordo com a *função id,* ao experimentar a emoção, os músculos são percebidos como relaxados ou rígidos, e a respiração é experimentada como livre e aberta ou contraída.

A *função personalidade* define a emoção como parte do *self* ("Sou o tipo de pessoa que sente essas emoções").

A *função ego* permite o desenvolvimento da excitação ligada à emoção, por exemplo, pela introjeção (definindo a experiência como "Estou emocionado, está tudo bem comigo"); projetando (percebendo a excitação no ambiente também, por exemplo, dizendo algo como "Eu posso ver que outras pessoas também estão emocionadas"), ou retrofletindo (evitando contato total com o ambiente, recuando ou voltando a energia para o *self*, por exemplo, "Eu quero lidar com essa experiência sozinho"), etc.

Os fundadores descrevem as *funções ego* tanto como capacidade de fazer contato quanto como resistências a ele (perda das *funções ego*). Esse duplo uso dos termos acima reflete uma coerência fundamental com os princípios epistemológicos da Gestalt-terapia, que não separa processos saudáveis de processos patológicos. No entanto, o uso dos mesmos termos para descrever normalidade e psicopatologia pode gerar confusão se os princípios epistemológicos do processo e da fenomenologia da teoria do *self* gestáltica não forem aprendidos meticulosamente.

Philip Lichtenberg

"Com relação à função ego, há uma ambiguidade na teoria da Gestalt-terapia. Isadore From falou da necessidade de criar um 'eu' distinto e um 'tu' distinto no contato, e isso exige olhar não apenas para identificar e alienar o que é para si, mas também ajudar o outro a identificar e alienar o que é para ele ou ela. Somos responsáveis apenas por nós mesmos ou por permitir que o outro se torne aberto e real? E somos apenas agentes de identificação e alienação, ou também funções do outro que, por sua vez, afeta quem somos e o que queremos?"

Margherita Spagnuolo Lobb

"Acredito que Isadore foi o primeiro a enfatizar a perspectiva social do ego e as outras funções do *self* na prática clínica. Sua teoria se concentrou muito na perspectiva relacional (o conceito de fronteira de contato) e na perspectiva de campo (o conceito de situação), ambas presente no primeiro volume do *Gestalt-Terapia* (1997).

Por exemplo: ele costumava ensinar aos Gestalt-terapeutas sua teoria relacional sobre sonhos, lapsos, etc., que podemos resumir na pergunta: 'Como eu contribuí para que você me contasse sobre esse sonho?'. Esse aspecto social do *self* foi incluído 'em poucas palavras' na teoria de Freud; certamente não era figurativo em seu método, mas foi desenvolvido mais tarde por seus alunos 'dissidentes', quando o meio cultural estava mais aberto à relação."

Philip Lichtenberg

"Permanece alguma ambiguidade entre a criação de Fritz e de Isadore de um 'eu' distinto e de um 'outro' distinto. Com Fritz, a pessoa é responsável apenas por si mesma (aparecendo mais tarde em sua 'Oração da Gestalt'); enquanto na abordagem de Isadore, a pessoa também é responsável pelo desenvolvimento do outro na sua distinção. Tanto a psicanálise radical quanto a Gestalt-terapia têm um aspecto social na prática clínica."

3.3. A Experiência de Contato-Retirada do Contato

A atenção ao processo na Gestalt-terapia nos leva a ver a experiência de contato à medida que ela se desenvolve, considerando, assim, a dimensão do tempo. De fato, em uma experiência normal e saudável, a pessoa está relaxada, há muitas preocupações possíveis, todas aceitas e todas bastante vagas – o *self* é uma "*gestalt* fraca". Então, um interesse assume o domínio e as forças se mobilizam espontaneamente; certas imagens se iluminam e as respostas motoras são iniciadas.

> Nessa altura, com muita frequência também se requer determinadas exclusões e escolhas deliberadas. [...] Isto é, limitações deliberadas são impostas no funcionamento total do *self*, e a identificação e a alienação prosseguem de acordo com esses limites. [...] E, finalmente, no clímax do excitamento, a deliberação é relaxada e a satisfação é novamente espontânea (Perls; Hefferline; Goodman, 1997, pp. 184-185).

O *self* é definido como o processo de contato e de retirada do contato. É o processo pelo qual o *self* se expande até atingir a fronteira de contato com o meio e, após a plenitude do encontro, se retrai. A experiência de contato é descrita no *Gestalt-Terapia* como a evolução de quatro fases (*pré-contato, contato, contato final, pós-contato*), cada uma com uma ênfase diferente na dinâmica figura/fundo.

A ativação do *self* é chamada de *pré-contato*, o momento no qual surgem as excitações que iniciam o processo figura/fundo. Como exemplo do desenvolvimento do *self*, tomemos a necessidade da fome. No *pré-contato*, o corpo é percebido como fundo, enquanto a excitação (necessidade de fome) é a figura. Na fase seguinte, a do *contato*, o *self* fica mais "sensível" na fronteira do contato com o ambiente, carregado da excitação que advém de estar presente com os sentidos abertos, o que, em uma *subfase de orientação*, leva-o a explorar o ambiente em busca de um objeto ou de uma série de possibilidades (alimentos, vários tipos de alimentos). O objeto desejado agora se torna a figura, enquanto a necessidade ou o desejo inicial se retira para o fundo. Em uma segunda *subfase de manipulação*, o *self* "manipula" o ambiente, escolhendo certas possibilidades e rejeitando outras (escolhe, por exemplo, um alimento saboroso, quente, macio e rico em proteínas), selecionando certas partes do ambiente e superando obstáculos (procura ativamente um local, um restaurante, uma padaria, uma lanchonete onde se encontre a comida escolhida).

Na terceira fase, o *contato final* – o objetivo final, o contato – torna-se a figura, enquanto o ambiente e o corpo são o fundo. Todo o *self* está ocupado no ato espontâneo de contato com o ambiente, a *awareness* é alta, o *self* está totalmente presente na fronteira de contato com o ambiente (o alimento é mastigado, provado, saboreado) e a capacidade de escolha é relaxada, porque não há nada para escolher naquele momento. É nesta fase que se dá a troca nutritiva com o ambiente, com a novidade. Isso, uma vez assimilado, contribuirá para o crescimento do organismo.

Na última fase, *pós-contato*, o *self* diminui para permitir ao organismo a possibilidade de digerir a novidade adquirida e integrá-la, sem perceber, na estrutura preexistente. O processo de assimilação é sempre inconsciente e involuntário (como a digestão). Pode tornar-se consciente na medida em que há um distúrbio. O *self*, portanto, normalmente diminui nessa fase, afastando-se da fronteira de contato.

É claro que este exemplo não pode fazer jus à complexidade do sistema de contatos do *self*, que estão constantemente em ação, em vários níveis, e que constituem a experiência atual do indivíduo. Pode-se ler um livro (contato mental) deitado em uma rede (contato dado como certo, a menos que a rede vire), ouvindo o canto dos pássaros (contato acústico), sentindo o cheiro das flores (contato olfativo) e curtindo o calor do sol (contato tátil). Nesse complexo sistema de contatos, no entanto, o organismo é predominantemente centrado em um – aquele que ele escolhe e com o qual se identifica para crescer. Pode ser ler o livro, se a necessidade emergente estiver ligada ao crescimento mental, ou na escuta do canto dos pássaros, se esse contato acústico evoca emoções e pensamentos importantes naquele momento ou outra coisa.

Neste ponto, deve-se admitir que um importante limite da teoria da experiência do contato, desenvolvida no volume fundador (Perls; Hefferline; Goodman, 1997), é a falta de diferenciação entre ambiente humano e não humano (ver Robine, 1977). A originalidade mais importante dessa teoria consiste em olhar para o contato na perspectiva do "entre", da fronteira de contato. Um desenvolvimento absolutamente necessário é a especificação da diferença entre a contribuição de um ambiente (não humano), que não reage, e aquele de um ambiente (humano), que reage à criatividade do indivíduo de modo igualmente criativo. Como salienta Wheeler (2000b), essa homologação leva a uma perspectiva centrada no indivíduo e não no ato de co-construir o contato. Esta é a *vanguarda do crescimento*, a fronteira em desenvolvimento e o desafio da teoria da experiência do contato hoje.

Philip Lichtenberg

"Em relação ao contato e à retirada, tenho algumas reflexões. Em primeiro lugar, acredito que nossa concepção do processo de contato e retirada deriva do que Freud, no início de sua carreira, chamou de 'experiência de satisfação', que influenciou muitos conceitos posteriores em sua carreira. Em *Psicanálise: Radical e Conservadora*, desdobro a descrição freudiana da 'experiência de satisfação' em relação a uma criança. Ele fez isso em seu Projeto para uma Psicologia Científica e, novamente, no Capítulo 7, de *A Interpretação dos Sonhos*."

Margherita Spagnuolo Lobb

"Temos que considerar que Freud viveu em outra época, com diferentes categorias culturais. O conceito de 'experiência de contato-retirada do contato' é uma declinação clínica do movimento filosófico que se iniciou por volta de 1920, quando o próprio conceito de verdade absoluta foi questionado por diversas correntes culturais, como o Existencialismo, e o conceito de experiência tornou-se figurativo para os pesquisadores fenomenólogos. Assim, o conceito de processo de contato e retirada foi resultado de um movimento extenso na cultura e na sociedade. A teoria do processo de contato e retirada foi fruto de um amplo movimento na cultura e na sociedade. Todo teórico expressa as ideias de seu tempo."

Philip Lichtenberg

"Freud estava bem à frente de seu tempo quando era bom, e apenas parte de seu tempo quando não era. Goodman encontrou a parte avançada de Freud."

3.4. Os Distúrbios do Funcionamento do *Self* – Psicopatologia e Diagnóstico Gestáltico

"Um erro nítido já é um ato criativo e deve estar *resolvendo* um problema importante para quem o sustenta" (Perls; Hefferline;

Goodman, 1997, p. 57). A primeira pergunta que fazemos em relação à questão da psicopatologia é: "Como podemos falar de psicopatologia na Gestalt-terapia?" (Robine, 1989). A compreensão básica das resistências como ajustamentos criativos nos leva a pensar a psicopatologia de forma notável.

Acreditamos que qualquer sintoma ou comportamento geralmente definido como patológico é um ajustamento criativo da pessoa em uma situação difícil. As chamadas perdas da *função ego* são escolhas criativas para evitar o desenvolvimento da excitação durante as várias fases da experiência de contato com o ambiente. Essa excitação, por não ter suporte, levaria a uma experiência de ansiedade (ver Capítulo 1).

Interrupções habituais de contato levam ao acúmulo de situações incompletas (a espontaneidade interrompida leva a *Gestalten* abertas e a situações inacabadas), que consequentemente continuam a interromper outros processos de contato significativo.

A *ansiedade* que acompanha a interrupção primária do contato (a qual, à medida que as situações se repetem, torna-se habitual) é consequência de a excitação não ser adequadamente sustentada pelo oxigênio (respiração adequada) no nível fisiológico e pela resposta ambiental no nível social (Spagnuolo Lobb, 2001a, 2001b). Esse tipo de excitação não pode levar o organismo ao desenvolvimento espontâneo do *self* na fronteira de contato. A retroflexão é a interrupção mais frequentemente vista pelo psicoterapeuta no cliente. Você deve "descascar a cebola", como disse Perls, para chegar à interrupção primária.

Muitos de nós, especialmente dentro do Instituto de Gestalt-terapia de Nova York, perguntamo-nos o que está bloqueado, no caso das interrupções descritas por Perls, Hefferline e Goodman (1997). O contato está bloqueado? E como o contato pode estar bloqueado se sempre há contato? O que mais, então, está bloqueado? Minha resposta é que a espontaneidade com a qual o contato é feito está bloqueada, não o contato como tal (Spagnuolo Lobb, 2001e). O contato, de fato, acontece de qualquer maneira; é a qualidade com que acontece que muda, tornando-o menos espontâneo e, portanto, fonte de ansiedade.

Espontaneidade é a qualidade que acompanha estar plenamente presente na fronteira de contato, com plena consciência de si mesmo e com pleno uso de seus sentidos.

Esta é a condição para ver o outro com clareza. Um dançarino se movendo espontaneamente dança com graça, mas sem saber qual pé se move primeiro. Quando a *espontaneidade* é interrompida (o dançarino pode ter medo de não mexer os pés no momento certo), a excitação torna-se ansiedade a ser evitada (a dança torna-se pesada); a *intencionalidade* desenvolve-se em linhas complexas e distorcidas (o *self*-que-dança torna-se, por exemplo, o *self*-que-observa-a-pessoa-que-dança); e o *contato* se dá com ansiedade (da qual não se tem consciência) e se dá por introjeção, projeção, retroflexão, egoísmo ou confluência.

Para dar outro exemplo, se uma jovem sente espontaneamente o desejo de abraçar seu pai e encontra a frieza dele, ela interrompe seu movimento espontâneo em direção a ele, mas não bloqueia sua intencionalidade de contatá-lo. A excitação do "quero abraçá-lo" é bloqueada em um movimento de inspiração (ela prende a respiração) e, sem o suporte do oxigênio, torna-se ansiedade. Para evitar essa ansiedade, ela aprende a fazer outras coisas e a esquece. O que ela faz é estabelecer um contato por meio de estilos de interrupção ou resistência à espontaneidade como:

- **Introjeção**: o desenvolvimento da excitação é interrompido usando uma regra ou uma definição prematura (por exemplo: "Você não deve ser expansiva" ou "Pais não devem ser abraçados").
- **Projeção**: o desenvolvimento da excitação é interrompido ao rejeitá-la e atribuí-la ao ambiente (por exemplo: "Meu pai está me rejeitando" ou "Minha expansividade deve ser errada para ele").
- **Retroflexão**: o desenvolvimento da excitação é interrompido, voltando-a para si mesma em vez de deixá-la levar a um contato total com o ambiente (por exemplo: "Não preciso – não é bom para mim – abraçá-lo").
- **Egotismo**: o contato com o ambiente acontece, mas acaba muito cedo, antes que a novidade trazida pelo ambiente seja contatada e assimilada (por exemplo: a menina abraça o pai, mas não vivencia a novidade desse evento, e diz para si mesma: "Eu sabia que abraçá-lo não seria novidade para mim").

- **Confluência**: a excitação da menina não se desenvolve, pois o processo de diferenciação do organismo com o ambiente nem sequer se inicia (por exemplo: ela toma a frieza do pai como sua própria atitude e nem pensa na possibilidade de abraçá-lo).

Além das "perdas da *função ego*" mencionadas, precisamos perguntar qual função, a *função personalidade* ou a *função id*, está mais perturbada. Quando há um distúrbio da *função personalidade*, uma rigidez ou ansiedade diante de uma novidade no campo das relações sociais perturba o contato e o ego perde certas capacidades.

Um exemplo pode ser o de tornar-se mãe, o que requer não apenas uma mudança biológica, mas também uma mudança nas relações sociais (ser mãe de uma criança). O que parece novo é definido como "não para mim" pela *função ego* (na medida em que falta o suporte da *função personalidade*), que não consegue se adaptar às mudanças nas relações sociais, nos valores culturais ou na linguagem apresentada pela situação atual. Em conjunto com a *função id*, por meio da qual o que é sentido é organizado, os distúrbios da *função personalidade* contribuem para a perda do funcionamento do ego e estão na raiz dos distúrbios neuróticos

Em contraste, no caso das psicoses, há um grave distúrbio da *função id*: falta o fundamento das seguranças decorrentes dos contatos assimilados e o ego não pode exercer sua capacidade de deliberar sobre esse fundamento. Assim, o ato de contatar é dominado pelas sensações que invadem um *self* que, por assim dizer, "não tem pele". Tudo o que acontece do lado de fora é potencialmente vivenciado como se estivesse acontecendo também no lado de dentro: o *self* se move sem a percepção clara das fronteiras com o ambiente (confluência), em um estado em que tudo é novidade ansiogênica (não se pode ter certeza de que não haverá um terremoto em alguns segundos) e nada pode ser assimilável (porque nada pode realmente ser reconhecido como diferente, como novo).

Essa experiência desordenada da *função id* pode ser reconhecida na respiração e na postura, na forma como o cliente olha para os outros e na sua maneira de se relacionar em geral, assim como na sua linguagem. Por isso, o corpo e a linguagem são, de fato, as ferramentas mais importantes da leitura fenomenológica para o psicoterapeuta. Por exemplo: um cliente pode definir sua experiência dizendo: "Sua voz entrou no meu cérebro" ou "Aquele copo de água destruiu meu estômago" ou "Não era o herói do filme que estava sangrando, era eu, mas você podia ver na tela", ou ainda, "Quando você sorri, eu respiro mais facilmente". Esses exemplos nos lembram a estrita conexão entre o externo e o interno no caso das estruturas vivenciais psicóticas e a necessidade de considerá-los na intervenção terapêutica (Spagnuolo Lobb, 2002b; 2002c; 2003a).

Entrarei mais profundamente no diagnóstico gestáltico no Capítulo 4, dedicado a esse assunto. O objetivo desta seção é simplesmente definir a epistemologia da psicopatologia e do diagnóstico gestáltico[6].

3.5. O Objetivo da Psicoterapia: do Egotismo à Criatividade Relacional

Entre as perdas da *função ego*, Goodman incluiu o egotismo, uma estrutura neurótica que tem sido ignorada ou debatida por causa de sua definição limitada no *Gestalt-Terapia* e por ser inegavelmente provocativa. "Por falta de termo melhor, chamamos essa atitude de 'egotismo', já que é uma preocupação última com nossas próprias fronteiras e nossa própria identidade em lugar de com o que é contatado" (Perls; Hefferline; Goodman, 1997, p. 257).

O egotismo é uma interrupção de contato que a *função ego* desenvolve na fase final: no clímax da experiência de contato. Isso ocorre quando deveria haver uma troca entre o organismo e o ambiente, e todas as capacidades determinadas deveriam ser relaxadas. Em vez disso, o ego mantém o controle, evitando assim ser perturbado pela novidade ambiental. A pessoa está ciente de tudo e, muitas vezes, tem algo a dizer sobre tudo.

> O exemplo típico é a tentativa de manter a ereção e impedir o desenvolvimento espontâneo do orgasmo. Por esse meio, ele demonstra sua potência, demonstra que ele "consegue", e

[6] Veja também FRANCESETTI; GECELE (2009).

> obtém uma satisfação da vaidade. [...] Ele evita as surpresas do ambiente [...] tentando isolar-se como sendo a única realidade (Perls; Hefferline; Goodman, 1997, p. 257).

O egotismo, então, tem a ver com não se deixar ir ao ambiente, não confiar na novidade vital contida no ambiente.

Isadore From costumava dizer que o egotismo é a doença que os psicoterapeutas ("até os Gestalt-terapeutas", acrescentaria com humor) comunicam aos seus clientes quando estes se tornam capazes de saber tudo sobre si mesmos, mas não são capazes de mergulhar na vida.

> Essa metamorfose é a neurose do psicanalizado: o paciente compreende seu caráter perfeitamente e acha seus "problemas" mais absorventes do que qualquer outra coisa – e haverá de forma incessante tais problemas para absorvê-lo, porque, sem a espontaneidade e o risco do desconhecido, não assimilará a análise assim como nenhuma outra coisa (Perls; Hefferline; Goodman, 1997, p. 258).

O egotista pode ser o cliente "curado", que aprendeu tudo sobre suas interrupções de contato, como evitá-las, mas que ainda não é capaz de estar na plenitude da vida, de aceitar o risco inerente em confiar em si mesmo com o outro/ambiente e em permitir que ocorra a verdadeira espontaneidade do contato.

O conceito de egotismo estava na vanguarda dessa nova abordagem, pois levantava a questão do objetivo da psicoterapia: ela consiste em trazer o cliente de volta aos parâmetros de "normalidade" ou inclui aspectos mais complexos?

Se for o primeiro, temos que considerar o cliente egotista "curado", pois tem controle e consciência de sua vida. E se esse é o objetivo da psicoterapia, consequentemente temos que considerar "saudável" um mundo feito de pessoas chatas que têm algo a dizer sobre qualquer assunto, mas que são inaptos para se desenvolverem com espontaneidade. Assim, o conceito de egotismo nos remete ao desafio inicial que os fundadores aceitaram, ao criarem um modelo fenomenológico de psicoterapia capaz de sustentar a espontaneidade do organismo que encontra seu meio, objetivo que implica tarefas mais complexas.

O egotista "assegura-se de que as possibilidades do fundo estão realmente exauridas – não há ameaça de perigo ou surpresa – antes de se comprometer" (PERLS; HEFFERLINE; GOODMAN, 1997, p. 257). Este conceito implica duas questões importantes para o psicoterapeuta.

Primeiro: a tarefa do psicoterapeuta é sustentar a consciência de ser (fazer tudo o que é *id* se tornar *ego*, como sugeriu Freud[7]) ou antes ajudar o cliente a recuperar a posse de sua espontaneidade no contato com o ambiente?

Segundo: a psicoterapia é uma mera intervenção técnica, uma arte clinicamente desvinculada, ou ela também implica em um estilo de vida e em uma atitude social no psicoterapeuta que a coloca em prática?

Para a Gestalt-terapia, o objetivo do trabalho terapêutico é, certamente, a individuação – não por meio da conscientização do *self*, mas pela espontaneidade no contato com o outro, deixando-se levar pela espontaneidade do contato, que é a base da criatividade. Dar à psicoterapia a tarefa de restaurar a *awareness* espontânea (diferente da consciência), no contato com o ambiente, significa dar espaço e confiança à criatividade que é natural para o organismo humano no relacionamento, em vez de conceder espaço e confiança para regras preestabelecidas da vida social. Esse contato espontâneo é a base de uma convivência social que integra a criatividade individual e as regras sociais (SPAGNUOLO LOBB; SALONIA; SICHERA, 1996). Por essa razão, o conceito de egotismo como uma das perdas da *função ego* representa tanto uma inovação quanto um importante efeito cultural e político da psicoterapia.

Com relação à segunda questão, nossa atenção ao egotismo como resistência a ser curada de alguma forma define o papel do psicoterapeuta. Na verdade, estamos interessados em nosso relacionamento com o cliente e acreditamos que esse relacionamento é o lugar em que a cura ocorre. Não pretendemos saber tudo sobre o outro ou sobre nós mesmos; em vez disso, usamos nosso conhecimento como base de nosso relacionamento com o cliente.

[7] Um detalhe interessante dessa frase freudiana (em alemão) surgiu em uma troca que tive com um colega freudiano lacaniano, Riccardo Carrabino. Segundo ele, a tradução dessa frase é "onde havia id, tem que haver individuação". Essa tradução esclarece a atenção freudiana à individuação do cliente, e não à sua racionalização.

Se o *self* no *Gestalt-Terapia* se baseia epistemologicamente no respeito pela integridade e pela espontaneidade da vida, então, esse princípio também deve ser válido na relação terapêutica, e o psicoterapeuta também deve integrá-lo em seu próprio modo de ser.

Philip Lichtenberg

Tanto Freud quanto Goodman resolveram a dialética de definir-se (no contato) e de perder-se em uma unidade maior do que si mesmo (no contato final) no qual tudo é figura, e corpo e o outro recuam em sua distinção um do outro. Nessa linha, acredito que o *self* diminui no contato final, como sugere Goodman, não no pós-contato. Perdemos o *self* na separação quando nos fundimos com o outro, ou com a comida e outros nutrientes de que necessitamos. O egotismo, então, seria o resultado da ansiedade no contato final, a relutância em prosseguir para uma confluência saudável na qual alguém se torna parte de algo maior do que apenas o *self*.

Margherita Spagnuolo Lobb

Então, como você explica a retroflexão?

Philip Lichtenberg

Não vejo problema na questão da retroflexão em minha análise da dialética de definir o *self* e perder o *self*.

Margherita Spagnuolo Lobb

Talvez eu possa explicar o último ponto sobre egotismo e retroflexão. O que você define como egotismo é o que chamo de retroflexão (uma perda da função ego no momento do contato pleno). O egotismo acontece para mim um pouco mais adiante, quando o contato é feito e a novidade trazida pelo ambiente/outro não é assimilada pelo organismo a ponto de ser desconstruída por ele. Assim, o crescimento não pode acontecer, pois a novidade não é assimilada. Goodman escreve que o egotista sabe tudo, mas permanece sem vitalidade. A pessoa é chata (como crítica da psicanálise, os fundadores dizem que o psicanalizado sabe tudo, mas não é capaz de mudar a própria vida).

Philip Lichtenberg

Acredito que a retroflexão é tanto autodirigida quanto direcionada ao outro. O outro percebe em algum nível e é influenciado por aquele que retroflete. Quando meu pai retrofletiu sua raiva apertando seus dentes e contraindo o corpo, fiquei assustado. A retroflexão não é simplesmente autodirigida. Sua visão do egotismo não é muito diferente da minha. Observo que a ansiedade no contato final impede a conclusão do contato por meio da fusão com o novo. Você se refere a "mais adiante" para dizer uma coisa semelhante.

4. O Quarto Caminho: Desenvolvimentos Teóricos Recentes

Nos últimos anos, muitos teóricos acrescentaram novos conceitos, mantendo a coerência com a teoria da Gestalt-terapia. O encanto de nossa abordagem é tão cativante que pode nos fazer esquecer o marco distintivo da referência epistemológica. Os desenvolvimentos da teoria da Gestalt-terapia tornam-se nosso "calcanhar de Aquiles" se não estiverem alinhados com a epistemologia original.

Entre as muitas possibilidades criativas de desenvolvimento, gostaria de citar como exemplos fundamentais do ensino de Isadore From: a) a dimensão do tempo no processo de contato, e b) a perspectiva do "entre".

4.1. A Dimensão do Tempo no Processo de Contato

O conceito de tempo na experiência de contato-retirada do contato não está claramente definido no *Gestalt-Terapia*. Especificamente, não está claro se as quatro fases de contato-retirada do contato expressam o desenvolvimento *possível* da experiência de contato, deixando, então, espaço para a possibilidade de que nem sempre serão desenvolvidas em cada experiência de contato, ou se simplesmente por que a experiência se desenvolve no tempo, a dimensão do tempo na experiência do contato tem que ser compreendida no sentido heideggeriano, implicando um sentido ligado à intencionalidade própria de cada fase do processo.

Isadore From ensinou a teoria do contato de acordo com essa perspectiva fenomenológica: cada comportamento do cliente deve ser entendido no contexto da sequência de seu contato; é o fato de o cliente proferir uma frase ou colocar em ação um comportamento no início da sessão que nos permite compreender com que energia (qual intencionalidade de contato) aquele gesto ou aquela frase está carregada.

Por exemplo, se considerarmos o significado relacional no processo terapêutico, cada frase que o cliente pronuncia adquire significado no contexto do tempo. Uma mensagem do cliente, por exemplo, "sinto ansiedade", adquire diferentes significados de acordo com a fase temporal da sessão em que é proferida.

Na primeira fase, pode expressar medo de iniciar a interação; na segunda fase, medo de ser dominado pela tensão que aos poucos vai surgindo; na fase central, medo de ir mais fundo e de se deixar levar; e no final da sessão, medo do afastamento do contato. Longe de ser uma forma predeterminada de compreender o cliente, situar a mensagem do cliente no contexto do tempo permite que os sentidos relacionais de suas comunicações sejam apreendidos com mais precisão (Spagnuolo Lobb, 2003b).

Todos os psicoterapeutas, por exemplo, conhecem clientes que começam a falar sobre assuntos importantes nos últimos minutos da sessão, enquanto outros começam antes mesmo de se sentar. Um cliente que chega para a primeira sessão e imediatamente conta ao psicoterapeuta os aspectos mais íntimos de seu problema está claramente evitando a experiência de pré-contato com o ambiente (provavelmente porque cria ansiedade). Podemos dizer, portanto, que a ansiedade que ele sente no pré-contato não lhe permite desenvolver o processo de contato de forma espontânea. O *self* cria, então, soluções que, pela perda de uma *função ego*, permitem que ele não sinta ansiedade. Uma ferramenta diagnóstica e clínica básica para o Gestalt-terapeuta é identificar em qual fase do contato o cliente sente ansiedade e interrompe o contato com o psicoterapeuta (ver Spagnuolo Lobb, 2003a).

4.2. A Experiência do "Entre"

Uma corrente recente em desenvolvimento diz respeito ao coração social da Gestalt-terapia, a experiência do "entre" – ou seja, o espaço experiencial entre o "eu" e o "outro", ou entre a experiência interna e a influência ambiental – e o aspectos relacionais da psicoterapia, que podem ser definidos como "a cocriação do campo". Além de minhas contribuições sobre o assunto (Spagnuolo Lobb, 2003b; 2009d), outros colegas escreveram longamente sobre a teoria do campo e sobre a "Gestalt relacional": para citar apenas alguns, Malcolm Parlett (2005) e Gary Yontef (2005), Lynne Jacobs (1995), Gordon Wheeler (2000b), Peter Philippson (2001). Aqui me limitarei a comentar o vínculo entre esse aspecto e o modelo clássico da teoria do *self*.

Coerente com o pensamento fenomenológico, a Gestalt-terapia afirma que não podemos conhecer a "realidade" em si, mas apenas aquela parte dela que experienciamos no aqui e agora – em outras palavras, a experiência de contato e de retirada do contato com o ambiente. Para a epistemologia gestáltica, o contato é um evento de fronteira em desenvolvimento contínuo que o Gestalt-terapeuta vê como um processo de intencionalidade relacional. O contato se forma no lugar onde o "eu" e o "outro" chegam a uma nova verdade, uma momentânea configuração harmoniosa que imediatamente deixa lugar para outras figuras. A capacidade de permanecer no equilíbrio inapreensível do momento e de experienciar a incerteza da verdade momentânea do relacionamento é uma qualidade típica do Gestalt-terapeuta. O método gestáltico permite que as coisas aconteçam, uma criação sempre nova de soluções adequadas no aqui e agora da situação terapêutica, com a condição de que o *self* de cada indivíduo esteja presente na fronteira de contato.

Passar do paradigma intrapsíquico para o do "entre" implica que o psicoterapeuta veja a si mesmo e ao cliente, não como entidades separadas, mas como uma totalidade dialógica – o cliente em diálogo com o psicoterapeuta e o psicoterapeuta em diálogo com o cliente. Toda comunicação por parte do cliente se inscreve e recebe sentido da *Gestalt* das percepções mútuas, na qual se expressa a intencionalidade relacional.

Um exemplo pode esclarecer isso: um cliente diz "Sinto uma tensão no estômago, não sei... é como se estivesse com raiva". O psicoterapeuta que usa uma abordagem "intrapsíquica" irá se direcionar para tentar entender de quais experiências passadas essa raiva emerge, de que ou de quem o cliente está com raiva, etc. Suas perguntas serão do tipo: "Concentre-se em seu corpo e veja o que essa sensação te lembra". Se, em vez disso, ele usar o paradigma do "entre", ele direcionará sua atenção para o que no "entre" fez com que a figura da tensão no estômago e da raiva surgisse. Ele fará perguntas como: "Como estar comigo faz a tensão no estômago e a raiva emergirem?; Por que você está com raiva de mim?; E o que você está escondendo para mim que provoca tensão em seu estômago?. Após uma certa desorientação, na qual o psicoterapeuta o convida a ficar no seu tempo e respirar, o cliente responde: "Quando penso que você me fez esperar quinze minutos antes de me ver, fico furioso". Neste ponto, surge uma abertura que permite a recuperação de um padrão relacional anteriormente interrompido. O cliente pode ser espontâneo com o psicoterapeuta e pode dissolver a retroflexão que estava criando a tensão no estômago, como o padrão relacional habitual.

Esse tipo de diálogo terapêutico abre ao cliente a possibilidade de superar a angústia relacional que ele tentava evitar com a interrupção do contato (e que ele, então, esqueceu). Uma vez que a intencionalidade relacional foi trazida de volta à fronteira do contato, o psicoterapeuta pode usar uma variedade de intervenções gestálticas capazes de sustentar a energia do contato, que a essa altura já está *aware*.

5. Conclusão

Para apresentar os princípios clássicos da teoria da Gestalt-terapia, primeiro introduzi uma perspectiva metodológica – a lógica hermenêutica da circularidade – como ferramenta de leitura e referência tanto ao texto fundador, quanto ao cliente, de forma a estimular nossa criatividade.

Em seguida, introduzi criticamente a novidade que os fundadores da Gestalt-terapia trouxeram para o campo da pesquisa e da práxis psicoterapêutica, enfatizando a mudança revolucionária implícita em uma perspectiva epistemológica que olha para a espontaneidade normal da natureza humana, em vez de tentar encerrá-la em padrões ou categorias.

Na terceira parte, resumi os aspectos centrais da teoria clássica da Gestalt-terapia em cinco temas principais: (**A**) o conceito de campo organismo/ambiente; (**B**) a perspectiva crucial do *self* como um processo, uma função e um evento de fronteira; (**C**) o desenvolvimento da experiência de contato-retirada do contato entre organismo e ambiente; (**D**) a teoria peculiar da psicopatologia na Gestalt-terapia, com seus conceitos de resistência como ajustamento criativo, de perdas de funcionamento do ego e de experiências neurótica e psicótica; e (**E**) o conceito de egotismo, que apreciei criticamente como representando uma transição clínica e cultural da perspectiva psicanalítica da época para uma ideia mais moderna do objetivo da psicoterapia e, consequentemente, da atitude do psicoterapeuta. Chamei essa ponte de "do egotismo à criatividade relacional".

Como exemplos dos muitos desenvolvimentos possíveis que nossa teoria clássica permite criar, finalmente apresentei duas linhas teóricas: uma que se concentra em uma consideração fenomenológica da dimensão do tempo na experiência do contato e outra que parte da perspectiva dialógica do "entre" e desenvolve o conceito de cocriação do campo terapêutico.

Na esperança de ter dado uma ideia da profundidade, do fascínio e da utilidade da teoria da qual se origina o método clínico gestáltico, espero que o leitor a integre em sua abordagem profissional e em seu estilo de vida.

Rumo a uma Perspectiva de Desenvolvimento na Teoria e na Prática da Gestalt-terapia: o Desenvolvimento Polifônico de Domínios[1]

3

Nossa tentativa, ao contrário,
é recuperar todas as experiências concomitantemente
– sejam elas físicas, mentais, sensíveis,
emocionais ou verbais – porque é
no funcionamento unitário do corpo,
da mente e do ambiente
(estas são todas abstrações)
que a figura/fundo viva emerge.
PERLS *et al.*, 1951, 337

Embora a Gestalt-terapia tenha sido fundada a partir de uma nova ideia sobre a teoria de desenvolvimento freudiana (o estágio da agressão dentária, PERLS, 2002), a necessidade de um conceito de desenvolvimento não foi percebida em nossa abordagem até a década de 1980, quando todas as modalidades de psicoterapia abordaram conceitos relacionais e o trabalho terapêutico com clientes seriamente perturbados. Em seguida, a objeção a uma abordagem de desenvolvimento – feita por Gestalt-terapeutas que acreditavam que olhar para o desenvolvimento do cliente implicava distrair-se do *aqui-e-agora* – foi substituída pela busca de uma teoria de desenvolvimento alinhada aos princípios epistemológicos da Gestalt-terapia.

No presente texto, proponho uma *perspectiva terapêutica de desenvolvimento* (mais do que uma teoria de desenvolvimento) que permite

[1] Agradeço a Nancy Amendt-Lyon pelo seu adorável e profissional trabalho de edição, a Teresa Borino, formadora do meu Instituto, pelo cuidado que teve com esta nova teoria dos domínios que mudou muito alguns aspectos do nosso método de ensino da Gestalt-terapia, e a Liz Kerry-Reed, que verificou a última versão deste manuscrito.

ao Gestalt-terapeuta ficar com o frescor do contato presente com o cliente e considerar, em seu trabalho, a "profundidade na superfície" no contato terapêutico. Com base nas teorias de desenvolvimento contemporâneas, descreverei o conceito de *domínio* como um campo experiencial de modos de contato que podem combinar com nossos conceitos de experiência de contato (tais como ser confluente, introjetar, projetar, retrofletir, contatar plenamente).

Proponho neste trabalho a ideia de *desenvolvimento polifônico de domínios* (ver Figura 1) como o conceito principal da compreensão de desenvolvimento da Gestalt-terapia, que é a forma como um gestalt-terapeuta pode apreender o desenvolvimento do cliente, mantendo-se no frescor do *aqui-e-agora* e, ao mesmo tempo, sustentando a intencionalidade de contato que foi bloqueada no contato anterior do cliente. Considerarei a perspectiva do psicoterapeuta sobre o desenvolvimento do cliente como parte do campo fenomenológico da sessão terapêutica. Assim, descreverei a função terapêutica a partir deste campo.

No final deste capítulo, explicarei essa teoria com um exemplo clínico.

1. Exemplo de uma Perspectiva de Desenvolvimento da Gestalt-terapia

De acordo com a Gestalt-terapia, o indivíduo entra em contato com o ambiente utilizando os suportes fisiológicos específicos de que dispõe. Estes fazem parte de sua vivência e são necessários para a autorregulação espontânea de seu *estar-com*.

Eis um exemplo concreto: uma criança vomita de manhã quando precisa ir à escola; seus pais, já estressados por estarem atrasados para o trabalho, repreendem-na; a criança se sente humilhada. Em sua experiência, o vômito representa um suporte fisiológico que lhe permite relaxar uma tensão. Se ela ainda se sentir aceita pelos pais em sua angústia e "trava" emocional, poderá contar com o suporte fisiológico que daí deriva. Voltarei, em breve, a este exemplo.

A atenção ao corpo demonstrada pelo método gestáltico marca uma passagem importante para a psicoterapia em geral: do conceito de profundidade relacionada às instâncias psíquicas, ao conceito de profundidade como relações encarnadas (Spagnuolo Lobb, 2005b). Se, para Reich, o corpo era o local de repressão dos conflitos e, para Perls, era o meio privilegiado de expressão de uma experiência existencial e holística, para os autores contemporâneos da Gestalt-terapia (em particular, Kepner, 1993; Frank, 2001; Clemmens *et al.*, 2008; Clemmens, 2011), o corpo é o órgão de contato *por excelência*, o qual acolhe tanto a memória de contatos anteriores quanto a criação de contatos atuais. A visão psicodinâmica é reformulada na linguagem gestáltica da experiência do contato, que está na linguagem fenomenológica da experiência no *aqui-e-agora*.

Voltando à criança que vomita, não se trata mais de ler os bloqueios energéticos e emocionais nas repressões musculares ou posturais, nem de imaginar a dinâmica de vários impulsos que conflitam entre eles, mas de olhar para as intencionalidades de contato interrompidas, tanto na criança (não incomodando os pais, já estressados, com suas próprias dificuldades) quanto no campo fenomenológico triádico[2] (por exemplo: os pais gostariam de cuidar do pequeno), e de olhar para os sinais não verbais que indicam uma ressensibilização da fronteira de contato (respiração mais livre, sorriso, etc.).

2. A Questão da Teoria do Desenvolvimento da Gestalt-terapia

O *aqui-e-agora* experienciado pelo cliente é uma *gestalt* criativa que sintetiza os esquemas corporais e socialmente relacionais assimilados nos contatos anteriores (o *estar-com* através do corpo – *função id* – e pela definição social – *função personalidade* – do *self*) e as intencionalidades (o excitamento para o contato) que sustentam o contato presente estabelecido pelo cliente com o psicoterapeuta (*função ego* do *self*). Torna-se, assim, fundamental fazer referência a uma perspectiva de desenvolvimento, para ler o desenvolvimento das modalidades de contato com o outro significativo e com o ambiente em geral.

[2] Para a perspectiva triádica, veja SPAGNUOLO LOBB (2009).

A partir da década de 1980, a mudança social impôs uma evolução dos conceitos humanistas mencionados anteriormente: o aumento de distúrbios graves tornou necessária uma perspectiva de desenvolvimento e o uso de chaves diagnósticas. Além disso, percebeu-se que o frescor do contato entre o psicoterapeuta e o cliente pode ser melhorado, não empobrecido, se for visto pela lente de um referencial teórico condizente com o método. O desafio para essa abordagem permanece, porém, ainda hoje: o de utilizar referenciais teóricos que partam *da experiência* do cliente e do psicoterapeuta no *aqui-e-agora* da situação terapêutica.

Concomitantemente, as teorias do desenvolvimento também sofreram uma profunda mudança. Da "psicologia do desenvolvimento", que estudava a passagem da infância (imatura e mutável) para a vida adulta (madura e equilibrada, mas não mutável), houve um movimento na década de 1980 para o conceito de "psicologia do ciclo vital", que considera todas as etapas da vida da pessoa como sendo caracterizadas por uma mudança. Fatores tanto dentro da pessoa (maturativos) quanto fora dela (ambientais) criam condições de desestruturação de equilíbrios anteriores e de transição para novas sínteses, capazes de realizar outras tarefas de desenvolvimento (como no conceito de etapa epigenética de Erikson, 1982).

Os conceitos de ciclo vital e de mapa epigenético estão ligados à ideia de que a vida, ou qualquer caminho de desenvolvimento, é construída por meio de etapas, cada uma delas caracterizada por específicas necessidades, habilidades, temas existenciais e tarefas maturativas. As etapas estão ligadas por um processo sequencial e cumulativo, o qual, finalmente, leva à maturidade relacional, ou seja, à capacidade de estabelecer contatos funcionais nutritivos para si e para o grupo (ou para o ambiente em geral). O modelo de etapas, cujo melhor representante é Piaget (1937; 1950), desenvolveu-se ao longo dos anos e tornou-se a ideia de um modelo circular (pós-kleinianos, por exemplo, Martha Harris, 2011), e depois no modelo de complexidade e de sistemas (Bronfenbrenner, 1979; Bruner, 1986). A teoria da complexidade (Maturana; Varela, 1992) apoia o conceito de competências autônomas – ou domínios de competências – que se desenvolvem ao longo da vida e se interligam de forma complexa. O conceito de domínios (inicialmente utilizado por Gardner, 1985, em seus estudos revolucionários sobre o desenvolvimento da inteligência) se adequa a essa ideia de complexidade no desenvolvimento e supera a ideia mais rígida de etapas[3].

O conceito de domínio é, na minha opinião, uma boa maneira de apreender o desenvolvimento do cliente se quisermos ser consistentes com a epistemologia da Gestalt-terapia; na verdade, não está de acordo com nossa teoria pensar em termos de quais tarefas de desenvolvimento ligadas a etapas específicas foram cumpridas. Se pensarmos em termos de objetivos de desenvolvimento, somos forçados a comparar nossos clientes com esses objetivos e corremos o risco de uma avaliação externa da experiência do sujeito. Devemos evitar a possibilidade de que as modalidades de contato, nas quais se baseia nossa teoria (introjeção, projeção, etc.), transformem-se em etapas a serem alcançadas em sequência, para se atingir a maturidade relacional. Elas podem ser vistas como domínios.

Enquanto as etapas são cumulativas, de modo que cada uma pressupõe as competências da anterior, o conceito de domínio está ligado a competências claramente diferenciadas, as quais têm seu próprio desenvolvimento ao longo do curso da vida, e que interagem mutuamente dando origem à harmonia (poderíamos dizer à *gestalt*) da competência atual da pessoa (veja a Figura 1).

O domínio (uma área de processos e competências pela qual as funções psicológicas podem se integrar) pode ser definido na Gestalt-terapia[4] como uma área de processos e competências para fazer contato, o qual reside no fundo da experiência, pronta para se tornar figura em determinados momentos e para interagir com os outros recursos ou domínios. Considerando os valores estéticos, cruciais na Gestalt-terapia, gosto de chamar a estrutura da experiência no *aqui-e-agora* de "o próprio conjunto de *desenvolvimento polifônico de domínios*".

Uma abordagem relacional, processual e fenomenológica como a da Gestalt-terapia deve considerar a situação "dada" e, portanto, o

[3] O domínio é uma área de processos e competências por meio da qual as diversas funções – relacionadas a diversas áreas de desenvolvimento – se integram mutuamente.

[4] Refiro-me ao critério estético do contato – graça, fluidez, clareza rítmica – segundo BLOOM (2003).

pano de fundo da experiência de desenvolvimento do cliente (nível diacrônico) e a figura do mal-estar presente e da intencionalidade de contato que ele busca completar (nível sincrônico).

No caso do cliente que vomitou quando criança e que entra em psicoterapia para superar as dificuldades que tem com sua família atual, a figura é sua saída de casa quando sente uma tensão que pensa não poder suportar e o desejo de conseguir "não vomitar" na família atual, para sustentar, como deveriam um marido e um pai, as possibilidades de aliviar a tensão. O pano de fundo da experiência do cliente é o desenvolvimento dos contatos dessa criança no cliente atual: como ao longo dos anos ele exerceu a capacidade de introjetar, de projetar e de retrofletir em relacionamentos íntimos (ver abaixo a descrição dos domínios), como vomitar representou uma modalidade de contato colapsada ou resiliente e quais suportes fisiológicos (respiração, controle do diafragma, etc.) ele ainda experiencia?

O Gestalt-terapeuta precisa de ferramentas para manejar a cocriação da fronteira de contato terapêutico e ainda de um mapa que lhe permita encontrar direção no desenvolvimento do cliente, conforme apresentado à evidência clínica e, portanto, no cenário do processo psicoterapêutico. O que nos ajuda não é ver *se* os clientes atingiram determinados objetivos, mas *como* cumpriram a intencionalidade de contato, ajustando-se criativamente a situações difíceis. A *sincronização mútua*, já apontada pelos modelos de regulação interativa precoce, de Winnicott (1974) a Odgen (1989), a Fogel (1992; 1993) e Beebe *et al.* (1992), é um importante critério de observação para nós, tanto quando estamos ocupados com o fundo quanto quando concentramos nossa atenção na figura do contato terapêutico: reconhecemo-nos no contato com o outro, o *self* é um processo de contato (Spagnuolo Lobb, 2005a) que se forma na fronteira. E vice-versa, os bloqueios de desenvolvimento coincidem com um processo corporal bloqueado, o que sempre implica uma redução (ou perda) da sensibilidade (de estar totalmente presente aos próprios sentidos) e, portanto, a capacidade reduzida de sintonizar com o outro.

O desenvolvimento é sempre um processo de autorregulação do contato organismo/ambiente.

> Por exemplo, uma criança de 18 meses de vida "resolve" uma tensão óbvia entre seus pais, levando-os a cantar: ela se torna

> uma condutora de orquestra, harmonizando as energias do campo que estavam em conflito. Por meio do exercício de um papel que não era o seu (cuidar da tensão entre seus pais), essa criança trouxe à cena uma harmonia encantadora na qual todos estavam sintonizados uns com os outros. Em termos de teorias do desenvolvimento, esse comportamento por parte da criança é "atípico" e não apropriado para seu crescimento: o comportamento não pode ser considerado "saudável" ou "típico", ou seja, parece estranho que uma criança aja como um(a) terapeuta para seus pais. Para a Gestalt-terapia, esse comportamento é adequado e criativo no sentido de que ele permite à criança não somente preencher sua intencionalidade para o contato em direção aos pais (ela os alcança, tem sucesso com eles), mas também encontrar uma solução na qual todos se sentem melhor (os pais ficam contentes e tocados, eles veem a beleza no gesto de sua filha). Obviamente, a solução adotada pela criança não resolve todos os problemas entre os pais, nem permanecerá a única, uma rígida resposta para situações de tensão, mas certamente resolve o problema que apareceu naquele momento no campo fenomenológico, e que dá a criança uma importante confirmação para o seu crescimento. Em consideração aos níveis nos quais as pessoas envolvidas (parentes e outras testemunhas) são sensíveis à situação, podendo ver a tentativa da criança de resolver criativamente o problema, elas também contribuem para fazer com que a criança possa se sentir reconhecida, podendo assim fechar a *Gestalt* (ela não desenvolverá aspectos inacabados a respeito dessa questão) e ser livre no futuro para tomar diferentes decisões. Mas se o comportamento se tornasse repetitivo, isto seria um sinal de dessensibilização: a criança se comportaria sem o frescor do contato espontâneo, e seria isso que criaria o problema, não o comportamento em si (Spagnuolo Lobb, 2018, p. 287).

O critério da adequação da solução adotada pela criança é estético, intrínseco – sobretudo – à experiência corporal: é o corpo luminoso da criança e os corpos dos pais ativados por uma agradável surpresa que constituem nosso critério diagnóstico, critérios não preestabelecidos externos à experiência corporal. Não nos ajuda – para exercer nossa profissão de psicoterapeutas – pensar em etapas ou em normas preestabelecidas com as quais confrontar as evidências comportamentais da criança, mas nos auxilia a avaliar *como* a criança organiza o que é dado na situação, com o objetivo de apreciar seu ajustamento criativo e apoiá-lo.

Os estudos mais significativos sobre a teoria do desenvolvimento em Gestalt-terapia são os de Wheeler (2000), McConville (1995) e Wheeler e McConville (2002)[5], enquanto os textos de Smith (1985), Kepner (1993), Clemmens *et al.* (2008); Clemmens (2011) e Frank (2001) consideram o papel dos processos corporais dentro da sessão de psicoterapia. Cada uma dessas abordagens, na minha opinião, complementa a outra.

Ruella Frank, por exemplo, teorizando o que ela aprendeu com o trabalho clínico de Laura Perls e de outras abordagens orientadas para o movimento, fornece um modelo do desenvolvimento do conhecimento relacional implícito (Stern *et al.*, 1998a; 1998b), do *ser-aí-em-contato* da criança como corpo em movimento (podemos dizer também um modelo do desenvolvimento da *função id* do *self*). Wheeler e McConville lembram a necessidade de um modelo de desenvolvimento que leve em consideração a natureza unitária e relacional do desenvolvimento, o qual, portanto, leve em conta tanto a criança quanto o ambiente – em uma palavra, o campo[6].

Penso que o Gestalt-terapeuta precisa de uma *mente estética somática e de desenvolvimento*, em vez de um mapa epigenético ou de um esquema de etapas de desenvolvimento. Para orientar o nosso diagnóstico e a nossa intervenção, precisamos reconstituir, no corpo e nas palavras do cliente, a evolução dos processos de contato, para perceber que frescor e vitalidade ainda contêm, sem a necessidade de nos referirmos a fases

[5] O livro de Violet Oaklander (1980), fundamental para o trabalho gestáltico com crianças, trata da prática clínica, deixando implícito o tema da teoria do desenvolvimento da Gestalt-terapia.

[6] Na Itália, existem estudos sobre a perspectiva de desenvolvimento da Gestalt-terapia. Righetti, Mione (2000) e Righetti (2005), em sua aplicação da teoria do *self* ao desenvolvimento pré-natal, consideram o aspecto interativo entre mãe/ambiente e criança/feto.: Fabbrini; Melucci (2000); Mione; Conte (2004); Spagnuolo Lobb (2002) fornecem chaves para a leitura da intencionalidade de contato de crianças e adolescentes.

maturativas. A linguagem terapêutica deve partir das "razões do corpo" do cliente, para usar as palavras de Nietzsche (1883), que reverberam no corpo do psicoterapeuta.

3. O Ser Atual do Cliente entre Figura e Fundo

Trata-se, acima de tudo, de ver a experiência e os contatos assimilados a partir de uma antropologia positiva, na qual o ajustamento criativo às situações difíceis é a lente através da qual se pode enxergar os sintomas do cliente, bem como os seus recursos terapêuticos. O estado fenomenal atual que forma o processo de contato entre psicoterapeuta e cliente no *aqui-e-agora* carrega consigo o passado, a história dos contatos anteriores e, sobretudo, o desenvolvimento das intencionalidades de contato e dos processos por meio dos quais a pessoa tentou fazê-los.

Imaginemos que a criança que vomitou de manhã é agora é um adulto em nossa sala de psicoterapia. A questão do vômito não está mais com ele, e ele vem para a psicoterapia por problemas de relacionamento em sua família. Se fôssemos contadores de histórias (como, de acordo com M. Polster, 1992; E. Polster, 1987, realmente somos), estaríamos interessados em saber como o suporte fisiológico do vômito (liberar a tensão pelo vômito) foi aceito ou não em seus relacionamentos importantes. Os adultos significativos, por exemplo, reconheceram a tentativa da criança de aliviar a tensão externa e interna, ou zombaram dela por não conseguir manter seu café da manhã para dentro?

O adulto de hoje traz para a psicoterapia um problema de dificuldade relacional dentro da família: as tensões são muitas e ele gostaria de compreender algo, por exemplo, orientar-se sobre o que ele, como pai, pode fazer. Ele busca a psicoterapia, porque gostaria de resolver as tensões, em vez de sair de casa, como se vê fazendo nos momentos mais difíceis, quando todos gritam suas próprias demandas e ele se sente angustiado. Esse processo de liberação de tensões se expressa nas relações significativas atuais ao sair de casa. Talvez esse cliente não se sinta capaz de suportar as tensões em casa com os filhos e/ou com a esposa, e tenda a se retirar como equivalente a vomitar. Ele gostaria de evitar "vomitar" e de encontrar uma maneira de lidar com a tensão de modo diferente. Também sabemos que essa forma de "descarregar" se apresentará, mais cedo ou mais tarde, na relação terapêutica e que é justamente aí que a verdadeira mudança acontecerá.

Como o *Do-agora-para-o-que-está-por-vir*[7] neste cliente pode ser sustentado no estabelecimento de contato entre ele e o psicoterapeuta? Que ajustamento criativo podemos traçar, por exemplo, quando ele sai de casa enquanto os filhos estão brigando com a mãe? E como podemos apoiar *seu desejo de salvar a situação da tensão* de uma forma mais satisfatória para o cliente e para todos os envolvidos?

A resposta é complexa e deve levar em conta tanto o *nível sincrônico*, ou nível da figura (como o cliente está conosco no *setting* terapêutico com todo o seu *self*[8]), quanto o *nível diacrônico*, ou nível de fundo (como, ao longo dos anos, a percepção do cliente foi estruturada em relação à sua capacidade de resolver tensões), o que inclui a função id e a função personalidade.

4. O Mapa da Gestalt-terapia de Desenvolvimento Polifônico de Domínios em um Campo

As teorias modernas do desenvolvimento apresentam o conceito de "Representações de Interações Generalizadas" (RIG) (Stern, 1985; Kuhn, 1962; Fogel, 1992; Beebe e Lachmann, 2002, p. 110) que consideram como a criança aprende "modos de ser-com", em vez de comportamentos únicos cujo objetivo é a resolução de suas necessidades.

Stern *et al.* (1998a; 1998b) e Beebe e Lachmann (2002) sustentam o nível representacional simbólico (explícito) e do nível percepção-ação

[7] Chamo de *Do-agora-para-o-que-está-por-vir* o movimento do excitamento atual (ou intencionalidade de contato) que visa alcançar o outro significativo. Esse termo está relacionado à intencionalidade de contato que anima toda experiência e a possibilidade de o psicoterapeuta apoiá-la em seu contato com o cliente.

[8] Em outras palavras, a capacidade de fazer contato por meio dos processos corporais, das definições sociais e da intencionalidade do contato; ver a teoria do *self* em Spagnuolo Lobb (2001; 2005a).

(implícito) como domínios fundamentais que se desenvolvem ao longo do curso de vida do indivíduo. Na Gestalt-terapia, este conceito é muito familiar, correspondendo de alguma forma às modalidades de contato (introjetar, estar confluente, projetar, etc.): essas são nossas categorias hermenêuticas do *estar-com*, as competências do *self*-em-contato com o ambiente. Na epistemologia gestáltica, não faria sentido falar de um domínio de conhecimento relacional explícito ou implícito (como definido nas teorias citadas acima), no qual o *self* é um processo unitário de contato (Spagnuolo Lobb, 2005a), com as funções id, personalidade e ego, pelas quais não se adquire conhecimento, mas uma modalidade holística de contato com o meio ambiente.

Desenvolvimento polifônico de domínios, ao contrário, é o termo que criei para designar a complexidade do fazer contato que recebe suporte de diversas competências, harmonizadas entre si. Stern (1985; 1990) aponta que o desenvolvimento evolui como a composição de uma melodia que, ao adquirir novos temas (na linguagem gestáltica, podemos chamá-los de "modalidades de contato adquiridas") e instrumentos (ou seja, habilidades de *estar-com* transferidas a várias modalidades relacionais, assim como quando a mesma música é tocada por novos instrumentos que entram na orquestra), transforma-se em uma nova harmonia, cada vez mais articulada e complexa (Stern, 1985; Tronick *et al.*, 1978). Este novo conceito faz jus à complexidade dos processos de desenvolvimento e, ao mesmo tempo, responde ao critério estético da Gestalt-terapia: o desenvolvimento não implica medidas de comparação como no conceito de etapas (segundo o qual se presume que a criança realiza tarefas específicas de desenvolvimento ou resultados), mas é visto como uma melodia a ser apreciada e sustentada. Não estou dizendo que as tarefas maturativas de desenvolvimento são absurdas, mas que não são do interesse de um psicoterapeuta fenomenológico como o Gestalt-terapeuta. A forma como a pessoa harmoniza suas capacidades de contato em um estilo de contato total e situado é o nosso foco.

Uma teoria gestáltica do desenvolvimento que hipotetiza um desenvolvimento das modalidades de contato em termos de maturação (como se as modalidades de contato em sequência, da confluência à retroflexão, fossem tarefas de desenvolvimento para a pessoa até a capacidade de fazer um contato "completo") comete um erro epistemológico: a descrição em sequência das modalidades de contato (também das perdas de funções do ego, como em Perls *et al.*, 1997) pertence, de fato, ao contexto epistemológico da experiência de contato entre organismo e ambiente no *aqui-e-agora*. Esse contexto não pode ser transferido para o processo de desenvolvimento da criança: introjetar, projetar, etc. são competências de contato do cliente e podem ser vistas como domínios. O domínio torna-se, para nós, a esfera experiencial relativa a uma certa capacidade de contato. Em outras palavras, ser confluente, introjetar, projetar, etc. não podem ser estágios de desenvolvimento, mas são *modalidades de contato* das quais a criança é capaz e que continuam a se desenvolver ao longo da vida. O psicoterapeuta não pergunta em *qual estágio* de desenvolvimento o cliente está bloqueado, mas *como* suas capacidades atuais de projeção, retroflexão, etc. (desenvolvidas ao longo do tempo) são combinadas em seu estar-em-psicoterapia como uma *gestalt* completa. Os domínios são capacidades autônomas de interação mútua.

Em nossa teoria, as defesas são vistas como recursos de contato que podem ser mais ou menos dessensibilizados. São "expressões ativas de vitalidade" (Perls *et al.*, 1997, p. 62). Nossos fundadores afirmam que "subjacente à característica 'defensiva', e de fato *dentro* desta, há sempre um lindo sentimento infantil de afirmação" (Perls *et al.*, 1997, p. 94) e, aos olhos do psicoterapeuta, "as manifestações nativas e seu emprego neurótico formam agora uma figura-todo, pois são obra da autorrevelação contínua do paciente" (ibid.).

A vantagem da perspectiva de desenvolvimento de domínios em comparação com a perspectiva de etapas é que ela lê a complexidade das situações considerando o emaranhado momentâneo de fatores de contato, os quais, embora sejam mutuamente influentes, cada um tem um desenvolvimento independente, em vez de reduzir essa complexidade ao padrão de uma etapa. A complexidade do desenvolvimento individual é resultado do amadurecimento das condições neuropsicológicas (agarrar, andar, etc.) à medida que elas se reduzem no contato com o meio. Essa complexidade do desenvolvimento pode ser melhor respeitada se considerarmos o momento presente como um plano transversal do desenvolvimento dos vários domínios (ver Figura 1), que se entrelaçam de forma diferente a cada momento, dando origem à gestalt do contato no *aqui-e-agora*.

Dessa forma, como Gestalt-terapeutas,

> [...] podemos perceber o desenvolvimento como uma jornada direcionada à complexidade dos contatos, em vez de uma progressão de estágios menos maduros a mais maduros (isto nos traria de volta a uma perspectiva individualista). A tarefa clínica é observar, não a maturidade do desenvolvimento de uma pessoa, mas *de que maneira* esta pessoa lida com a complexidade de suas percepções em um campo (Spagnuolo Lobb, 2018, pp. 285-286).

A perspectiva de desenvolvimento da Gestalt-terapia também nos leva à ideia de ampliar a observação da criança para o *campo fenomenológico* no qual ela está inserida, bem como para a reciprocidade, o mútuo caminhar-para-o-outro que caracteriza nossa vida. Em outras palavras, a melodia que a criança aprende a tocar é, por sua vez, parte de uma música maior, que é a melodia criada no campo fenomenológico, a qual é sempre um ajustamento criativo. Como escreve Frank (2001, p. 21): "(...) bebês [organizam] uma *linguagem corporal relacional e desenvolvimental*. Ambos os parceiros influenciam e moldam a experiência do outro"; além disso: "(...) os padrões de movimento (...) não são *do* bebê, nem *do* ambiente, mas *do campo relacional*[9]" (ibid, p. 19). Não se trata de autorregulação organísmica (segundo a antropologia humanista tradicional que se mantém numa perspectiva individualista), mas de autorregulação de um *campo situacional de contatos*.

Criança e cuidadores juntos criam seu encontro em uma área fronteiriça que a Gestalt-terapia corretamente define como "fronteira de contato", em uma perspectiva experiencial, processual e fenomenológica. É por isso que "o desenvolvimento ocorre em um campo fenomenológico ou situacional, e as aquisições que dele derivam **são como códigos** experienciais que cada pessoa insere em sua maneira de ser-com, no aqui-e-agora" (Lobb, 2018, p. 286).

[9] Itálico no texto original.

5. A Organização Polifônica Gestáltica de Domínios em Andamento

Descreverei agora cada domínio experiencial e, no final de cada descrição, delinearei o risco implícito em cada um deles, quando a fronteira de contato é dessensibilizada (devido à ansiedade) e o contato é feito com pouca *awareness*.

> Na psicopatologia contemporânea[10], o comportamento é considerado como localizado em um contínuo que vai da normalidade a casos mais severos. Aplicando essa perspectiva dimensional à experiência do contato, podemos dizer que cada domínio pode variar da espontaneidade ao excitamento bloqueado/fixado (Spagnuolo Lobb, 2018, p. 286).

Prefiro falar do "risco" que está implícito em todos os domínios quando a fronteira de contato é dessensibilizada. Isso nos dá a possibilidade de focar na espontaneidade que está *sempre* presente no fazer contato e na presença polifônica de domínios (e é isso também que pretendemos reconhecer e apoiar em nosso papel de psicoterapeutas).

Cada domínio inclui a capacidade de estar plenamente presente na fronteira de contato, percebendo a si mesmo e o outro de forma diferenciada, sensível, *com a coragem de ficar com a incerteza da situação de contato*. A pessoa está na fronteira com a capacidade de se ajustar criativamente ao movimento do outro e ao seu próprio movimento, portanto, contendo a incerteza (nunca se sabe qual será o próximo movimento da outra pessoa, nem qual será o seu próprio) e continuamente encontrar uma solução criativa que leve adiante tanto o próprio ser quanto o do outro. O exemplo citado na seção anterior da criança que se torna maestro de orquestra explica claramente esse conceito: a capacidade da criança de ser um "pequeno psicoterapeuta" é uma qualidade espontânea e natural que ocorre entre os seres humanos toda vez que encontram uma solução criativa para *estar-com* quando há diferenças.

[10] Veja a crítica ao diagnóstico categorial do DSM e à necessidade de uma perspectiva dimensional (FRANCESETTI; GECELE, 2009; 2010).

Figura 1 – Mapa gestáltico do desenvolvimento polifônico de domínios

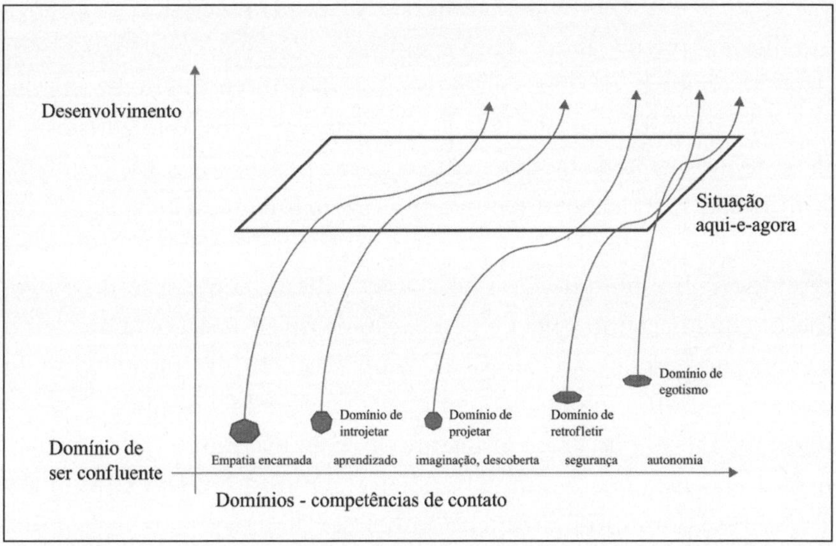

Fonte: Lobb, M. S. Toward a developmental perspective in Gestalt Therapy theory and practice: The polyphonic development of domains. *Gestalt Review,* 16(3): 222-244, 2012.

Domínio de ser Confluente

A maioria dos nossos contatos no início de histórias importantes (incluindo a vida) ocorre de forma confluente. Mãe e filho, por exemplo, intuem-se mutuamente desde o nascimento[11]. A criança percebe o ambiente como parte de si mesma (Stern, 1990) e a mãe tem plena *awareness* de estar "apaixonada" por seu filho. A confluência, por ser uma modalidade de contato, é a capacidade de perceber o ambiente como se não houvesse fronteiras, nem diferenciação entre ele e o organismo. Essa capacidade constitui a base da empatia e é uma qualidade natural que hoje, em neurociências, é chamada de *empatia encarnada* (ver

[11] Seria correto ver o desenvolvimento humano a partir da vida no útero, na medida em que o feto é capaz de perceber o ambiente e de agir intencionalmente nele (RIGHETTI; MIONE, 2000; RIGHETTI, 2005).

Gallese *et al.*, 2006). A capacidade de ser confluente deriva de sermos radicalmente parte do meio ambiente (Philippson, 2001).

Stern *et al.* (2000) deixaram bem clara a competência da criança em intuir as intenções do adulto e levá-las a cabo; suas observações, surgidas no contexto de sua crítica à teoria do autismo primário de Mahler (1968), demonstram a capacidade da criança (o oposto do autismo de fato) de intuir intersubjetivamente o outro significativo. Eles também confirmam, paralelamente e não intencionalmente, a perspectiva estética da Gestalt-terapia: a presença plena natural da criança, com seus sentidos na fronteira do contato, garante-lhe uma intuição do outro, mesmo que haja uma falta de percepção de diferenciação na fronteira. O conceito gestáltico de confluência explica bem a intuição existente entre mãe e filho (e possivelmente permanecendo nos adultos) como sensibilidade ao que há no ambiente ou, para usar um termo fenomenológico, sensibilidade a uma "evidência natural" (cf. Blankenburg, 1998). Este domínio permanece e pode ser desenvolvido ao longo da vida. O risco ligado a uma experiência dessensibilizada desse domínio é a loucura: uma percepção sem clareza e – eu diria – sem fôlego (baseada na ansiedade).[12]

Domínio da Introjetar

A criança é sensível aos estímulos ambientais como oportunidades de aprendizagem (repete vocalizações e depois palavras, adquire a sintaxe tanto da linguagem quanto das relações primárias, joga objetos no chão, repete gestos de adultos, etc.). Essas experiências pertencem ao domínio de introjetar, uma modalidade de contato caracterizada pela assimilação de estímulos ambientais, em primeiro lugar, e principalmente da linguagem e de todo o aparato cultural em que está inserido (os costumes e regras de uma determinada sociedade), e padrões relacionais familiares (o que faz a mamãe sorrir quando está cansada; o que faz o papai decidir dar permissão à criança para ir brincar e o que, ao contrário, deixa-o com raiva, etc.).

12 [12] Veja pesquisas recentes sobre primeiros episódios de psicose (EBISCH *et al.*, 2012).

A energia da criança está focada em "dar nomes" às coisas e aos padrões relacionais. Isso faz com que ela adquira uma sensação de poder: dizer "din-dins", quando está com fome, permite que a criança não grite para se fazer entender pelos que a cercam; assim como evitar que o papai fique com raiva com um sorriso vitorioso permite que a criança ganhe o "jogo" com ele. Todo o seu ser é devotado a aprender com o mundo, absorvendo-o. A criança extrai energia e senso de si ao ser forjada pelo mundo. Sua criatividade se expressa na curiosidade em relação a "qual é o sabor do mundo quando eu o como".

Desenvolvendo esse domínio, a criança também dá um nome a si mesma e ao que faz ("Luke está com fome"; "Luke é um bom menino", etc.). Essa modalidade de contato se desenvolve ao longo da vida e é a base da capacidade de *aprender*. O risco que se enquadra nesse domínio geralmente decorre da dessensibilização que anestesia a fronteira de contato, de modo que o mundo entra no organismo sem receber energia em troca, e o organismo fica deprimido[13], pois não consegue dar um nome ao que não sente como seu.

Domínio de Projetar

Outro domínio diz respeito à modalidade de contato de projetar, por meio da qual a criança é capaz de "mergulhar no mundo", confiando sua energia ao outro e ao ambiente. A criança tem curiosidade sobre tudo e usa sua energia para conhecer o mundo, abre gavetas e tudo o que está fechado, projetando o *self* onde não está e onde poderia estar. A capacidade de mergulhar no mundo e no ambiente também se manifesta no jogo projetivo com o qual a criança está ocupada no momento em que esse domínio é majoritariamente figura (por volta dos dois anos), quando o pronome "você" é usado muito frequentemente, com gosto e prazer: "Você... você... você...". Tudo o que é dito a ela é devolvido ao outro. A *imaginação*, a *coragem da descoberta*, o uso do corpo como promotores

[13] Ver Polster E.; Polster M. (1973, p. 78) para uma descrição da depressão como consequência da introjeção disfuncional.

de mudança no contato com o ambiente, a dança como movimento expressivo no mundo – são as habilidades que o organismo desenvolve, ao longo da vida, por meio desse domínio, que expressa a modalidade de confiar a si mesmo ao outro. Assim como no ato de introjetar ***há a capacidade e o prazer de adquirir o mundo dentro de si***, aqui há a capacidade e o prazer de se lançar no mundo. O risco, em condições de dessensibilização da fronteira de contato, é que a projeção possa se dar como tentativa de resolver uma ansiedade sem perceber o outro, gerando experiências paranoicas (o outro em quem me "lanço" é incapaz ou mau).

Domínio de Retrofletir

Outro domínio diz respeito à modalidade de retroflexão, de sentir a plenitude de sua energia seguramente confinada/contida dentro do corpo e de si mesmo. A energia vem de agir sobre si mesmo ("A satisfação pertence à mão agressiva.", (Perls *et al.* 1997, p. 256) escrevem sobre masturbação).

A criança agora adquire a capacidade de ficar sozinha, de refletir, de produzir seus próprios pensamentos, de inventar uma história, como afirmam Stern (1985), Stern *et al.* (2000) e Polster (1987). O que encanta a criança é contar histórias/contar a alguém sobre si mesma, inventar histórias: todo o *self* está engajado no ato de contar histórias sobre si. Isso provoca admiração nos adultos, o que reforça a capacidade de a criança entrar em contato por meio da retroflexão, propondo-se como uma figura solitária. Essa modalidade de contato está na base da capacidade de se sentir seguro e de confiar em si mesmo, e se desenvolve ao longo da vida. O risco, em condições de dessensibilização da fronteira de contato, é que a retroflexão leve à solidão, e que a criatividade do sujeito possa se revelar ao outro como grandiosidade.

Domínio do Egotismo

Este domínio refere-se à capacidade de se orgulhar de ser si mesmo, é a arte do controle deliberado (Perls *et al.*, 1997, p. 254). A criança que pega a colherada de comida que a mãe tenta dar, e quer fazê-lo sozinha[14], obtém energia ao criar uma figura definida de si mesma, apesar do ambiente ("...uma tentativa de aniquilação do incontrolável e surpreendente", ibid.).

Essa modalidade de contato está na base da autonomia, da capacidade de encontrar uma estratégia em uma situação difícil (ibid.) e de se oferecer ao mundo com sua própria individualidade. É desenvolvida ao longo da vida.

O risco de uma fronteira de contato dessensibilizada é que a pessoa "acha seus problemas mais envolventes do que qualquer outra coisa" (ibid.), e a percepção de si mesma diante do ambiente incorre em um sentimento de tédio e de vazio (a figura é uma repetição compulsiva), de modo que a necessidade de se controlar toma conta da espontaneidade natural do ser.

A Tabela 1 (Spagnuolo Lobb, 2018, p. 288) mostra como as excitações, capacidades vitais e riscos caracterizam cada domínio.

Tabela 1 – Excitações, capacidades vitais e riscos de cada domínio

Domínio	Excitação	Capacidade vital	Risco
Ser confluente	Ser parte do ambiente	Empatia encarnada	Confusão Loucura
Introjetar	Nomear	Aprendizado	Depressão
Projetar	"Mergulhar no mundo"	Imaginação Descoberta Coragem	Experiência Paranoica
Retrofletir	Estar bem confinado em si mesmo	Segurança Estar bem informado	Solidão Grandiosidade
Egotismo	O prazer e orgulho de "estar em si mesmo"	Autonomia Encontrar uma estratégia em uma situação difícil	Controle **Tédio** Vazio

[14] Agradeço a Carmen Vazquez Bandin, diretora do Instituto de Gestalt-terapia de Madri, que me forneceu este exemplo.

6. A Perspectiva de Desenvolvimento da Gestalt-terapia como Evidência Clínica

A perspectiva de desenvolvimento descrita aqui nos ajuda a compreender como o passado pode ser visto no *aqui-e-agora* do contato presente. Ela explica como ver a profundidade na superfície (Cavaleri, 2003), essa superfície que toca nossos sentidos e que percebemos[15]. De fato, nosso quadro clínico de referência não é o desenvolvimento dinâmico de temas emocionais, mas sim o desenvolvimento dos processos de contato aprendidos pela criança com os cuidadores (e em vários ambientes) e que posteriormente constituem seus padrões de contato como um adulto, observáveis na psicoterapia. O desenvolvimento é como uma melodia que inicialmente é tocada por um ou dois instrumentos, aos quais se acrescentam outros instrumentos, aumentando assim a complexidade dos contatos que a pessoa pode implementar.

De fato, a perspectiva do desenvolvimento encontra sua evidência clínica tanto nas palavras do cliente quanto em sua experiência corporal e, sobretudo, na sintonia mútua implícita do contato psicoterapeuta/cliente. É do campo fenomenológico cocriado pela forma como o cliente faz contato com o psicoterapeuta e pela resposta do psicoterapeuta que emerge a possibilidade de apoiar o desenvolvimento espontâneo da intencionalidade de contato do cliente.

A partir do contato superficial que se estabelece no *aqui-e-agora* com o cliente, o psicoterapeuta apreende padrões de desenvolvimento que irá confirmar durante a sessão. Será interessante descobrir qual domínio se revela principalmente no contato terapêutico (O cliente introjetará o que o psicoterapeuta diz ou projetará sua energia no psicoterapeuta?; Permanecerá em silêncio, retrofletindo?).

Será o psicoterapeuta que, entrando no mesmo domínio, dará o suporte específico para que o cliente chegue a uma nova percepção de sua fronteira de contato (uma nova gestalt de domínios). Ele (o psicoterapeuta) será, ao mesmo tempo, o que lhe for atribuído e

[15] A reflexão de Gordon Wheeler (1991) sobre a importância do fundo na formação de figuras e seu pensamento sobre um fundo estruturado se encaixam muito bem aqui.

um novo "parceiro" que sustenta as intencionalidades interrompidas. Como Gestalt-terapeuta, reconheço-me no conceito expresso por Lichtenberg *et al.* (2000, p. 104), quando dizem que o psicoterapeuta deve "vestir aquelas atribuições que lhe são dirigidas". Na linguagem gestáltica, isso pode ser traduzido com o que chamamos de "cocriação da fronteira de contato": o psicoterapeuta se encontra participando da modalidade de contato utilizada pelo cliente (por exemplo: ele se encontra dando introjeções a uma pessoa que usa a modalidade de introjeção, veja Spagnuolo Lobb, 2011, p. 44), mas também – e sua arte está justamente nisso – dá suporte ao que normalmente não foi sustentado no desenvolvimento do cliente, ou seja, trabalha para que o cliente cumpra sua intencionalidade de contato.

O Gestalt-terapeuta não apenas observa esses padrões, como tenta apreender o *Do-agora-para-o-que-está-por-vir*[16], a intencionalidade oculta no padrão habitual e dessensibilizado de contato do cliente.

7. Um Exemplo Clínico: O Sorriso Antivômito

Voltemos agora ao exemplo da criança que vomita no café da manhã, com um olhar sobre o campo fenomenológico. Um casal de pais pede uma consulta psicoterapêutica. Eles estão preocupados porque, nos últimos dois meses ou mais, seu único filho, de 8 anos, vomita diariamente no café da manhã. Isso gera não só a preocupação com o bem-estar da criança, mas também alguns problemas para o levar à escola – ele sempre chega atrasado – e para a organização da rotina diária. O pediatra os aconselhou a conversar com um psicoterapeuta. Ao ser perguntado: "O que acontece de manhã, em casa, além desse problema?", o casal responde que entre eles o ambiente não é muito calmo; eles têm que estar no trabalho cedo e as demandas da criança fazem com que a tensão aumente.

Se olharmos para o caso de um ponto de vista relacional, o comentário que podemos fazer é que a criança vomita de manhã para

[16] Veja a nota de rodapé n. 7.

chamar a atenção para si mesma e obter o efeito de que seus pais não briguem. Nesta linha, muitos outros comentários poderiam ser feitos. Se olharmos para o caso do ponto de vista da experiência do contato e, portanto, do campo fenomenológico como ele se revela à criança, poderemos construir essa história. Essa criança, enquanto está tomando café da manhã, a certa altura, sente a tensão entre a mãe e o pai, e a tensão no estômago, não sabendo qual das duas tensões começou primeiro, a externa ou a interna (domínio de introjetar). No entanto, ela reage a essa tensão enrijecendo ainda mais o músculo do diafragma (domínio de retrofletir), ao mesmo tempo em que sente uma emoção de raiva e angústia, e pensa que, se ela se controlar enrijecendo os músculos do estômago (os músculos diafragmáticos e abdominais), ela não vai chorar (domínio de projetar). Ela sente que chorar não é uma solução, porque nenhum dos presentes parece disposto a aceitar a explosão de uma emoção nela (domínio de contato pleno). Então, ela olha para sua mãe, esperando encontrar uma resposta para sua angústia, mas vendo que ela tem um problema próprio com seu pai, pensa que deve resolver sozinho, mas isso aumenta ainda mais sua angústia e a tensão dos músculos abdominais e diafragmáticos, até que o vômito se torna a solução espontânea necessária para uma tensão que ela não pode mais conter (domínio de projetar).

O que a criança aprende em situações desse tipo é uma forma de enfrentar a falta de suporte ambiental para suas emoções, por assim dizer, transbordantes; se ninguém acomoda as fortes tensões, o processo de esvaziamento ocorre além de sua vontade, por causa do colapso da estrutura experiencial. Esse aprendizado se inscreve na definição de si mesma (ou seja, passa a fazer parte de sua modalidade de contato com o ambiente por meio da *função personalidade*: "sou uma pessoa que não consegue conter o vômito") e na experiência de seu corpo-em-relação (*função id*), que tenderá a repetir o "esvaziamento" colapsado toda vez que sentir uma forte tensão e a falta de suporte ambiental.

Ao trabalhar com os pais, o psicoterapeuta pode optar por manter a configuração do casal ou trabalhar em uma configuração familiar (ou mesmo iniciar a psicoterapia com a criança). Em todo caso, sua tarefa será apoiar a intencionalidade de contato do campo fenomenológico como um todo. *Parece que todos os três estão imersos na polaridade experiencial "eu sou/não sou capaz de conter"* (domínio de retrofletir). A criança gostaria de conter a tensão (sentida em seu corpo e no campo). Os pais gostariam de conter o conflito entre estar próximo da criança e ser pontuais no trabalho. O psicoterapeuta apoia o excitamento implícito em sua experiência.

Se mantiver a configuração do casal, pode, por exemplo, "fazer o papel" da criança na frente dos pais, explicar-lhes que, se os vir sorrir, de uma só vez a tensão que sente, tanto interna quanto externamente, seriam dissipadas, e ele poderia terminar seu café da manhã e enfrentar a "novidade" da escola (o ambiente estranho) com mais coragem.

Se preferir trabalhar na configuração familiar, terá de qualquer forma que dirigir a atenção dos pais para a compreensão da experiência da criança. Essa "verdade" (explicitada pela criança ou pelo psicoterapeuta) poderia levar à revelação do conflito dos pais. O pai poderia acusar a mãe de ser muito protetora com o filho: "Eu te disse: você deveria se preocupar menos e mandá-lo para a escola mesmo assim!" Esse conflito seria simplesmente, na linguagem gestáltica, a manifestação de uma energia de contato não sustentada: ambos gostariam de respirar e de sorrir (domínio do contato pleno), de confiar em seu próprio *self*-em-contato e desenvolver sua própria espontaneidade, mas preferem acusar, quase uma forma diferente de "vômito" (domínio de projetar), processo que, na realidade, pertence ao campo.

O psicoterapeuta pode, então, chamar sua atenção para a imagem curativa do sorriso: "O que você acha da ideia de sorrir para o seu filho sempre que ver pelo rosto dele que ele está tenso?" Essa pergunta pode ser um suporte suficiente para que os pais superem seus medos e decidam dar suporte à energia do filho (domínio do contato pleno). Caso contrário, o psicoterapeuta poderia trabalhar um suporte mais específico para o casal (ver Spagnuolo Lobb, 2007). O campo terapêutico fenomenológico constrói a percepção desses suportes psicofísicos, ou seja, perceptivos, que possibilitam uma experiência espontânea e sólida do próprio *ser-aí* no contato.

Assim, as metáforas – os ícones temáticos – emergem do sentido interno de poesia[17] que o psicoterapeuta adquire ao montar seu

[17] Pode ser útil relembrar a etimologia da palavra "poesia", que vem de *poiein*, "fazer", "construir com palavras".

próprio processo e da coragem de poder ler algo extraordinário no que é simples, e algo simples na aparente complexidade da expressão do cliente.

8. Uma Memória Pessoal

Nas minhas sessões com Isadore From[18], fiquei impressionada com o fato de que apenas uma simples palavra poderia provocar uma mudança tão profunda em minha experiência, a ponto de influenciar os processos fisiológicos. E minha percepção do ambiente ao redor mudou. Eu ainda tenho uma ***vívida*** memória disso.

Certa vez, estávamos sentados de frente um para o outro, em pequenas poltronas em sua casa em Dordogne, na França. Senti um forte impulso de abraçá-lo. Lembro-me do branco de sua camisa na minha frente e do desejo de encurtar a distância e tocá-lo. Todo o meu ser estava lutando por esse desejo. Eu disse isso a ele, e ele comentou com indiferença, sem o menor sinal de aproximação e sem nenhum gesto empático de aceitação: "Você não precisa disso". De repente, senti-me maior, comecei a respirar melhor, mais profundamente, e o desejo de tocá-lo se acalmou abruptamente: eu tinha um grande carinho por ele e sabia que ele podia ver isso. Eu não precisava mais abraçá-lo fisicamente: parecia que aquele desejo específico, naquele momento específico, havia sido ditado por eu me sentir pequena e invisível (na minha família original).

Tudo isso aconteceu sem muitas palavras, com a percepção, por minha parte, de uma profunda mudança no meu corpo e nos processos fisiológicos. Aquelas poucas e essenciais palavras haviam captado um *Do-agora-para-o-que-está-por-vir* em minha experiência: eu estava pronta para me sentir mais forte, tendo como pano de fundo minha história de contatos, na qual o fato de eu ser a segunda filha em minha família (meus pais eram filhos mais velhos) tinha "estabelecido" uma modalidade de contato "menininha".

[18] Um dos fundadores da Gestalt-terapia e, incidentalmente, meu próprio psicoterapeuta.

9. Conclusão

Neste trabalho, apresentei uma nova maneira de olhar o desenvolvimento dos clientes do ponto de vista da Gestalt-terapia, baseada parcialmente em modelos contemporâneos de desenvolvimento infantil.

Em consonância com os princípios básicos de nossa abordagem, a atenção do psicoterapeuta aos aspectos desenvolvimentais da experiência do cliente deve lidar com a experiência somática, bem como com a expressão verbal e a maneira como elas revelam os domínios dos modos de contato anteriormente assimilados e agora entrelaçados no contexto de contato atual com o psicoterapeuta.

Neste trabalho, tentei responder à pergunta: "Qual teoria do desenvolvimento é coerente para um Gestalt-terapeuta?", e desenhei um mapa para entender como o passado se revela no presente. Este mapa pode nos ajudar a intuir tanto a evolução dos modos de contato em nosso cliente quanto o movimento interrompido, a intencionalidade bloqueada que pede para ser libertada no momento presente. Meu objetivo não foi criar uma teoria a partir da observação do desenvolvimento humano, mas fornecer um modelo para observar como os recursos de nossos clientes mantiveram seu frescor ou se tornaram dormentes.

Como tema central deste trabalho, proponho o conceito de *desenvolvimento polifônico de domínios* como uma forma adequada de apreender o desenvolvimento do cliente no *aqui-e-agora* da sessão, a fim de sustentar o excitamento pelo contato que perdeu sua espontaneidade no desenvolvimento.

4 Recontar-se na Psicoterapia: o *Do-agora-para-o-que-está-por-vir* e o Diagnóstico Gestáltico

> *A poesia é, portanto, o contrário da verbalização neurótica, pois é a fala como uma atividade orgânica que soluciona problemas [...]enquanto a verbalização é uma fala que tenta dissipar a energia no ato de falar, suprimindo a necessidade orgânica e repetindo uma cena subvocal inacabada, em vez de concentrar-se nela.*
> (Perls; Hefferline; Goodman, 1997, p. 131)

Depois de tratar da cocriação da fronteira somato-desenvolvimental do contato terapêutico, neste capítulo formularei uma análise da narração terapêutica em ação. Utilizarei a ferramenta diagnóstica que leva em conta o aspecto verbal e mostrarei como, a cada interrupção do processo espontâneo de contato, o psicoterapeuta pode se alinhar com a linguagem do cliente, apoiando o *Do-agora-para-o-que-está-por-vir*, àquela tensão para o cumprimento da intencionalidade de contato que já está sempre presente na experiência do cliente. A capacidade do psicoterapeuta de ver a beleza do cliente tem a ver com a capacidade de enxergar a beleza – e a poesia – *do seu próprio modo* de manter o amor pelo outro, apesar do risco de ser ferido por isso. A arte terapêutica é, em suma, essa capacidade de apreender no corpo e nas palavras do cliente aquele frescor que ainda existe ao ir em direção ao outro.

As palavras que o cliente escolhe para o psicoterapeuta já contêm um direcionamento de revelação de si mesmo, quase um convite de longa duração para uma nova dança. Cabe ao psicoterapeuta intuir isso, graças à empatia encarnada com que vincula sua experiência ao cliente e ao mapa fenomenológico proporcionado pela abordagem.

A história criada pelo cliente e psicoterapeuta na sessão exige concentração, mas também escolhas. Trata-se de passar pelo tormento de buscar exatamente a palavra certa, em um universo linguístico ainda assim limitado. Envolver-se em uma história implica uma "response--hability"[1] (Parlett, 2003), um senso de enraizamento, uma presença total no *aqui e agora* da experiência de colocar um pensamento ou uma emoção em *palavras-para-o-outro*. Mas, justamente por essas razões, o recontar é um ato criativo, no qual a escolha das palavras, da sintaxe, da ênfase, etc., torna-se como a escolha do pincel, do material ou da cor certa para o pintor.

Delimitar fronteiras verbais para a história terapêutica possibilita dar forma concreta à experiência, superando o medo narcísico de definir-se, num ato criativo que assume o risco de estar ali plenamente no contato com o outro, seja psicoterapeuta ou cliente.

A perspectiva processual e fenomenológica da Gestalt-terapia desafia – e ao mesmo tempo faz uma releitura – da advertência freudiana de "fazer do Ego tudo o que é Id" (Spagnuolo Lobb, 2006b). Não é tornar consciente o inconsciente que nos importa: é o ato de recontar ao psicoterapeuta como redescoberta concreta de si mesmo, de sua própria energia e direção, de sua intencionalidade de contato. O que importa para nós, como Gestalt-terapeutas, é o *estar-com* do cliente, na medida em que esta é uma adaptação criativa em si, independentemente do conteúdo que é recontado.

No livro fundador *Gestalt-Terapia*, Perls, Hefferline e Goodman (1997) distinguem entre linguagem poética e verbalização vazia (como na citação na epígrafe), e propõem uma revitalização da linguagem cotidiana. Chegar à linguagem poética parece quase um caminho paralelo ao caminho psicoterapêutico:

> [...] para Perls e Goodman o milagre da poesia consiste na revitalização da linguagem cotidiana [...] a psicoterapia pode ser pensada como um itinerário em direção à poesia, na qual as palavras desgastadas do paciente, afligidas pela larva da

[1] No original, "*response-ability*", no sentido de "habilidade para responder" (Nota da tradutora).

verbalização, recuperam luz e calor na relação terapêutica. (Sichera, 2003, p. 138)

Para contar, é preciso sair da confluência com a sensação experienciada (até que a coloquemos na concretude das palavras, parece-nos óbvio, como se qualquer um pudesse entendê-la), identificar para onde seremos levados pela energia na qual somos animados (devemos identificar do que estamos falando), escolher quais palavras usar, como representar o que sentimos para a pessoa a quem estamos recontando, escolher os termos certos e rejeitar aqueles que não são tão claramente focados. E, conforme vamos escolhendo, percebemos que o que sentimos não é mais o mesmo, desenvolveu-se, já mudou. Recontar é (parafraseando Gadamer), ao mesmo tempo, "encenar" a história e "se fazer atuar" por ela, é mergulhar em uma experiência total, válida em si mesma, e não simplesmente transmitir uma experiência, é *fazer* uma nova experiência (Sampognaro, 2008; Spagnuolo Lobb, 2008e).

A perspectiva do processo de contato expressa, assim, uma inversão da perspectiva existencialista expressa por Sartre (1943), segundo a qual devemos escolher entre viver e recontar, como se recontar fosse um ato retroflexivo, e viver, um ato de contato. Ao contrário, recontar é viver, e viver sem recontar é um viver vazio, solipsista, sem contato real com o outro. A essência da existência não é apreendida pelo "deixar-se viver", mas pela *criação* da própria história, que sempre parte da experiência de uma situação (portanto, de dados fenomenológicos) e que é animada, sustentada por uma intencionalidade de contato, por um desejo de alcançar o outro com espontaneidade.

Não estou dizendo que a expressividade da experiência seja uma condição indispensável para o tratamento psicoterapêutico, aliás já tive a oportunidade de sustentar, junto com colegas defensores da intersubjetividade e com pesquisadores da área do desenvolvimento (Spagnuolo Lobb, 2006b), que grande parte do processo psicoterapêutico se desenvolve no nível do conhecimento relacional implícito (Stern *et al.*, 2000; 2003; Stern, 2006). O cuidado psicológico desenvolvido na relação terapêutica pode assumir várias formas, uma das quais pode ser a verbal. Estar bem nem sempre coincide com saber colocar em palavras a experiência; ao contrário, estar bem, muitas vezes, exige uma harmonia pré-verbal das percepções, e dar nome às coisas sem essa harmonia é apenas uma solução aparente que permanece no nível mental, e não inclui uma mudança das estruturas profundas da experiência e/ou das conexões neurais.

Nem sempre a intuição terapêutica ou a mudança no cliente é gerada a partir de palavras: às vezes, é um sentimento que ilumina ou muda a vida. No entanto, a linguagem é *sempre* um revelador e catalisador da experiência atual, tanto a do cliente quanto a do psicoterapeuta e, portanto, é uma base importante para o nosso diagnóstico e para a psicoterapia.

1. A Narração Cocriada na Fronteira de Contato

> *A fala constitui um contato satisfatório quando retira energia de uma estrutura das três pessoas gramaticais e cria essa estrutura:*
> *Eu, Tu e Isso;*
> *quem fala, a pessoa com quem se fala*
> *e o assunto a respeito do qual se fala;*
> *quando há uma necessidade de comunicar algo.*
> (Perls; Hefferline; Goodman, 1997, p. 130)

O conceito de narração na psicoterapia passou por várias fases, paralelamente ao desenvolvimento de tendências culturais: desde a análise da história do paciente, terminando na busca de material inconsciente, até o uso da história como ferramenta terapêutica (Barker, 1987; Pesechkian, 1979; Erickson, 1983; e outros), ao conceito atual da história como fundamento hermenêutico do processo terapêutico (Spence, 1982; Hillman, 1983; Ricoeur, 1985; Polster, 1987; Spagnuolo Lobb, 1999a).

A narração do cliente ao psicoterapeuta é para nós, Gestalt-terapeutas, (daí psicoterapeutas fenomenológico-relacionais) um ato criativo, por meio do qual o cliente tenta superar, no contato com o psicoterapeuta, padrões relacionais insatisfatórios aprendidos em relacionamentos anteriores.

O significado narrativo que interessa ao Gestalt-terapeuta é o sentido que se desenvolve na fronteira de contato entre psicoterapeuta e cliente, um ato criativo e ativo realizado mutuamente pela pessoa do psicoterapeuta e pela pessoa do cliente. Assim, a história *cria* a relação; não é uma das histórias possíveis da relação nem o epifenômeno da relação: é ao mesmo tempo superfície e profundidade (Cavaleri, 2003).

Como afirmado no Capítulo 1, a relação terapêutica é uma relação verdadeira que se desenrola na fronteira de contato entre os dois, exercitando a capacidade de permanecer no presente, em vez de "alucinar" o que estava no passado. Como consequência, a leitura hermenêutica da história do cliente implica para o psicoterapeuta a pergunta: "Como contribuir para a criação desta história?", e novamente: "De que forma esta história pode me mostrar como o cliente quer mudar um padrão relacional insatisfatório comigo?".

Consideremos o exemplo citado no primeiro capítulo: o cliente conta ao psicoterapeuta que sonhou com um muro intransponível. O psicoterapeuta pergunta ao cliente: "Como eu fui uma parede intransponível para você na sessão anterior?".

A história desse sonho (não o sonho em si) é animada por uma intencionalidade de contato com o psicoterapeuta: a história do "muro" carrega consigo tanto a experiência problemática (não consigo superar algum obstáculo...), quanto o desejo e a possibilidade de superá-lo (digo isso na esperança de que você compreenda...). *O cliente oferece ao psicoterapeuta a chave para acessar a reescrita de uma história* (Spagnuolo Lobb, 2003b).

Voltando a outro exemplo do primeiro capítulo, que se refere a uma frase e não a um sonho, quando um cliente diz ao psicoterapeuta: "Estava agitado ontem à noite e não dormi"; além da referência a uma experiência pessoal, ele está transmitindo algo que pertence à fronteira de contato criada entre os dois, a qual o cliente quer definir de alguma forma. A arte terapêutica consiste em, de alguma forma, dar ao cliente a possibilidade de realizar esse movimento juntamente com a intencionalidade do contato que o caracteriza. Assim, o psicoterapeuta pode responder: "Como deveria ser a sessão de hoje para que você possa dormir tranquilo?"; "O que você acha que pode acontecer ou não acontecer hoje que o deixaria calmo esta noite?"; "O que você não fez ou disse da última vez que gostaria de fazer ou dizer hoje?".

Assim, qualquer narração do cliente inclui uma intencionalidade de contato com o psicoterapeuta, simplesmente porque esta é a situação "dada". Quanto mais "acordado" estiver o cliente, com os sentidos abertos, *aware*, mais clara é essa intencionalidade e mais fácil é para o psicoterapeuta dar suporte para ela; quanto mais "sonolento" o cliente está, com os sentidos embotados, mais difícil é para o psicoterapeuta rastrear a energia do contato que torna vital sua fronteira e que se move em direção ao crescimento.

A história terapêutica na Gestalt-terapia está orientada não para a identificação de lacunas na vida do cliente, mas para a criação de um novo contato entre psicoterapeuta e cliente; não é entender o que não funciona, mas criar [este novo contato entre psicoterapeuta e cliente[2]] à medida que desenvolve o processo que foi bloqueado.

Desse modo, a história é um *fenômeno do campo*, no qual o outro para quem ela é contada não é minimamente marginal, mas é um elemento definidor da história: de fato, a história se modifica a partir do "para quem" é endereçada. Não é *a* história de um fato, mas *uma* história de um fato contada *a alguém*, implicada por uma intencionalidade de contato. Indo além do conceito de Herman Hesse (1993), segundo o qual a madeira é um conjunto de troncos a serem cortados pelo lenhador, um esconderijo para o fugitivo, um encontro íntimo para os amantes etc., dizemos que a intencionalidade do contador se encarna (se realiza e toma forma concreta) em um contato, de modo que o lenhador terá que cortar aqueles troncos específicos, o fugitivo se esconderá naquela madeira específica, e os amantes encontrarão uma intimidade naquele ambiente específico. É esse ajustamento criativo que estamos considerando, são esses fenômenos atuais que devemos levar em conta. *É o processo de recontar para alguém que nos interessa e não a história em si.*

Um exemplo pode esclarecer isso. Uma aluna do ensino médio chega atrasada à escola e pede desculpas ao professor da primeira aula do dia dizendo que precisou ajudar uma amiga em apuros; depois, entre a primeira e a segunda aula, diz à menina que está sentada ao

2 Nota da tradutora.

seu lado que se atrasou porque a amiga mencionada no dia anterior pediu que ficasse com ela e ela disse sim; finalmente, no intervalo, ela diz aos colegas que teve que inventar uma desculpa para o professor porque o fato era que ela não queria ir à escola. Qual é verdade? São todas verdadeiras! A amiga que pediu para que ficasse com ela estava realmente com problemas e ela não estava com muita vontade para ir à escola.

2. Compreendendo o *Do-agora-para-o-que-está-por-vir* na História do Cliente: Diagnóstico e Psicoterapia em Ação

A história é sempre um ajustamento criativo em uma determinada situação, e a situação é determinada precisamente por um Eu, um Tu e um isso (o objeto da história). A história é, então, o resultado de duas coordenadas: o tipo de relação com a pessoa para quem é contada (professor, melhor amigo, amigos, etc.) e o desejo, a intenção, a tensão que faz nos movermos em direção a ela.

Essa pró-tensão para a criação do contato com o outro é a alma do que podemos chamar de resiliência do cliente: nenhum obstáculo à sua realização bloqueará o processo de contato – pode torná-lo menos espontâneo, carregá-lo de ansiedade, mas não o privar do sentido intencional.

Toda história terapêutica traz consigo essa intencionalidade e sua resiliência característica, cabendo ao psicoterapeuta enxergar seus sinais e sustentar tanto o processo resiliente quanto o cumprimento da intencionalidade de contato. É o que chamo de suporte ao *Do-agora-para-o-que-está-por-vir* no contato terapêutico.

Para a Gestalt-terapia, o diagnóstico pertence à situação considerada e não pode ser tomado como absoluto. De qualquer forma, se considerarmos a relação terapêutica como uma relação real, todo o trabalho terapêutico acontece no *Do-agora-para-o-que-está-por-vir* dessa relação. O objeto do trabalho é o contato entre psicoterapeuta e cliente, o padrão de contato que traz ansiedade, a fronteira de contato que é dessensibilizada, não um padrão de contato que se pressupõe ser ativado também fora da sessão. Assim, o diagnóstico está sempre ligado à situação terapêutica, e o psicoterapeuta tem um papel ativo, como cocriador do estilo de contato implementado pelo cliente.

Apresento agora exemplos de como a relação terapêutica pode ser desenvolvida no caso de vários estilos de contato por parte do cliente, a fim de explicar tanto a experiência-em-contato típica de cada modalidade, quanto o apoio ao *Do-agora-para-o-que-está-por-vir* que o psicoterapeuta pode dar[3].

Farei referência às categorias diagnósticas clássicas da Gestalt-terapia, que identificam os estilos: introjetivo, projetivo, retroflexivo, confluente[4].

2.1. Uma Narração Terapêutica com Estilo de Contato Introjetivo

C. *Eu nunca consigo acertar. Você sempre me encoraja, porque você é muito gentil. A verdade é que eu nunca faço nada de bom.*

A resiliência da cliente implica na manutenção do amor pelo outro, embora expressando introjeções negativas. A definição negativa de si mesma é mantida para evitar a ansiedade que a introjeção positiva provoca. As introjeções positivas da psicoterapeuta são evitadas: causaria ansiedade finalmente aceitar a valorização do outro, colocaria em risco aquele amor pelo outro que gerou introjeções negativas. A dependência do adulto, considerada necessária para a percepção neurótica, mantém-se na aceitação da definição negativa, um sacrifício da própria imagem para manter o amor do outro.

P. *Você deve gostar muito de mim; se não, me diz o que não gosta em mim. O que te faz pensar que te considero incapaz?*

C. *É exatamente o contrário: acho que você me superestima.*

P. *E se não fosse assim? Se eu pensasse que, basicamente, você nunca vai conseguir?*

[3] O que se segue pressupõe a leitura do Capítulo 2, no que diz respeito às interrupções do contato espontâneo e à ansiedade como excitação sem o suporte do oxigênio.

[4] Para uma descrição dessas modalidades de contato ver: Perls, Hefferline e Goodman (1997); Lobb (1992; 2001e) e o Capítulo 2 deste volume.

C. (Olha para a psicoterapeuta, surpresa.) *Acho que, basicamente, você sabe que não há esperança para mim: talvez eu tenha progredido um pouquinho, você tem sido muito boa comigo, mas nunca vou voar alto. Você sabe disso. Você voa alto, não eu.*

O padrão introjetivo rígido, a longo prazo, leva à depressão. A emoção da inveja cega as possibilidades de desenvolvimento do *self*. Claramente, a inveja acontece na fronteira de contato com a psicoterapeuta.

P. *Há espaço para que duas voem alto no céu. E eu realmente gostaria que você abrisse suas asas, voasse no céu e que nos divertíssemos juntos.*

Eu sustento a resiliência, agarrando-me ao amor por mim. Não analiso a inveja.

C. *Você realmente gostaria disso?*

P. *Sim, eu gostaria que, enquanto voamos, você me contasse as falhas do jeito que eu voo, poderíamos até brincar de contar uma à outra as nossas falhas!*

A paciente pode, assim, reconquistar – por meio do jogo – a espontaneidade de dizer "O rei está nu", espontaneidade esta que antes estava congelada pela rigidez do adulto que não aceitou a energia da diferenciação.

C. *Acho que você voaria com um livro de psicologia na mão: nunca abriria mão do seu estilo intelectual!*

P. *E eu acho que enquanto você estivesse voando você ficaria preocupado em ver se eu estava relaxada ou brava com você... mas acho que você abriria suas asas de qualquer maneira e desfrutaria de sua energia.*

C. *Sim, acho que agora eu consigo fazer isso, sei que você não se sente limitada ou assustada se eu soltar energia* (ela se levanta e abre os braços como se estivesse voando. Ela me olha e sorri feliz).

A excitação de expandir sua energia com o outro foi sustentada, e a resiliência de não abrir mão do amor pelo outro foi reconhecida.

2.2. Uma Narração Terapêutica com Estilo de Contato Projetivo

C. *Muito obrigado por me receber hoje. Eu não saberia o que fazer sem você.*

P. *O que fez você me ligar?*

C. *Muitas coisas desagradáveis aconteceram ao meu redor nos últimos dias. Um jovem de 20 anos, filho de amigos meus, foi morto em um acidente de trânsito. Não consigo imaginar como seus pais se sentiram. Ouvi dizer que uma menina, cuja tese eu orientei na universidade, teve câncer de mama. Ela descobriu logo depois que terminou de amamentar sua filha de apenas alguns meses. Um casal, queridos amigos meus, está se separando, dolorosamente, e seu filho de três anos está sempre chorando, ele está muito tenso e ninguém pode consolá-lo. É como se o mundo inteiro estivesse desmoronando ao meu redor. Sinto uma angústia terrível quando acordo de manhã.*

P. *Parece que muitas certezas estão desmoronando ao seu redor. Como você se sente? Como você sente sua energia interior?*

O suporte específico para esse tipo de experiência projetiva deve ser direcionado à percepção da própria energia (ver Spagnuolo Lobb, 1992).

C. *É isso... não sinto!*

No padrão projetivo, a percepção habitual está centrada no mundo exterior e, quando a pessoa está sob estresse, esse estilo é mais generalizado: a tendência é focar cada vez mais no mundo exterior que está desmoronando, e o suporte da própria pessoa em si, a percepção de sua solidez, perde-se. A resiliência pode ser vista na tentativa de controlar os fatos externos; é como se o cliente perguntasse à psicoterapeuta: "Ainda tenho valor no mundo?; "Posso ter um papel com minha energia ou tudo depende do destino ou de outra coisa que é incontrolável e externa a mim?"

Se a psicoterapeuta se propusesse como recipiente da angústia do cliente, por exemplo, pedindo ao cliente que contasse toda a sua angústia, isso faria com que a percepção do cliente permanecesse desequilibrada em relação ao mundo exterior, ou seja, em relação à psicoterapeuta, e não daria ao cliente a oportunidade de se sentir ativo e criativo em meio a essas tragédias humanas.

P. *Tente se concentrar em seu corpo. O que você sente? Que sensações você tem em seu corpo? Que emoções você sente?*

C. (Depois de uma pausa em que se concentra.) *Sinto que essa catástrofe fora de mim está me esmagando, esmagando minha energia.*

P. *Tente sentir mais a sua energia. Descreva-a.*

C. *É pequena, mas forte. Quanto mais me concentro nessa minha energia, melhor me sinto. Tomo espaço, respiro, sinto-me mais forte.*

P. *Fique com essa sensação e imagine que essa energia em sua respiração atinge os limites do seu corpo.*

C. (Concentra-se na tarefa).

P. *Agora, com essa nova consciência, olhe para mim, fique com sua respiração que atinge os limites do seu corpo e olhe para mim. Como você me vê?*

C. *Vejo você um pouco menor... estranho. Eu me sinto mais forte, estou melhor. Estranho... até o fato de eu te ver menor, em algum sentido, mais fraca talvez... não me assusta. Pelo contrário, estou feliz por ser a mais forte. Você pode ser fraca ou forte, não é importante. Eu posso me expandir e me sentir mais forte.*

O padrão no qual o cliente percebe a si mesmo como dependente da psicoterapeuta foi superado.

2.3. Uma Narração Terapêutica com Estilo de Contato Retroflexivo

P. *Bom dia, como você está hoje?*

C. *Muito bem, obrigado, não posso reclamar. Como você está?*

P. *Tudo bem, é muito gentil da sua parte perguntar. Imagino que não seja um problema para você cuidar de outras pessoas. Você faz isso automaticamente, mesmo comigo, sua psicoterapeuta.*

C. *Tudo bem, sem problema. As coisas que me incomodam são bem diferentes! Por exemplo, nunca ser capaz de fazer minha namorada feliz. Eu procuro fazer as coisas que ela gosta, me limito nas coisas que eu gostaria de fazer, desde que eu possa fazê-la feliz, mas ela sempre encontra algo do que reclamar.*

O padrão retroflexivo leva à inacessibilidade mútua: ele gostaria de satisfazê-la, mas basicamente pensa que, se a garota realmente o amasse, ela entenderia o que é importante para ele. Ela – a garota – provavelmente sente que não importa o que ela diga, ele irá codificar isso como uma acusação no sentido de que ele a negligencia. Resiliência para o cliente é evidentemente um cuidado com o outro, mantido indefinidamente, mesmo, por assim dizer, "à beira da morte", na medida em que permite manter uma imagem de si amado pelo outro.

P. *Você é muito generoso com as pessoas que ama.*

C. *Finalmente, alguém que me entende! Você poderia explicar isso para minha namorada também?*

P. *Não, acho que você não precisa disso.*

C. *Eu não preciso? Minha vida é um inferno, ninguém pode entender!*

O padrão de sentir que não é visto e compreendido é facilmente desencadeado. Acima de tudo, o convite à independência – "não preciso disso" – é vivenciado como abandono.

P. *É verdade, às vezes é difícil te entender. Imagino que, em alguns casos, isso lhe dê uma sensação de humilhação por ser descoberto com sua necessidade de afeto e de proximidade em alguns relacionamentos que são particularmente importantes para você, apenas para que a outra pessoa faça mais exigências, ou pior ainda, acusações.*

C. *Sim, você voltou a colocar o dedo no problema: a humilhação é o sentimento mais ardente, e ninguém entende!*

P. *É verdade. Talvez você pudesse fazer algo pelo menos para se proteger da humilhação...*

C. *Sim, devo fazer isso. Às vezes espero ser entendido, então, baixo a guarda, mas acabo com ossos quebrados.*

P. *Talvez nem sempre seja possível fazer algo para curar as feridas causadas pelo que o outro não nos deu, mas podemos manter a cabeça erguida: tomar posse de nossa história pessoal e ter orgulho dela.*

C. *Sim, eu posso fazer isso. Eu me sinto tocado pelo que você diz. Sinto-me visto e apreciado na minha dor, no silêncio em que escolho vivê-la.*

O objetivo de mudar a percepção na fronteira de contato entre nós dois foi alcançado. O cliente sentiu-se profundamente visto no sentimento mais ardente, neste caso a humilhação, e na sua resiliência, ou seja, viver a solidão com dignidade e continuar a cuidar do outro, aceitando a sua condenação. A intencionalidade de compartilhar essas experiências com a psicoterapeuta também foi cumprida. É evidente que esse diálogo simples não pretende resolver o problema dramático do cliente, mas é um exemplo de história terapêutica nesse tipo de padrão de contato.

2.4. Uma Narração Terapêutica com Estilo de Contato Confluente

C. *Eu sei que você me entende mesmo sem eu falar.*

P. *Sobre o que você quer falar comigo?*

C. *Meu problema de sempre, você sabe: meu relacionamento com meus colegas de trabalho.*

P. *O que aconteceu esta semana que é novo?*

C. *Coisas de costume: o grupo todo de colegas foi comer uma pizza e não me convidaram. Eu fingi que não era nada, o que eu poderia fazer?*

P. *Como você conseguiu se anestesiar? Imagino que deve ter sido doloroso para você.*

A psicoterapeuta chama a atenção do cliente para a diversidade que o cliente evita perceber, precisamente porque, neste caso, o padrão de contato tende a apagar as diferenças para evitar o desenvolvimento da excitação pelo contato, que é um pré-requisito se a diferenciação deve ser desenvolvida. Além disso, ela tenta levar o cliente a olhar para o processo com o qual ele evita a diferenciação.

C. *Como faço para me anestesiar... não reajo à rejeição deles. Tenho medo de ser rejeitado se apontar isso.*

P. *Então, é um círculo vicioso: eles te rejeitam, você não reage e eles acham que podem te rejeitar ainda mais, já que você nem percebe.*

A psicoterapeuta aponta o paradoxo implícito na tentativa do cliente de não provocar seu próprio abandono com base na "excessiva diferença".

C. *É...*

P. *O que você imagina que aconteceria se você dissesse que gostaria de sair com eles também?*

C. *Eles encontrariam todo tipo de desculpa para se justificar, mas não acho que isso melhoraria a ideia que eles têm de mim.*

P. *Que ideia você gostaria que eles tivessem de você?*

Mais uma vez, a psicoterapeuta leva o cliente a diferenciar, a criar uma imagem concreta.

C. *Ah! Claro, eu gostaria que eles me vissem como um herói, um Super-Homem pronto para salvá-los em momentos difíceis. Sim, no fundo gostaria que pensassem que tenho as habilidades do Super-Homem, que sou tímido, mas no fundo sou um herói.*

P. *E assim você mantém uma ideia heroica de si mesmo. É assim que você se anestesia, você evita ver como você é diferente deles.*

C. *De que me serviria ver que sou diferente deles?*

P. *Você seria aceito!*

C. *O que você quer dizer?*

P. *Você pode me dizer como você é diferente deles?*

C. *Acho que sou muito diferente. Eu não entendo as coisas que eles dizem. Eles riem imediatamente de algumas piadas que eu nem entendo.*

P. *Do que você gosta?*

C. *Eu gosto de olhar na cara deles e dizer o que penso. Gosto de dizer o que gosto ou não gosto nas pessoas, não gosto de fazer comentários maldosos.*

P. *Tudo bem, você deveria se comportar assim com eles.*

C. *Não. Eles nunca mais me olhariam na cara!*

P. *Parece que você não tem nada a perder de qualquer maneira.*

C. *Verdade!* (Ele pensa...) *O que você me diz é verdade* (enfaticamente)... (pausa, respira fundo). *Agora sei que posso ser com eles o homem que quero ser e que é melhor ter um dia de leão do que uma vida inteira de coelho!*

P. *Certo, e para experimentar, você pode me dizer aqui o que você gosta e o que não gosta em mim?*

C. *Eu gosto de como você é atenciosa comigo. Talvez, a longo prazo, eu não gostaria de conversar demoradamente com você, porque você é uma pessoa sofisticada. Gosto de falar de coisas simples.*

P. *Muito bem! Você parece um especialista em diferenciação!*

Nesse caso, a reestruturação da percepção se deu por um suporte cognitivo: "Parece que, de qualquer forma, você não tem nada a perder". Na história cocriada, a resiliência de ser diferenciado, evitando a diferenciação, foi apoiada. A intencionalidade de ser diferenciado foi cumprida, corroborando o fato de que já havia uma diferenciação.

3. Conclusão

Neste capítulo, descrevi o código básico com o qual o Gestalt-terapeuta decifra e cocria a história do cliente. Fiz isso com a plena convicção de que devemos nos apaixonar por uma teoria para aprender bem nosso trabalho e para – finalmente – encontrarmo-nos fazendo as coisas de maneira semelhante a outros colegas. Aliás, imagino que muitos colegas, inclusive de outras abordagens, possam se reconhecer nesses diálogos terapêuticos. E isso só pode confirmar a validade da teoria, que pode ser útil na prática: um bom mapa para o território compartilhado, que é o sofrimento e a beleza das relações humanas.

A atenção que a Gestalt-terapia tem pela intencionalidade de contato do cliente, e pelo seu suporte no contato cocriado pelo cliente e pelo psicoterapeuta é o que é específico dessa abordagem. A arte exigida não é simples e não pode ser dada como certa: ela deve ser continuamente renovada, porque tem a ver com a descoberta contínua de si como psicoterapeuta e do paciente como "outro", no deslumbre de seu amor pela pessoa importante (no sentido explicado no Capítulo 6), para além das feridas.

Nos capítulos seguintes, veremos como essa competência básica é aplicada a situações específicas.

Agressão e Conflito na Sociedade Contemporânea e na Psicoterapia

5

As relações entre indivíduo e sociedade, e entre grupos sociais, não podem ser compreendidas sem se considerar o problema da agressão. (...) os tratamentos prescritos para a cura da agressão são sempre os mesmos velhos e ineficazes agentes repressivos: idealismo e religião. Não aprendemos nada sobre a dinâmica da agressão, apesar da advertência de Freud de que as energias reprimidas não só não desaparecem, mas podem até se tornar mais perigosas e mais efetivas se mantidas ocultas.

(Perls, 2002, p. 39).

1. Agressão e Conflito: Antropologias Comparadas

O trabalho sobre o sentimento de agressividade e sobre o conflito na Gestalt-terapia merece uma discussão própria. Todas as abordagens psicoterapêuticas dão suas próprias respostas a estas perguntas: "Qual é o papel do conflito nas relações humanas?"; "Ele é sempre um sinal de disfunção?"; "A agressividade é sempre um sentimento destrutivo e negativo?" As respostas têm a ver com a ideia que cada abordagem tem da natureza humana e da relação entre indivíduo e sociedade.

A agressividade é vista na Gestalt-terapia como uma força primária positiva, na medida em que está ligada à energia vital do morder, à capacidade de desconstruir realidades para criar (ou cocriar) uma nova realidade. Ela reside, sobretudo, no corpo e, por isso, pode ser perturbadora: a raiva poderosa (seja desencadeada pela necessidade religiosa, ideológica, amorosa de pertencimento ou pela necessidade de poder) pode nos levar para além de qualquer lógica pertencente às categorias da vida social.

Que a agressividade faz parte da natureza humana é óbvio, mas isso não garante que ela seja considerada de forma positiva. As teorias psicológicas, de fato, geralmente a consideram uma força destrutiva, porque conflita com as exigências da vida social. É claro que essa perspectiva tem em sua base um certo tipo de antropologia: fundamentalmente pessimista (na medida em que não considera a possibilidade de autorregulação) e dicotomizante – pois polariza realidades e experiências entre o bem e o mal, individual e social, mental e corporal, político e privado, etc. Considerar a agressividade mais como uma força fundamental para a sobrevivência do ser humano e para uma solução de problemas sociais que não sacrifique as necessidades individuais *a priori* implica uma antropologia positiva: aberta à possibilidade de integração da fisiologia com respeito às regras sociais, portanto, com fé na capacidade do ser humano de se autorregular mesmo em nível social.

A razão pela qual Frederick Perls se desvinculou da psicanálise (Perls, 2002) foi justamente uma concepção de agressividade diferente daquela implícita na teoria freudiana. Ele entendia a agressividade como uma força biológica fundamental para a sobrevivência, não apenas física/animal, mas também social. Foi precisamente por meio dessa consideração da fisiologia da experiência que os fundadores da Gestalt-terapia (recorrendo à tradição europeia da fenomenologia e do existencialismo, e à tradição americana do pragmatismo: ver Capítulo 2) propuseram ir além das dicotomias entre o evento mental e a experiência física, entre as necessidades individuais e sociais. No conceito de "experiência de contato no *aqui-agora*", os dois polos se integram, e a fisiologia reivindica plenamente seu lugar no campo fenomenológico do *estar-com*, da realidade social.

Na prática, Perls vinculou o que era tradicionalmente definido como "experiência individual de agressão" e "experiência social de conflito" em um *continuum* conceitual. A agressividade permite alcançar não apenas um objeto útil para a sobrevivência (alimento), mas também o Outro, uma parte do ambiente igualmente útil para a sobrevivência.

Ad-gredere o Outro significa alcançá-lo, "mordê-lo" para torná-lo seu, não para aniquilá-lo. A operação epistemológica de Perls não foi fácil. De fato, sua ideia sobre a agressão dentária como crítica à teoria de desenvolvimento da psicanálise não teve sucesso quando a apresentou no congresso de Marienbad, da Associação Internacional de Psicanálise, em 1936. Ela implicava a liberação do conceito de pulsão de morte e, portanto, do superego e de muitos outros referenciais teóricos e metodológicos que sustentavam a estrutura de uma cultura baseada nas dicotomias bom-mau, saudável-doente, etc.

Da introjeção como método fundamental de aprendizagem (e de mudança) proposto pela cultura pós-romântica do início do século XX (berço das ditaduras, da família patriarcal, do sentimento de pertencimento como obediência), na qual nasceu a psicanálise, o foco passou para a "agressão dental", para a rebelião e para a diferenciação do *self* como modelo de crescimento normal. A capacidade fisiológica de morder da criança foi considerada como correspondendo à capacidade psicológica de desconstruir a realidade, de modo que o cliente, para crescer, deve ser capaz de dizer não, deve ser capaz de se rebelar, mesmo contra o psicoterapeuta. Essa era, justamente, a formulação oposta à da psicanálise, que considerava necessário que o cliente aceitasse a interpretação do analista, com vistas a garantir a transferência positiva e, portanto, a cura.

A evidência de desenvolvimento da agressão dentária tornou-se o elo para propor uma antropologia diferente, mais positiva, que permitisse passar da polarização entre necessidades individuais e demandas sociais para sua integração, por meio de um processo de desconstrução e reconstrução dos sentidos criados na relação (ver Spagnuolo Lobb; Salonia; Sichera, 1996).

Podemos esquematizar a diferença entre as duas tendências antropológicas da seguinte forma:

Da antropologia intrapsíquica...	*...para a antropologia gestáltica*
Separação ser humano-cultura Separação natureza-cultura	Caráter unitário dos processos de desenvolvimento entre ser humano-natureza-cultura
Perspectiva pessimista sobre o ser humano	Perspectiva positiva sobre o ser humano
Agressão como força destrutiva e negativa	Agressão como força indispensável para a sobrevivência

O conflito entre as pessoas, resultado social da agressividade, é visto na Gestalt-terapia como parte de um desenvolvimento normal das relações. Ele oferece a possibilidade de trabalhar as diferenças sem que uma emerja à custa de outras, chegando a uma nova e inimaginável realidade cocriada, na qual cada um pode emergir com sua própria individualidade e com a satisfação de ter "ganhado" um sentido único de estar-aí na comunidade social. Em toda agressividade, então, é possível traçar uma intencionalidade de contato, e em todo conflito que dela decorre existe um potencial de melhoria do contato[1]. A pergunta que o Gestalt-terapeuta se faz em situações de conflito é: que intencionalidade para a co-criação da relação existe nas partes envolvidas nesse conflito em particular?

Na origem do conflito, em suma, está o desejo de contribuir positivamente para a situação. Passar pelo conflito significa ter fé na autorregulação das relações. É o que dizem os próprios fundadores da Gestalt-terapia: "Nossas diferenças eram muitas, mas, manifestando-as em vez de escondê-las por cortesia, chegamos muitas vezes a soluções que nenhum de nós poderia ter antevisto" (Perls; Hefferline; Goodman, 1997, p. 31)[2].

2. Agressão[3], Conflito e Intencionalidade de Contato na Sociedade Contemporânea

O que foi dito até aqui resume brevemente a perspectiva revolucionária da Gestalt-terapia sobre agressividade e conflito. A parte

[1] Veremos, no exemplo clínico a seguir, que o paciente não pretende destruir o psicoterapeuta, mas emergir com sua própria energia e individualidade.

[2] Ed Nevis (2003, p. 293) relata: "O que mais me lembro de meus primeiros estudos com Fritz Perls, Laura Perls e Isadore From é a maneira quase implacável com que eles me levaram a olhar para minhas objeções ao considerar um pensamento, uma ação ou um *insight*. Fritz não parava de perguntar: "E quais são suas objeções...?"; "E quais são suas objeções...?"; e assim por diante. Não foi exigido que eu mudasse minha atitude ou comportamento, mas era imperativo que eu alcançasse uma *awareness* enriquecida do potencial de ser diferente, se assim o desejasse".

[3] Veja a p. 43, nota 3.

crucial disso é a fé na intencionalidade de contato dos indivíduos, no desejo de cada ser humano de ser visto e reconhecido pela contribuição positiva que quer dar no conflito com sua presença plena e espontânea e, sobretudo, na convicção de que isso implica uma autorregulação das relações sociais. A comunidade social deve, portanto, aceitar a incerteza que deriva dessa confiança: a regulação do grupo é de fato autógena, não requer um controle do bem e do mal com regras impostas de fora.

O bem é a confiança na natureza humana.

Essa perspectiva é profundamente ética (ver Capítulo 10) e provavelmente não pode ser mantida no ponto de vista do poder político. Ela desafiou a sociedade nos anos da "*new age*" (o *slogan* dos discípulos da Gestalt nos anos 70 era "A Gestalt é um modo de ser, não apenas uma psicoterapia") e seguiu perfeitamente os passos da sociedade narcisista, que buscava apoio para a autonomia individual (ver Introdução).

Hoje, essa perspectiva de agressividade e conflito continua a desafiar a sociedade em um duplo sentido. Por um lado, a sociedade contemporânea está familiarizada com o sentimento de incerteza que deriva da falta de pontos de referência estáveis e, portanto, está mais disposta a aceitar a ideia de autorregulação: em uma sociedade em que não há mais certeza sobre qualquer coisa, na qual até o respeitável vizinho do lado possa vir a ser um terrorista, ou o ar que respiramos possa ser envenenado, a autorregulação é a forma que pode ser tomada pela necessidade de acreditar em algo positivo.

Por outro lado, o sentimento de agressividade não tem mais a estrutura emocional que tinha há 60 anos: o sentimento social, na verdade, parece estar desvinculado do conflito, que é seu contexto relacional. As pessoas são agressivas sem motivo. A agressividade é sentida sem a percepção de um fundo experiencial que possa contê-la e dar-lhe direção. Ela tornou-se perigosa justamente porque não se sustenta no sentido da relação em que pertence: pode-se matar em qualquer idade e por qualquer motivo fútil (ou sem motivo).

Como veremos melhor adiante neste capítulo, os jovens de hoje, quando são agressivos, parecem bravos com o mundo (entendido em termos indiferenciados), têm uma perturbação Psicofísica típica de quem não é nutrido, contido, acalmado pelos braços de quem o ama.

A energia negativa desencadeada em seus corpos sem ser ouvida, sem ser vista, galopa sem freio e atinge alguém ao acaso, na esperança oculta de ser detida (Spagnuolo Lobb, 2009c). Como a falta de contenção relacional não permitiu a diferenciação do *self* no crescimento dos jovens, agora, como consequência, eles se comportam de maneira confluente: atirar ou matar é pouco sutil, não faz distinções, atinge a massa, no nevoeiro de uma percepção confluente.

Esses jovens devem ser providos de braços fortes para conter e aliviar o terrível estresse que sentem por terem de viver sem o outro acolhedor, em uma solidão agonizante na qual tudo é uma exigência de desempenho; braços que podem fazê-los descansar e concentrar-se nas emoções, na direção da excitação que sentem, a fim de finalmente identificar "quem sou eu e o que quero de você".

3. Trabalhando o Conflito no Contato Terapêutico: um Exemplo Clínico

Gostaria agora de dar um exemplo paradigmático do trabalho gestáltico clássico com agressividade e conflito. Mais adiante apresentarei uma proposta de intervenção clínica com casos mais problemáticos de agressividade descontextualizada, típicos da sociedade "líquida".

C. *Eu sei que tenho que escolher se vou passar a noite com minha namorada ou com meus amigos...* (sua respiração fica tensa e ele não olha para a psicoterapeuta).

P. *O que você sente agora?*

C. *Raiva.*

P. *Você pode olhar para mim?*

C. (olha para a psicoterapeuta)

P. *O que você sente?*

C. (continua olhando para a psicoterapeuta, respira fundo, então) *Quando eu olho para você minha raiva cresce. Isso me assusta…*

P. *O que você acha?*

C. *Por um lado, eu acho que – como todo mundo – você espera que eu escolha. Por outro, acho que você poderia me entender...*

P. *E o que você sente no seu corpo?*

C. *Se olho para você, sinto uma raiva crescendo em mim...*

P. *Onde, em que parte do seu corpo você sente raiva?*

C. *No peito e um pouco nas pernas.*

P. *Vamos levantar.*

(Eles ficam de frente um para o outro).

P. *Firme os pés no chão, respire fundo e sinta sua pélvis... olhe para mim e deixe sua raiva mover seu corpo.*

C. (Respira, concentra-se, olha para a psicoterapeuta, então...) *Eu gostaria de bater os pés...*

P. *Faça isso... e acrescente palavras para mim.*

C. (Bate os pés, primeiro devagar, depois cada vez mais rápido em seu movimento, que se torna rítmico, intenso, olha intensamente para a psicoterapeuta, respira e...) *Não quero que você decida por mim... não quero que ninguém decida por mim... eu quero ser quem escolhe a minha vida... eu quero ser quem escolhe o que fazer.*

O movimento rítmico está em completa harmonia com o aumento da raiva e com a confiança sentida pelo cliente de que essa raiva pode ser aceita pela psicoterapeuta. Esta, com seu olhar e sua própria respiração, em sintonia com ele, apoia esse desenvolvimento da experiência física e relacional do cliente. Quando a onda da experiência se acalma, o cliente parece exausto, mas inteiro.

P. *O que você sente agora, em seu corpo e em relação a mim?*

C. *Eu me sinto mais... meu corpo é parte de mim agora... em relação a você eu sinto... paz... e agradeço por estar comigo.*

O rosto do cliente fica mais luminoso e seu corpo mais harmonioso. O espaço entre psicoterapeuta e cliente está mais claro e a respiração está mais fácil.

A solução criativa só é alcançada depois de superar as divergências e é sempre uma solução nova e inesperada.

4. Da Necessidade de Agressão à Necessidade de Enraizamento: uma Nova Perspectiva Clínica e Social do Conflito

Voltando aos problemas da agressividade na sociedade contemporânea, as análises psicossociais hoje revelam uma mudança nas capacidades relacionais. Conforme descrito na Introdução, após o que foi chamado de "sociedade narcísica" (décadas de 1970-1980) (Lasch, 1978), que mais tarde se desenvolveu no que alguns definiram como "sociedade borderline" e outros "tecnológica" (décadas de 1980-2000) (Galimberti, 1999), hoje o termo utilizado é "sociedade líquida" (Bauman, 2000), caracterizada pela falta de suporte relacional e consequente falta de autossuporte. Esse desdobramento nas necessidades sociais influencia tanto a percepção das pessoas em geral quanto a experiência individual do conflito.

Há algumas décadas, no período de maior difusão da Gestalt-terapia (décadas de 1960-1970), o sentimento de agressividade estava ligado à realização pessoal e associado à capacidade de independência de figuras autoritárias. Hoje, a agressividade é percebida por indivíduos com certa "liquidez", sem o suporte necessário para tornar sua expressão funcional em contato: o que falta é o fundo de certezas consideradas garantidas que derivam de contatos assimilados anteriores. Por esta razão, o ato de deliberar (identificar-se ou alienar-se de partes do ambiente, *função ego* do *self*) não pode ser claramente definido contra o fundo experiencial (*função id* e *função personalidade* do *self*) (ver Capítulo 2).

O sentimento social torna-se cada vez mais "líquido": pode assumir muitas formas e, ao mesmo tempo, não tem contenção nem estrutura. As crianças na escola, por exemplo, não conseguem ficar paradas, precisam se movimentar continuamente, não estão acostumadas/não são criadas para se concentrar e respirar: sua respiração não tem contenção, falta a experiência de um corpo inteiro que contenha as emoções.

Esse sistema experiencial parece não dar lugar a uma antropologia positiva de autorregulação. É difícil falar hoje em agressividade positiva. Qualquer coisa pode ser feita no instante da agressividade, até mesmo matar. O século XXI está repleto de atos de violência por parte de jovens adolescentes, muitas vezes de famílias que parecem acima de qualquer suspeita. A título de exemplo, cito o caso de Erika e Omar que, após matarem ferozmente a mãe e o irmão mais novo de Erika, saíram para tomar uma cerveja[4], ou o caso de Lorena, a jovem siciliana de 14 anos assassinada com fria brutalidade por três jovens da mesma idade com quem ela havia iniciado um jogo sexual adolescente (ver Spagnuolo Lobb, 2008d), ou Kim, o menino alemão que, em um momento de loucura, usou as armas de seu pai para matar quinze jovens inocentes, ex-colegas de escola e um transeunte (ver Spagnuolo Lobb, 2009c). Podemos relatar muitos episódios semelhantes, nos quais, diante da pergunta "Por que você fez isso?", os jovens muitas vezes respondem "Eu não sei".

Parece, então, que a agressividade é vivida sem conflito, uma agressividade desenfreada, sem intencionalidade relacional.

4.1. A Negação Social da Necessidade de Enraizamento

A sociedade ocidental passou da *negação da agressividade* para a *negação da necessidade de enraizamento*. Na era moderna, o idealismo e a religião foram os dois grandes sistemas de eliminação da oposição e da crítica individual (ver Galimberti, 2006a, mas também o próprio Perls; Perls; Hefferline; Goodman, 1997).

Se esse nivelamento da diferença individual respondeu à estratégia social e cultural de negação da agressividade, um nivelamento paralelo realizado pela sociedade contemporânea pode ser identificado na negação da necessidade de enraizamento das pessoas. Refiro-me ao afastamento da comunicação de massa e do empenho legislativo na necessidade de trabalho dos jovens: a maioria deles está apenas temporariamente empregada ou está sem trabalho; mais uma vez, a necessidade dos imigrantes de encontrar um lugar para viver, a necessidade de boas relações primárias para as crianças, as quais,

[4] Sobre isso, veja a opinião de Umberto Galimberti sobre o estado anestesiado dos jovens (SPAGNUOLO LOBB, 2010a).

muitas vezes, sofrem com a ausência física ou relacional dos seus pais (que estão longe de casa ou distraídos), independentemente de serem separados ou não. Não creio que estejamos suficientemente conscientes (nem fomos ajudados a perceber isso) de até que ponto as crianças, desde o nascimento, vivem em condição de abandono afetivo, do quão raro pais e filhos têm relacionamento físico próximo 24 horas por dia, o que deveria ser normal pelo menos no primeiro ano de vida. As crianças de hoje crescem adaptando-se à ausência de cuidadores, desenvolvendo ansiedade em relação à contenção de suas emoções e acostumadas a não compartilhá-las (o outro não está lá ou está sempre ocupado ou pode ser um pedófilo cujas intenções são malignas).

Essa condição não melhora com o passar dos anos: de fato, a sociedade se mostra cada vez mais exigente e falsamente acolhedora. A escola exige capacidade de concentração e dedicação ao estudo; entrar em uma universidade, às vezes, é uma aposta; o trabalho, quando se encontra um, exige sacrifícios notáveis e oferece poucas garantias. As relações afetivas, nessas condições de estresse, são um extra opcional nem sempre relaxante ou um nicho para descansar e dormir (em vez de um exercício da criatividade relacional).

A condição experiencial dos jovens de hoje é a de ter que se orientar muito rapidamente em um mundo complexo, no qual os educadores – pais e professores – sabem menos do que aqueles que estão educando (Spagnuolo Lobb, 2011a): pense no mundo da internet e daquelas relações de trabalho que se baseiam em valores muito diferentes dos de vinte anos atrás. Os jovens têm que encontrar seu caminho sem uma percepção clara de para onde estão indo, do equilíbrio entre eles e o ambiente, e precisam fazer isso rapidamente: o videogame avança sem parar e não espera por ninguém. Eles aprendem a enfrentar essa emergência por meio de tentativa e erro, e não podem perder tempo entre uma partida e outra. Às vezes, eles nem sabem se ganharam ou perderam os "jogos" que estão jogando. Não podem relaxar, não há fase de orientação em suas vidas: muitas emergências, pouco tempo e nenhum adulto que saiba mais do que eles.

Os clientes de hoje também são "líquidos": sofrem de distúrbios que têm a ver com a falta de um fundo de experiências dadas como certas: ataques de pânico, estresse pós-traumático, distúrbios alimentares, psicopatias graves (ver Francesetti, 2007). Sua experiência é caracterizada pela falta de suporte relacional e, consequentemente, falta de autossuporte.

Em suma, se há 50 anos a sociedade mostrava insensibilidade à necessidade de diferenciação e rebeldia contra a autoridade preestabelecida dos indivíduos, hoje mostra insensibilidade à necessidade de enraizamento dos indivíduos.

4.2. A Cocriação do Fundo como Enraizamento

O que está faltando em nossa sociedade é a capacidade de estar em uma relação a partir da contenção do caos inicial, o que permitiria aos indivíduos experimentar aquela sensação de segurança tida como garantida que vem da presença "óbvia" do outro significativo e da qual pode emergir a diferenciação do *self*. Falta o fundo relacional sobre o qual a experiência da novidade pode se apoiar. A experiência da emoção agressiva precisa ser sustentada por um fundo relacional, de modo que possa levar ao contato com o outro, e não à sua destruição indiscriminada. Sem a sensação de solidez do fundo, a figura não pode ser formada com clareza.

Voltando à experiência de um conflito sadio, os jovens devem ser capazes de vivenciar sua *ad-gressing* com a força que advém de sentir-se (fisiológica e psicologicamente) enraizado na terra, e de um senso de si mesmo harmonioso e espontâneo.

Um exemplo pode ser fazer com que as crianças do ensino fundamental comecem o dia com um exercício de relaxamento corporal, e não com uma tarefa, à qual reagem imediatamente com distração e hiperatividade. Essa experiência básica permitiria que as crianças estivessem na sala de aula com um senso de si mais delimitado. Outro exemplo no mundo do trabalho poderia ser começar o dia na fábrica com um momento de reunião, no qual quem quisesse poderia dizer ao grupo de colegas quais sensações corporais e emoções relacionais ele/ela tem no início do dia de trabalho. E assim por diante: todas as agências de socialização e de trabalho devem dar suporte para essa necessidade de enraizamento.

5. O Conflito na Relação Terapêutica Hoje: do Suporte da Figura para o Suporte do Fundo

A relação terapêutica, como qualquer outra, deve enfrentar esse sentimento de emergência, contendo o caos que caracteriza o início de cada experiência. Além disso, ela deve basear-se em aspectos processuais e estéticos, definidos em outras obras como aspectos narrativos implícitos (Spagnuolo Lobb, 2006b; Stern, 2006) capazes de construir o fundo de certezas adquiridas, no qual a figura pode, então, emergir com clareza diferenciada e força relacional, com aquele encanto que caracteriza a harmonia dos opostos na dinâmica figura/fundo. Sem a sensação de solidez que vem da terra, do chão, é impossível encontrar direção nas relações – sobretudo naquelas difíceis – com clareza e com a segurança que a aceitação do diferente (a novidade) exige.

O sentimento de agressividade, a força positiva de sobrevivência que F. Perls (1942) indicou como o que a sociedade precisava reconhecer para sustentar o poder criativo de cada indivíduo e resolver o problema da gestão dos conflitos sociais, pessoais e grupais, tem que ser repensado hoje em termos da falta de fundo na experiência do contato.

O problema clínico não é mais o de amparar a agressividade no contato, mas o de dar suporte à relação para que o sentimento de agressividade encontre uma contenção relacional sólida a fim de se orientar no contato. A relação terapêutica deve, portanto, proporcionar não tanto a coragem de quebrar regras autoritárias preestabelecidas, mas a sensação de segurança na relação e no outro, que permita uma clara percepção/diferenciação da figura e uma clara capacidade de decisão, como uma cocriação consciente sustentada pela curiosidade em relação ao outro.

A escuta, estratégia normalmente proposta para a resolução de conflitos, deve ser sustentada hoje pela escuta do próprio corpo por uma espécie de sensação – como aquela de enraizamento, a experiência de estar ali de maneira delimitada, poderosa – que, se há algumas décadas era dada como certa, hoje deu lugar à experiência da "liquidez". Torna-se ainda mais importante, atualmente, apoiar tudo o que permite manter-se concentrado em si mesmo em contatos significativos.

6. Exemplos Clínicos de Suporte do Fundo no Caso de Experiência de Agressão

Por meio de diálogos clínicos, nesta seção, darei exemplos do que, na Gestalt-terapia, pode ser entendido como suporte do fundo relacional.

Em todo caso, também é preciso, primeiro, esclarecer o que se entende na Gestalt-terapia por "fundo". Aqui está uma definição retirada do *Dicionário Internacional de Psicoterapia* (Spagnuolo Lobb, impresso):

Na psicologia da Gestalt[5] e na Gestalt-terapia[6], falamos de dinâmica figura/fundo querendo dizer com isso a emergência flexível do interesse a partir das possibilidades perceptivas da experiência. O fundo é aquilo com o qual a figura se relaciona para poder emergir, é a condição perceptiva que permite o predomínio da figura. Para ambas as escolas de pensamento, a dinâmica figura/fundo não constitui um retorno à dicotomia consciente/inconsciente. O inconsciente foi removido, enquanto o fundo é definido como aquilo que foi assimilado, possivelmente esquecido. É o sistema de apoio necessário para a criação de novas percepções (para a psicologia da Gestalt) ou de novos contatos (para a Gestalt-terapia)[7]. [...]

A Gestalt-terapia considera dois tipos de fundo: o fundo dos contatos tidos como certos, estabelecidos pelos aprendizados psicocorporais, que contribuem para a sensação de segurança; esse sistema de apoio foi descrito por Laura Perls[8] como aquele que "vem da fisiologia primária livre e implica assimilação e integração da experiência". Um exemplo é permanecermos sentados em uma cadeira, presumindo que a cadeira nos apoiará. Quando esse tipo de fundo é desafiado, experimenta-se uma profunda angústia existencial ou psicótica[9]. O outro tipo é o

[5] Veja WERTHEIMER (1945) e SPAGNUOLO LOBB (2008a).

[6] Veja Perls, Hefferline e Goodman (2002) e SPAGNUOLO LOBB (2007c).

[7] Veja ROBINE (1977).

[8] Veja PERLS L. (1989).

[9] Veja FRANCESETTI (2007); SPAGNUOLO LOBB (1997; 2001d; 2002b; 2002c; 2003a; 2005d).

fundo da experiência atual, que contrasta com a figura e permite que ela emerja com claridade.

Ao considerar o sentimento de agressividade na relação terapêutica, partimos de um "diagnóstico" do fundo de onde ele emerge. Quanto mais considerarmos que é o fundo dos contatos dados como certos que está perturbado, mais nossa intervenção visará construir a segurança do fundo, sobretudo por meio de aspectos implícitos da relação terapêutica (a calma na respiração do psicoterapeuta, a aceitação além das provocações do cliente, etc.). O fundo, o contexto experiencial do cliente, é também, porém, a definição dos dados percebidos com os quais o cliente toma seu lugar no contato com o psicoterapeuta (o segundo tipo de fundo), e que de alguma forma é "alimentado" pelo psicoterapeuta – como já pudemos ver em outras partes deste livro.

Essa percepção do contato pode ser descrita como uma modalidade introjetiva, projetiva, retroflexiva ou confluente (ver Perls; Hefferline; Goodman, 1997; Spagnuolo Lobb, 1992). Nos diálogos que se seguem, considerarei uma série de "padrões de contato", querendo dizer por este termo o fundo experiencial mantido no contato entre psicoterapeuta e cliente. Para cada padrão, identificarei o objetivo que o "suporte do fundo", por parte do psicoterapeuta, deve visar para que o contato possa ocorrer de forma espontânea, e o sentimento de agressividade do cliente encontre uma colocação específica e, portanto, uma energia e direção relacional, no conflito vivenciado no *aqui-agora* do contato com o psicoterapeuta.

6.1. Exemplo de Agressão Experienciada no Padrão de Contato Introjetivo

Objetivo: dar suporte à presença significativa.

C. *Não sei se as coisas que lhe disse da última vez foram úteis.* (Olha para a psicoterapeuta com incerteza e intensidade contida.)

P. *Você acha que eu não as levei em conta?*

C. *Você é muito inteligente e entende um monte de coisas, não sei se o que lhe digo é útil.*

P. *Como nosso relacionamento mudaria se eu as levasse em conta? E como você mudaria comigo?*

C. *Eu me sentiria mais segura, mais adulta.*

P. *Te dá raiva não ser levada em conta: é como se você tivesse que conter sua energia dentro de você e não pudesse se expandir.*

C. (suspira) *Sim, e não entendo por que tenho que esperar sua permissão ou de outra pessoa para me expandir!*

P. *Isso te irrita ainda mais: é como se enganar com as próprias mãos.*

C. (Chora) *Você está vendo? Eu não suporto chorar quando estou com raiva!*

P. *Seu choro me comove. Eu sinto você muito presente agora, com seu desejo de se expandir, de ser significativa, e seu sofrimento por não conseguir isso. Tente me dizer, mesmo que continue chorando: "M., sou importante para você".*

A psicoterapeuta sustenta a presença real da cliente na relação que, no padrão introjetivo, é menosprezada por ambas as partes na relação.

C. (Olha para a psicoterapeuta, suspira, seus olhos recuperam a intensidade original) *M., quero ser importante para você! Posso ser e quero ser, aliás já sou.* (Sorri, satisfeita)

6.2. Exemplo de Agressão Experienciada no Padrão de Contato Projetivo

Objetivo: dar suporte à energia.

C. *Você mora muito longe da minha casa!* (Respira livremente, mas cora quando diz essas palavras).

(Em outras palavras: a culpa é sua se não posso vir com mais frequência e, portanto, não posso estar com você tanto quanto gostaria. Minha realidade é estruturada por você. Sou forte, sinto minha energia, mas usá-la depende de você, de quanto espaço você me deixa.)

P. *Às vezes, você gostaria de me ver e fica brava com o fato de eu morar muito longe de você. Já aconteceu de você conseguir fazer algo que você quis só porque estava com raiva? Seria interessante usar sua raiva para atingir seus objetivos.*

C. *Me parece uma espécie de truque: é você quem mora longe! Mas eu poderia gostar de conseguir fazer algo que quero fazer de qualquer maneira. Eu me sentiria mais independente de você, mais forte e mais segura.*

P. *Certo, então sua raiva é útil para conseguir o que você quer.*

A cliente relaxa, fica com o rosto rosado, parece muito feliz por poder fazer o que deseja sem depender da psicoterapeuta.

6.3. Exemplo de Agressão Experienciada no Padrão de Contato Retroflexivo

Objetivo: dar suporte ao compartilhamento.

C. (Silêncio, constrangimento, respiração ofegante, não olha a psicoterapeuta nos olhos. Parece não querer "se sujar" de raiva) *...não sei se posso te dizer coisas...*

P. *Me diga.*

C. *Não sei se você aguenta...*

P. *Imagino que sejam coisas bastante desagradáveis para mim... mas será prazeroso para você dizê-las para mim!*

C. *Se você prometer não ficar com raiva, eu te conto.*

P. *Não posso prometer o que não sei, mas você pode se relacionar comigo mesmo que eu tenha uma reação da qual você não goste. Acho que você é forte o suficiente para suportar uma reação desagradável minha.*

C. *Então, sou eu que não fico na relação nesses casos, não é você que vai embora.*

P. *Posso ter uma reação negativa, mas não vou embora. Somos duas pessoas fortes: podemos enfrentar a tempestade em nosso relacionamento.*

C. *Tudo bem, posso te contar as coisas desagradáveis que sinto, aceitar o risco de te perder e ter fé que você não vai embora.*

O cliente aceita o risco de compartilhar, parece revitalizado, mas não relaxado, no entanto aceita a possibilidade de que a psicoterapeuta possa contê-lo.

6.4. Exemplo de Agressão Experienciada no Padrão de Contato Confluente

Objetivo: apoiar o sentimento.

Por definição, o contato confluente é baseado em uma dessensibilização da fronteira de contato e, portanto, é caracterizado precisamente pela falta, acima de tudo, de energia agressiva. Este pode ser um diálogo típico:

P. *Me desculpe por ter feito você esperar 15 minutos hoje. Tem sido um daqueles dias em que os atrasos se acumulam um em cima do outro.*

C. *Não se preocupe. Eu nem percebi que você estava atrasada.*

P. *Como você não percebeu?*

C. *Achei que você tinha muitas coisas para fazer... como sempre.*

P. *Sim, mas fui eu que marquei o horário da sessão e depois não o respeitei.*

C. *Eu sei. Você está sempre tão ocupada!*

P. *O que você sentiu nos 15 minutos que se passaram desde o momento em que eu deveria ter recebido você até o momento em que o chamei? E o que você sentiu quando se sentou aqui na minha frente?*

C. (suspira, depois, timidamente, com voz abafada) ... *Acho que raiva...* (olha para mim, vê que estou calma)... *Sim, fiquei com raiva* (com voz fraca) *e pensei que você me trata assim, porque eu sou uma pessoa gentil.*

P. *Obrigada por ser tão gentil comigo, e eu aprecio você me dizer que está com raiva. Naqueles 15 minutos, resolvi dar prioridade a outra coisa e não a você. Eu coloquei uma outra coisa diferente entre você e eu. Você viu corretamente, e eu acho que você não deve parar seus sentidos de ver ou de ouvir o que você sente. Seu sentimento diferente, sua raiva, me ajuda a te ver melhor.*

O cliente parece agradavelmente atônito e não sabe se deve "voltar a dormir" ou experimentar a delicadeza do contato proposto pela psicoterapeuta.

7. Conclusão

Já vi uma mãe fingindo chorar, dizendo "Ah, menino mau, você faz sua mamãe chorar!", para seu filho de dois anos que, zangado com ela porque não o deixava continuar brincando, tentava esbofeteá-la com suas mãozinhas; ou um pai da sociedade "respeitável" repreendendo duramente seu filho de 12 anos, porque em uma festa ele pegou um sorvete de uma bandeja sem perceber que uma senhora idosa se dirigia para a bandeja no mesmo momento, sem dar preferência a ela.

Já vi mães tão solícitas em cuidar de seus filhos que não os deixavam resolver seus próprios problemas de forma independente. Já vi pais intervirem no conflito entre irmãos, estabelecendo regras na esperança de resolver a situação, mas na verdade bloqueando-a. Infelizmente, por fim, vi pais que deixam seus filhos trancados em seus quartos, sem saber com que parte do mundo estão conversando, vi sua fé cega de que seu filho fará coisas boas e sua cegueira para a crescente depressão vital de seu filho. Já vi crianças olharem para os pais com afeto e necessidade de contato físico, mas estes pais estavam constantemente preocupados com o horário da natação, com seu desempenho na escola ou com o que deveriam comer no jantar.

Todos esses exemplos, de alguma forma, aparecem em nosso consultório de psicoterapia, onde nossos clientes tentam acabar esse movimento *ad-gressive* em seu relacionamento conosco. Sempre digo que nós, psicoterapeutas, temos a melhor parte da relação entre pais e filhos, pois estamos livres do envolvimento emocional que tem dessensibilizado os pais diante das necessidades dos filhos. Gosto de ver a energia de diferenciação que surge no contato dos clientes comigo, seu desejo de estar-aí plenamente.

Olho com ternura, tanto para os clientes quanto para seus pais, em suas tentativas abortadas de dar sua contribuição em situações difíceis e tento conscientizá-los (ambos) de quão heroicos eles foram. Sei que nesta tarefa de desenvolver a *awareness* e a diferenciação que cada psicoterapeuta realiza, dar suporte à capacidade de *ad-gredere* e passar por um conflito implicam um importante valor social e, de alguma forma, um valor político da psicoterapia.

Neste momento, seja qual for a abordagem a que se refira, o psicoterapeuta cumpre uma missão social e política ao trabalhar para que os indivíduos possam se reapropriar da vitalidade inspirada, da fé divergente e das paixões enraizadas, superando o atual impasse feito de violência sem razão e de um vazio de valores que parte de uma fisiologia experienciada sem contenção.

O Amor na Psicoterapia Da Morte do Édipo à Emergência do Campo Situacional[1]

6

1. Introdução

Embora a sexualidade tenha sido amplamente estudada na psicoterapia como uma questão de relacionamento e suas normas éticas definidas, o amor é um conceito que (embora tido como certo) se mostra difícil de definir, tanto para o psicoterapeuta quanto para o cliente. Eu estruturo este capítulo a partir da definição do amor do psicoterapeuta e, em seguida, do amor do cliente, posteriormente colocando esses sentimentos dentro da estrutura de referência da fronteira de contato cocriada em uma determinada situação.

Em seguida, explico como a perspectiva da fronteira de contato implica em ir além do pilar psicodinâmico conceitual do complexo de Édipo.

Concluindo em sintonia com a epistemologia gestáltica, introduzo o conceito de campo triádico como marco epistemológico para as experiências de amor e de sexualidade em psicoterapia.

2. O Amor do Psicoterapeuta

O que sentimos pelos nossos clientes é amor? Os clientes costumam perguntar: "Você me ama?" Eles acham difícil acreditar –

[1] Palestra apresentada no congresso anual DVG, Berlim, 17 a 20 de maio de 2007. Uma versão semelhante a este capítulo foi publicada em italiano na revista *Idee in Psicoterapia* (SPAGNUOLO LOBB, 2008c) e em inglês nas revistas: *Gestalt Review* e *International Journal of Psychotherapy* (SPAGNUOLO LOBB, 2009f; 2009g).

especialmente nas fases iniciais da terapia, quando ainda estão surpresos com o que o psicoterapeuta é capaz de ver neles – que o profissional a quem recorreram e a quem estão pagando possa realmente amá-los. Eles temem que o suporte dado pelo psicoterapeuta aos seus aspectos positivos (nos quais realmente se reconhecem profundamente) seja uma técnica, um truque do ofício, e não um sentimento genuíno. O resultado é que nossa profissão, às vezes, é vista como uma espécie de prostituição: "Tenho que pagar para ser amado?", o cliente se pergunta. Podemos distinguir entre dois tipos de amor que o psicoterapeuta pode ter pelo cliente: um deles ligado ao papel e outro que brota espontaneamente da situação.

O amor vinculado ao papel do psicoterapeuta é um amor "institucional": o psicoterapeuta está cuidando do cliente. Mas até que ponto é possível chamar esse cuidado de "amor"? A resposta está na definição que damos da nossa profissão: é uma técnica ou uma arte?

Como Gestalt-terapeutas, respondemos sem sombra de dúvida que nossa profissão é uma arte e que, portanto, o envolvimento emocional é *parte intrínseca* do método de trabalho. O envolvimento do psicoterapeuta é *real*, seus sentimentos em relação ao cliente são genuínos e é nessa concretude que se baseia nosso método de trabalho. Mas esse envolvimento do psicoterapeuta pode ser chamado de amor? A meu ver, a resposta mais fascinante a essa pergunta foi dada por Erving Polster (1987) em seu livro *Every Person's Life is Worth a Novel*, quando definiu a atitude do psicoterapeuta como uma busca pelo fascínio oculto do cliente; o interesse e a curiosidade do psicoterapeuta em relação a esse fascínio oculto revitalizam a capacidade do cliente de ser interessado/interessante.

A saúde, para nós, é vitalidade espontânea, enquanto a neurose é a dessensibilização da fronteira de contato, o aquietar dos sentidos que nos deixa entediados e entediantes. Polster adota uma linguagem que desenvolve de alguma forma a de Goodman: ele traduz, em termos de fascínio/interesse/atração estética, o conceito de vitalidade e a espontaneidade do contato entre organismo e ambiente, mantendo a referência hermenêutica ao conceito de novidade, excitação e crescimento da personalidade humana a partir do texto fundador (Perls; Hefferline; Goodman, 1997).

Isso, para nós, Gestalt-terapeutas, é uma boa maneira de definir o amor do psicoterapeuta: a tarefa da intuição terapêutica e do "amor" é redescobrir o fascínio que o cliente escondeu. Podemos dizer que a neurose é consequência da falta de luz amorosa projetada pelo outro significativo. O amor curador é uma espécie de holofote que ilumina a beleza do outro, uma luz que torna visível, na relação, a vitalidade harmônica inerente à integridade com a qual o outro está na relação, a intencionalidade de contato com que o outro se oferece para se ajustar à situação com toda a sua criatividade e singularidade.

Quando o psicoterapeuta se pergunta: "O que realmente me atrai neste cliente?", ele está direcionando o foco de seu amor terapêutico, de forma que o cliente possa despertar, ao se olhar sob essa luz, o sentido de sua própria beleza, o que implica a espontaneidade do seu *ser-aí* (Spagnuolo Lobb, 2003b).

2.1. A Ética do Amor Terapêutico

A curiosidade do psicoterapeuta pelo fascínio que o outro apagou em si coloca o amor terapêutico dentro dos limites éticos do papel do trabalho terapêutico: a estética é nossa ética (Bloom, 2003). Ao falar de "beleza" e "fascínio", fazemos referência aos cânones estéticos, aqueles ligados à experiência sensorial (Bloom, 2005).

Algumas décadas atrás, o amor do psicoterapeuta pelo cliente registrava certa confusão na aplicação daquela igualdade humana entre psicoterapeuta e cliente sustentada pelas psicoterapias humanistas. A ânsia de ir além da mentalidade autoritária implícita no conceito de trabalho terapêutico, então vigente (e na psicanálise com o método interpretativo), levou muitos psicoterapeutas humanistas a abandonar o tabu do incesto, que viam como regra imposta por um sistema autoritário. A proibição das relações sexuais na psicoterapia foi confundida com uma regra que poderia ser quebrada diante de uma emoção diferente. O problema, claro, era que quem decidiu quebrar essa regra – ou qualquer outra – ainda era o psicoterapeuta, que assim se tornava autoritário, distorcendo a demanda do cliente.

O fato é que o cliente inicia a psicoterapia para ser tratado, e não para encontrar um parceiro. Naquela época, a psicoterapia às vezes era até identificada, tanto pelo psicoterapeuta quanto pelo cliente, com uma ostentação narcísica: o cliente poderia ser "o escolhido do pai"[2], enquanto o psicoterapeuta poderia decidir não optar por uma regra ética *soberana*, assumindo a responsabilidade de se garantir na relação terapêutica, embora nela envolvida[3]. Se a lamentada observância de uma regra imposta criava uma cisão entre o sentimento espontâneo do psicoterapeuta e do cliente, e um "dever-ser" ligado ao papel de cada um, a rejeição absoluta das regras na relação terapêutica levava a uma anarquia confusa, cujas vítimas foram os clientes abusados e a imagem do trabalho terapêutico. A profissionalização da psicoterapia na Europa nas décadas de 1980 e 1990 – com a aceitação geral de um código de ética – chamou a atenção para o respeito ético à demanda do cliente, e a possível utilização da sexualidade na psicoterapia foi clara e definitivamente proibida na relação psicoterapêutica. A prática da Gestalt-terapia acompanhou essa evolução para grande benefício dos clientes e da própria abordagem.

Dito isso, esta pergunta deve ser respondida: "Qual é a maneira específica pela qual a Gestalt-terapia considera os sentimentos sexuais e os sentimentos de amor?" Colocamos esses sentimentos na fronteira do contato, vendo-os como funcionais para a relação e para o campo situacional que cliente e psicoterapeuta criam. Esse aspecto será tratado com mais detalhes a seguir.

3. O Amor do Cliente

O amor do cliente obviamente não pode ser contestado: é a forma que assume o *compromisso* nas diversas situações terapêuticas. O cliente

[2] Não estou entrando aqui na questão de distinguir o gênero do psicoterapeuta e do cliente, pois isso pode nos afastar do meu objetivo.

[3] O psicoterapeuta corria o risco de permanecer no seu papel como uma das partes da relação terapêutica mesmo não estando além do envolvimento pessoal (mas ele não era "soberano", isto é, não era superior). Ele sentia-se envolvido com o cliente e acreditava que poderia gerir tanto o cuidado terapêutico quanto o seu envolvimento pessoal com o cliente. (Nota da Autora)

oferece ao psicoterapeuta o código de acesso a uma história íntima, com uma intencionalidade de contato que implica completar *gestalten* abertas com o outro, autorrealização integral com o outro. Nesse sentido, podemos falar também do "aspecto institucional" do amor do cliente: é o fato de ser cliente, de se colocar nas mãos do psicoterapeuta que faz surgir o vínculo amoroso. Confiar a si mesmo ou não na relação terapêutica – e, consequentemente, ceder aos sentimentos de amor e de conexão – também pode ser usado pelo psicoterapeuta como ferramenta diagnóstica: confiança excessiva ou relutância em confiar certamente dão ao psicoterapeuta uma referência para reconhecimento dos padrões relacionais habituais do cliente. O objetivo da relação terapêutica é que psicoterapeuta e cliente encontrem uma forma de estar em sua fronteira de contato que possibilite o *compromisso* e, ao mesmo tempo, a independência de ambos: o encontro como um *eu* com um *tu*.

Até aqui, nossa abordagem não é muito diferente dos demais modelos psicoterapêuticos. O que nos marca é o conceito de desdobramento do *self* na fronteira de contato, ou seja, a ideia de que toda emoção que o cliente sente pelo psicoterapeuta não é meramente uma repetição, uma transferência, uma projeção na tela do psicoterapeuta de emoções vivenciadas em relacionamentos anteriores, mas uma resposta específica, adequadamente modulada para aquele psicoterapeuta dentro do quadro de referência dos padrões relacionais que o cliente pretende modificar.

Suponhamos que, no decorrer da psicoterapia, um cliente que habitualmente tem um *comprometimento* excessivo (o qual podemos identificar, por exemplo, com um padrão relacional histérico) permita que emerja a espontaneidade de uma crítica, uma desconstrução de partes do ambiente. O cliente encontrará uma maneira de criticar a situação terapêutica que o psicoterapeuta, em particular, pode aceitar. Por exemplo, com sua capacidade de ser um bom cliente (típico do padrão relacional histérico), ele ancorará sua crítica em algo que o psicoterapeuta disse anteriormente, de modo a evitar uma possível raiva por parte deste. É importante que o psicoterapeuta reconheça essa capacidade "amorosa" do cliente, na medida em que faz parte de seu ajustamento criativo de se moldar à imagem do outro significativo para não o perder. Assim, por exemplo, ele pode dizer: "Fico feliz que você se sinta à vontade comigo o suficiente para fazer uma crítica e, ao mesmo tempo, escolher uma maneira de me dizer isso que parece ser feita sob medida para mim". É da capacidade de se ajustar criativamente à situação atual com esse psicoterapeuta que surge a possibilidade de o cliente modificar um padrão relacional insatisfatório.

4. O Amor na Psicoterapia como um Evento Emergente na Fronteira de Contato

O conceito de espontaneidade nos remete à ocorrência de outro tipo de amor: aquele que brota em certas situações, e não em outras, o qual pode implicar em atração física e, portanto, em sentimentos sexuais. A natureza especial do encontro terapêutico pode envolver o profundo desejo de total intimidade, antigo e novo ao mesmo tempo, tanto no cliente quanto no psicoterapeuta (Salonia, 1987). Sustento que a Gestalt-terapia, com sua hermenêutica da fronteira de contato, pode oferecer uma nova perspectiva ao mundo da psicoterapia.

Para os Gestalt-terapeutas, a percepção (e, portanto, a emoção) do cliente ou do psicoterapeuta é um processo que não ocorre "dentro" do indivíduo, mas como cocriação no espaço "entre", no qual suas experiências são realizadas. A atração que pode ser sentida pelo psicoterapeuta e/ou pelo cliente – como qualquer outro sentimento – tem sentido no padrão relacional que o próprio cliente desencadeia. Por exemplo, o psicoterapeuta, ao sentir-se atraído por um determinado cliente, pode descobrir que este está, por assim dizer, "acostumado" ao amor parental. De fato, esse é o modo pelo qual o cliente "molda" a situação terapêutica, oferecendo ao psicoterapeuta – que responde com sensibilidade – a chave de acesso a uma experiência íntima para que o psicoterapeuta crie as condições para cumprir as intencionalidades de contato que não foram levadas a cabo.

A atração que o psicoterapeuta *aware* sente (ele está presente com todos os seus sentidos na fronteira de contato) é uma resposta sensível e específica ao campo situacional criado por esse cliente em particular.

Tomemos um exemplo. Um psicoterapeuta procura supervisão, porque se sente atraído por uma cliente jovem, boa e inteligente. Eu pergunto a ele: "O que te atrai?" "Seu estilo de ser uma boa moça", diz ele. "Parece que ela realmente quer me fazer feliz, como se ela se importasse comigo. Ela me relaxa." Obviamente, todos nós pensamos que o narcisismo do psicoterapeuta, neste caso, é conivente com a abertura e admiração da cliente por um pai real ou sonhado. Mas esses dois aspectos podem ser o fundo da situação, enquanto a figura é o cumprimento desse tipo de contato, que responde a uma intencionalidade "suspensa" por parte da jovem. É justamente esse amor antigo que pode ser vivenciado pela cliente em uma nova situação.

O desafio para o psicoterapeuta é proporcionar um amor mais claro, mais corajoso, de modo a recolocar o aspecto positivo desse amor em um contexto não manipulativo, e propiciar que a cliente experimente sua espontaneidade no fundo de um relacionamento transparente. Por isso, pergunto a esse psicoterapeuta: "Se você se imaginar dizendo abertamente a essa cliente o que acabou de me contar até aqui, o que acha que aconteceria?" Ele diz: "Eu não sei. Estranhamente, acho que toda a tensão que sinto seria relaxada. Talvez ela me diga que sempre quis que seu pai lhe dissesse algo do tipo. Acho, também, que nesse ponto minha atração sexual se acalmaria: eu entenderia que a carga da atração é realmente determinada por *não* dizer essas coisas. E talvez a cliente finalmente sentisse que foi vista em sua afeição por mim e sua admiração atingiria seu objetivo. Talvez ela pudesse até se tornar mais independente de mim". O psicoterapeuta apreendeu uma intencionalidade de contato que ainda estava incompleta e, ao declarar explicitamente o que o atraiu, daria à cliente a chance de alcançar o contato pleno no aqui e agora em uma situação nova e real. A atração sexual do psicoterapeuta pela cliente – como a do pai pela filha – é uma emoção fora de contexto, mas o fato de acontecer responde, de certa forma, a uma autorregulação da situação.

A atração da cliente pelo psicoterapeuta pode ser compreendida da mesma forma: o fator de cura não será a resposta positiva do psicoterapeuta a essa atração (que, ao contrário, a desorientaria), mas sim o fato de a cliente *se sentir vista e apreciada por ele em sua intencionalidade de contato*. Só isso pode restaurar a espontaneidade do amor da cliente.

Por exemplo, a cliente diz ao psicoterapeuta que sonhou que estava fazendo amor com ele. O psicoterapeuta ouve o que ela está dizendo e como, e então diz: "Estou impressionado com o esforço que você fez para superar sua timidez e constrangimento. Agradeço a confiança que você tem em mim e a coragem com que você encara seu relacionamento comigo". Essa resposta dá à cliente a sensação de ser vista na intencionalidade do contato, não apenas no sentimento de atração, que fica, desse modo, confinado pelo psicoterapeuta ao contexto do tratamento: a cliente tem o direito de expressar as emoções mais perturbadoras, sem que tal expressão leve a uma mudança no cenário que ela escolheu pessoalmente.

A essa altura, somos obrigados a pensar em histórias de amores famosos em psicoterapia, principalmente no caso de Jung e Sabina. É claro que a humanidade das existências envolvidas pode fazer emergir figuras relacionais (como numa relação de amores iguais) situadas fora da relação terapêutica. Porém, creio que essa possibilidade não pode ser avaliada com critérios inerentes à relação terapêutica no momento em que ela é interrompida de forma consciente e clara, e que se inicia uma nova relação amorosa, igualitária. O que me preocupo em enfatizar aqui é que, se esses sentimentos surgem, eles sempre podem ser colocados em um contexto de sentido que pertence à relação terapêutica, e isso nos poupa de soluções confluentes (como passar do contexto terapêutico para o amoroso, mais ou menos clara e explicitamente) ou de soluções rígidas (como interromper a psicoterapia, porque esses sentimentos surgiram). Em outras palavras, a epistemologia gestáltica permite a inclusão da espontaneidade do psicoterapeuta e do cliente no processo terapêutico, mesmo em casos limítrofes como aqueles referentes ao sentimento de amor e à atração sexual.

Do ponto de vista da transferência, a situação terapêutica é, por assim dizer, artificial, e o analista deve permanecer o mais neutro possível para estar lúcido e poder conduzir a análise, tornar consciente o que está inconsciente. Na visão gestáltica, a relação terapêutica é real; nela são colocados em foco os padrões relacionais habituais em busca de uma nova solução e, para encontrá-la, o psicoterapeuta e o cliente jogam com seus verdadeiros sentimentos, mantendo o contexto da situação terapêutica, no qual, de um lado, busca-se o trabalho terapêutico, e do outro, ele é oferecido.

5. O Complexo de Édipo e o Conhecimento Relacional Implícito no *Setting* Psicoterapêutico: uma Superação da Polaridade Id/Ego

Essa hermenêutica fenomenológica, característica da Gestalt-terapia, promove uma revolução radical da afirmação de Freud de que "tudo o que é Id deve se tornar Ego"[4].

No clima cultural em que nasceu a psicanálise, a ideia de tratamento estava ligada a trazer à razão tudo o que fazia parte do distúrbio, e a novidade que Freud oferecia não era tanto a ideia de tornar racional tudo o que não era racional, mas antes, propor um inconsciente, um nível irracional que realmente determinaria o comportamento humano. A afirmação freudiana de que "tudo o que é Id deve se tornar Ego" baseava-se – o que era, então, normal – em uma fé Iluminista na razão. A interpretação como mecanismo de tratamento era sua aplicação metodológica consistente.

No século intermediário, apesar das mudanças culturais pelas quais a psicoterapia passou, a ideia de tornar consciente o que não é consciente geralmente permaneceu como o núcleo central de todas as psicoterapias. Algumas abordagens falam de consciente e de inconsciente, outras de racional e de irracional, outras ainda de consciente e de não consciente; mas, em última análise, o objetivo da psicoterapia permanece para eles o de tornar "dizível" o que é "indizível".

Essa ideia básica foi posta à prova recentemente por diferentes desdobramentos científicos. Pode-se dizer, por exemplo, que algumas novas técnicas utilizadas em psicoterapia, por um lado, desafiaram o conceito de que o cliente precisa dizer e compreender a experiência relacionada ao seu desconforto. Daniel Stern (Stern *et al.*, 1998b) afirma que o conhecimento relacional implícito é o verdadeiro responsável por muitas mudanças terapêuticas, e muitos psicoterapeutas vêm debatendo esse tema (Spagnuolo Lobb, 2006a).

[4] Em um seminário público de apresentação deste livro, em 2011, em Palermo, um psicanalista junguiano, Riccardo Carrabino, fez uma leitura interessante desta frase: tudo o que é indiferenciado tem que se tornar uma forma e um significado claros. Ele lembra a dinâmica figura/fundo e o papel da função-ego do *self* para ajustar-se criativamente.

O EMDR[5] mostrou que traumas e outros sentimentos negativos profundos podem ser resolvidos apenas por meio de certos movimentos oculares e narrativas livres; o cliente não precisa entender os sintomas para melhorar. Por outro lado, a descoberta neurocientífica dos neurônios-espelho (Gallese, 2007) proporcionou à psicoterapia e à pesquisa do desenvolvimento um suporte revolucionário para a "mágica" que acontece entre cliente e psicoterapeuta ou pai e filho. Com base nesses tipos de descobertas neurológicas, bem como em pesquisas infantis, o conhecimento relacional implícito é definido como não verbal, não consciente, mas não reprimido (Stern *et al.*, 1998b); em outras palavras, uma nova categoria de conhecimento para a psicanálise. A Gestalt-terapia se baseia no conhecimento processual desde seu nascimento: observa principalmente os padrões relacionais por meio dos quais o cliente entra em contato com o psicoterapeuta desde os processos relacionais respiratórios e corporais até o sentido relacional dos sonhos contados ao psicoterapeuta (ver a teoria de Isadore From em Müller, 1993). Apesar de ter esse "algo a mais" em relação a outras abordagens, a Gestalt-terapia não desenvolveu suficientemente uma práxis baseada em processos relacionais, mas continua a identificar o método terapêutico com a explicitação dos elementos processuais: "Você percebe que...?".

Existe a necessidade de reflexões teóricas e perspectivas clínicas mais adequadas aos novos desafios da pós-modernidade. Podemos ainda dizer que o bem-estar psicológico depende do controle que a pessoa consegue exercer sobre suas experiências ("Tudo o que é Id deve se tornar Ego") ou desejamos atribuí-lo a uma espécie de confirmação relacional que procuramos no outro?

Hoje, muito depois do movimento humanista, fazemos parte de um movimento cultural centrado na relação, ou melhor, na experiência da relação. Passamos de uma cultura baseada em princípios reguladores (primeiros externos e, posteriormente, internalizados) que vigoravam no nascimento da psicanálise para o paradigma da subjetividade autorreguladora dos anos 1950, e depois para o paradigma da verdade que

[5] *Eye Movement Desensitization and Reprocessing*, (Dessensibilização e Reprocessamento por meio de Movimentos Oculares). (Nota da Tradutora)

nunca é externa a um acontecimento, mas a qual emerge da própria relação e pertence, indissoluvelmente, à sua tessitura. Esse prisma nos permite sair da ótica intrapsíquica, que vê o trabalho terapêutico como um processo vinculado à satisfação (ou sublimação) de necessidades, em direção à ótica contemporânea, na qual o "poder da verdade" foi substituído pela "verdade da relação".

6. Intencionalidade de Contato: o *Do-agora-para-o-que-está-por-vir* em Psicoterapia

Quando treinei com Erving e Miriam Polster nos anos 70, eles costumavam ensinar que a Gestalt-terapia tem a ver com o *Do-agora-para-o-que-está-por-vir*, e não com o *aqui-e-agora* (POLSTER; POLSTER, 1973). Aliás, o que possibilita o trabalho terapêutico do transtorno psíquico é o *suporte da espontaneidade*, a tensão proativa da pessoa em direção à realização de uma intencionalidade de contato, não à sublimação dos impulsos.

O uso do mito de Édipo como paradigma de uma busca solipsista de satisfação das próprias necessidades, portanto, esvaneceu-se (VERNANT, 1973). Mais do que uma necessidade intrapsíquica, a experiência e o comportamento da criança em relação à mãe devem ser entendidos a partir de um ponto de vista relacional, o qual, para nós, torna-se a natureza específica do contato: a mãe e o pai, juntos com todo o campo situacional, contribuem para essa experiência. *É a intencionalidade de contato implícita no campo que determina o sentido das experiências, não as necessidades internas dos indivíduos isolados.*

Em resumo, uma mudança radical de perspectiva está se impondo não apenas na psicoterapia, mas também na cultura em geral e nos órgãos de socialização: o que trata o cliente não é a compreensão racional e, portanto, o controle da perturbação, muito menos a aceitação – por bem ou por mal (*obtorto collo*[6]) – de limites, mas de aspectos

[6] Expressão latina referente à aceitação de situações impostas contra a própria vontade (Nota da Tradutora).

processuais e estéticos. O "tratamento" consiste em ajudar o cliente não a compreender e controlar, mas a viver plenamente, respeitando sua capacidade natural de se regular na situação.

7. Sexualidade e Amor em um Campo Situacional

Nossa cultura, que desenvolveu o culto ao individualismo, não nos acostuma a ver a pluralidade das relações. A palavra "relação" geralmente evoca um indivíduo que encontra outro indivíduo. Pensamos na relação mãe-filho, por exemplo, em vez de um campo de relações. O que importa, de fato, no desenvolvimento da criança é o campo de relações no qual ela está inserida, em que ora a mãe, ora o pai, ora outros representam figuras emergentes; é um campo onde as várias relações entrelaçadas do fundo influenciam a figura. A criança experiencia um campo, uma situação, que inclui tanto o fundo quanto a figura. Por exemplo, na percepção da criança sobre o pai, está incluída a percepção do que o pai sabe sobre a mãe, bem como o que a própria criança sabe sobre a mãe, de modo que ela sabe o que o pai não sabe sobre a mãe (que ela, a criança, sabe) e o que o pai sabe sobre a mãe que ela não sabe.

A perspectiva intersubjetiva (ver, entre outros, Mitchell, 2000; Stern *et. al.*, 2000; Beebe; Lachmann, 2002) pode ser uma ferramenta válida para descrever a percepção na fronteira de contato. Se a mãe se sente negligenciada pelo pai, a criança (mesmo que esse sentimento não tenha sido comunicado explicitamente a ela) percebe a respiração forçada da mãe, seu rosto triste, seus olhos baixos; olha para o pai e vê que ele está pensativo e espreitando a mãe. Assim, a criança apreende que o pai sabe o que há de errado com a mãe. Mas se a criança vê o pai continuando a brincar com ela ou fazendo as habituais ligações de negócios, ela entende que o pai não sabe que a mãe se sente negligenciada por ele; portanto, a criança tem que decidir se deve ou não agir para que o pai perceba isso. A *awareness* do pai dependerá do ajustamento criativo da criança à situação. Assim, a percepção da criança está orientada para a fronteira de contato entre mãe e pai, bem como, respectivamente, para a fronteira de contato entre ela e a mãe e entre ela e o pai.

Esse princípio também se aplica às demais pessoas presentes no campo, constituindo – no caso do triângulo mãe-pai-filho – um campo fenomenológico cujo vértice é triádico. Observe na Figura 1.

Figura 1 – Percepções em um campo triádico[7]

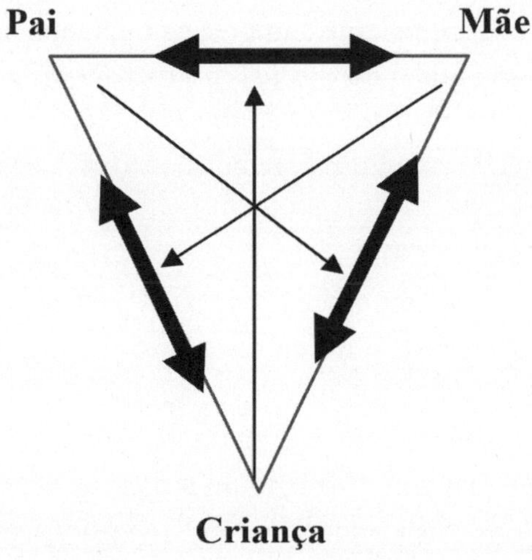

A criança percebe não só a mãe (ou o pai), mas também o que está acontecendo na fronteira de contato entre eles, então, ela sabe se o pai sabe que a mãe está triste ou não, etc. Em consonância com o princípio fenomenológico da experiência como um acontecimento no aqui e agora na fronteira de contato em um campo ou situação (Robine, 2001; 2003), na Gestalt-terapia concebemos os relacionamentos íntimos (por exemplo, entre membros da família ou entre cliente e psicoterapeuta) como uma figura que emerge de um campo relacional. Em consonância com os modelos triádicos até agora desenvolvidos no contexto da pesquisa infantil (Fivaz-Depeursinge; Corboz-Warnery, 1998), a Gestalt-terapia pode oferecer uma visão da experiência como um evento de fronteira, e não como um padrão relacional internalizado. Essa maneira de compreender a experiência como um evento

[7] O princípio perceptivo representado nesta figura foi desenvolvido por Spagnuolo Lobb e Salonia (1986), em seu modelo de coterapia.

de fronteira (e não como uma "mentalização") coloca confiança na espontaneidade e no aspecto estético da relação. Portanto, a relação terapêutica é vivenciada como um evento real, acontecendo no aqui e agora.

Sinteticamente, a relação é sempre múltipla e complexa. A criança, ciente da "névoa" na fronteira de contato entre mãe e pai, desenvolverá um padrão relacional que cumpre sua intencionalidade de contato enquanto criança (cuidando dos pais perturbados, no caso de estarem vivenciando um transtorno) e se ajustará criativamente à situação; por exemplo, ela tomará medidas para conscientizar os pais um do outro ou assumirá a responsabilidade de animar a mãe, se for a única que pode fazê-lo (Stern, 2006).

Em suma, *o que acontece na fronteira de contato é uma figura sustentada pelo fundo perceptivo do campo situacional.* No *setting* terapêutico, o cliente nunca vê o psicoterapeuta isoladamente, mas sempre como parte de um campo relacional. Seria interessante perguntar ao cliente: "Se você pensa em alguém ao lado de seu psicoterapeuta, quem você imagina?"; "O que essa pessoa sabe sobre seu psicoterapeuta?"; "O que você imagina que seu psicoterapeuta sabe sobre essa pessoa?"; "Na sua opinião, o que ambos pensam de você?"

Como veremos no exemplo clínico apresentado a seguir, este trabalho traz à tona um aspecto essencial do "conhecimento relacional implícito" e dá ao psicoterapeuta uma melhor compreensão do fazer contato com o cliente.

8. Do Mito de Édipo ao Campo Situacional Triádico

O uso do mito de Édipo na teoria freudiana é sustentado pelo princípio cartesiano de divisão que tem sido típico da cultura individualista ocidental. Édipo deve desistir de seus próprios impulsos se quiser crescer. A incompatibilidade da relação entre desejos, impulsos individuais (o Id freudiano) e as exigências da vida social foi decididamente questionada pelos fundadores da Gestalt-terapia. Por exemplo, nos capítulos iniciais do *Gestalt-Terapia*, Perls, Hefferline e Goodman definem seu objetivo como superar certas dicotomias (corpo-mente, *self* e mundo exterior, consciente-inconsciente, pessoal e social, etc.) "conduzindo a uma teoria do *self* e sua ação criadora" (PERLS; HEFFERLINE; GOODMAN, 1997, p. 54). Assim, a hermenêutica de nossa abordagem nos impõe a *lógica da continuidade* e não a da ruptura (SPAGNUOLO LOBB; SALONIA; SICHERA, 1996).

Se nos basearmos no mito de Édipo em nosso trabalho, podemos considerar a experiência e o comportamento de Édipo como uma cocriação na fronteira de contato em termos de si mesmo, de Laio e de Jocasta (e de muitos outros). O uso da tragédia de Édipo na psicoterapia é sustentado por seu desejo por uma mulher (que acaba por ser sua mãe), pela não aceitação (involuntária) do poder do pai e por sua culpa, e consequente necessidade de expiação. Na fronteira de contato, como o drama de Édipo é baseado na cegueira, a dessensibilização na fronteira de contato na tríade impede que as três pessoas – não apenas Édipo – se vejam. O mito de Édipo, usado e abusado nas culturas psicológicas, sociológicas e psicoterapêuticas como paradigma do drama individual em uma sociedade com regras a serem respeitadas, torna-se o drama triádico, o drama coletivo decorrente da cegueira à situação. Como as teorias evolucionistas mostraram, é impossível viver e crescer sozinho na vida; ninguém existe apenas como um casal, mas, sim, como parte de uma comunidade social – uma situação compartilhada. Vamos repetir o que dissemos acima: *no* setting *terapêutico, o paciente não vê o psicoterapeuta isoladamente, mas como parte de um campo relacional.*

9. Dois Exemplos Clínicos da Perspectiva Triádica em um Ambiente Terapêutico Diádico

Darei agora dois exemplos clínicos, nos quais vemos claramente a transição da perspectiva edipiana para uma perspectiva de campo.

9.1. O Cliente Apaixonado

Um cliente está loucamente apaixonado por sua psicoterapeuta. O fervor de seus sentimentos e o desejo de contato físico aumentam a cada sessão. A psicoterapeuta, depois de tentar explicitar todas as leituras possíveis do sentimento do cliente, fica constrangida: não consegue atender o cliente com clareza perceptiva. Tudo o que ela diz ou faz parece aumentar o desejo do cliente; além disso, ela o acha bastante atraente.

Após ter supervisão sobre o método triádico, ela pergunta ao cliente: "Imagine que tem alguém ao meu lado. Quem você vê?" A expressão do cliente muda imediatamente e ele diz, rindo: "Vi seu marido (que não conheço) ou pelo menos um homem, o seu homem. Ele é muito diferente de você. Tenho a sensação de que ele não gosta de mim e não está muito feliz por eu estar com você. Ele não pensa muita coisa de mim. Ele me impressiona: sua presença me atrai mais do que a sua agora, embora com sentimentos desagradáveis. A experiência de seu olhar é terrível para mim. Parece-me muito diferente do seu. Você gosta de mim. Você gosta de mim, não é? Ainda bem que você gosta de mim!" A psicoterapeuta pergunta: "O que eu sei sobre ele? Quero dizer, eu sei que ele te rebaixa? O cliente responde: "Acho que sim, é justamente por isso que você é gentil comigo!"

A perspectiva triádica traz à tona uma nova *awareness* da situação terapêutica, que lança uma luz interessante sobre os sentimentos sexuais entre cliente e psicoterapeuta, reequilibrando a relação terapêutica na direção da intencionalidade de contato do cliente. Fica claro, de fato, que o que move seu organismo não é o "desejo" de conquistar o favor da psicoterapeuta (como sugeriria uma visão diádica), mas compreender: (1) a relação entre a psicoterapeuta e seu parceiro; (2) por que ela o aprecia, mas seu parceiro não; (3) se o gosto da psicoterapeuta por ele deriva do fato de ele ser melhor do que o outro homem ou do fato de ser "pequeno", imaturo; (4) se ele pode ser independente da psicoterapeuta (ou seja, certificar-se de que ela ainda gosta dele mesmo que ele faça coisas das quais ela não gosta); (5) se ele pode alcançar o homem adulto e ganhar sua consideração; e (6) se a psicoterapeuta pode interceder junto ao parceiro para que isso aconteça.

Em suma, na perspectiva triádica, o que emerge é muito diferente do que se vê no contexto diádico. Dentro da perspectiva triádica, a dinâmica mais complexa emerge da relação entre homem e mulher, e entre gerações: a criança sempre faz referência a, pelo menos, uma relação de casal ao crescer, olhando para a fronteira de contato entre o casal, e não para a relação diádica com um ou outro progenitor.

A intervenção terapêutica que se modula nessa perspectiva é muito mais eficaz, principalmente no advento dos sentimentos sexuais, seja por parte do psicoterapeuta ou do cliente. No exemplo específico dado, a resposta do cliente possibilitou o deslocamento da atenção para o contato com aquilo que antes havia permanecido no fundo, o que, mantido na sombra, acendeu o fogo da atração sexual. Focar a atenção na relação do cliente com os homens possibilitou falar sobre seu medo de não estar à altura (tanto dos homens quanto das mulheres), sobre as compulsões características do seu comportamento sedutor em relação às mulheres (a atração sexual por uma mulher em um papel maternal lhe permitiu evitar a ansiedade provocada por se comparar com os homens) e entender que, basicamente, iniciar uma relação sexual com a psicoterapeuta o teria assustado e confundido, sobrecarregando-o com uma responsabilidade que ele não queria. A humilhação de se comparar com outros homens permite que ele se ofereça espontaneamente a uma mulher em igualdade de condições, com desejo e senso de risco.

9.2. Um Exemplo de um Seminário Internacional

Em um congresso em Manchester, expliquei o conceito de campo fenomenológico e como isso ajuda a superar o bloqueio ocasionado pela perspectiva diádica – a perspectiva com a qual o complexo de Édipo é concebido. A ótica do campo fenomenológico, de fato, permite-nos ampliar nossa compreensão da situação com a consideração de emoções alternativas. Expliquei que, em uma ocasião, uma situação difícil na qual um cliente se apaixonou durante a psicoterapia, foi resolvida em supervisão, considerando a presença virtual de terceiros no campo.

Perguntar o que o cliente e o psicoterapeuta podem sentir na presença de uma terceira pessoa possibilita sair de situações rígidas de apego. Quando propus ao grupo que passassem para um estágio experiencial, um jovem psicoterapeuta turco se apresentou para trabalhar comigo. Ele disse que foi às lágrimas com minha fala sobre as emoções "alternativas" presentes no campo. Ele era um jovem muito atraente e seus olhos brilhavam quando ele falava comigo. Senti carinho, confiança em relação a ele. Eu me peguei pensando que lhe confiaria tarefas importantes, sentindo o prazer de nosso relacionamento. Esses sentimentos, juntamente com outras considerações (que se baseiam em estudos de psicologia da personalidade; ver Spagnuolo Lobb, 1982) sobre a experiência que tive dele, levaram-me a pensar que esse jovem deveria ser um primogênito. Eu lhe pergunto: "Você é primogênito?" Ele ficou surpreso com a minha intuição e respondeu: "Sim, como você sabia?". Minha intuição provocou quase um transe, e ele se deixou entrar no padrão de contato que motivou sua abordagem (escolher fazer a sessão comigo). A emoção do vínculo, da dedicação, do amor por uma mulher mais velha que podia compreendê-lo, e que era percebida como sozinha, criou nele um espaço entre nós, junto com um enjoo, a sensação de estar preso, de não poder seguir seus próprios caminhos. Ele me revelou essas emoções.

Usando o método do campo fenomenológico triádico, neste momento, eu disse: "Se houvesse alguém ao meu lado aqui e agora, eu sentiria o desejo de que ele estivesse mais presente, e você?". Ele respondeu que, geralmente, não está lá, está no trabalho, mas se estivesse mais lá ficaria feliz. Ele se sentiria apoiado e saberia com quem me deixar: em uma palavra, se sentiria mais livre.

Naquele momento, a dinâmica do campo no qual estávamos jogando ficou clara para mim: eu sabia da sua necessidade em saber que eu o apreciava, que ele poderia voltar quando quisesse, que eu estava lá para ele e que estaria sempre lá, *mas* que eu não precisava dele, que ele poderia ir, que eu ficaria feliz se ele fosse, porque eu sabia que ele poderia ficar bem lá fora também. Eu revelei esses pensamentos a ele. Seus olhos, que brilhavam de admiração enquanto ele olhava para mim, agora brilhavam de alegria e de alívio. Ele me perguntou: "Então posso ir?". Eu digo: "*Ciao!*". Esse "*ciao*" – dito em italiano – soou definitivo e afetuoso, e o grupo riu alegremente, junto com ele.

Depois, no *feedback*, ele pontuou que eu também tenho um filho adulto jovem e me perguntou qual o papel que minha experiência pessoal desempenhou no meu trabalho. Uma familiaridade, sem dúvida, mas minha arte tem residido mais em ver as diferenças, apesar da familiaridade, do que em transferir para ele um processo hipotético "saudável" pelo qual passei com meu filho.

A arte do psicoterapeuta está em deixar-se guiar pelo cliente na realidade da situação terapêutica: eu não era a mãe do cliente e ele não era meu filho. É na sensibilidade à novidade da situação atual que podemos construir um ambiente terapêutico "feito sob medida" (Polster, 1987) para aquele cliente. É o cliente que define a melodia. Podemos ajudá-lo a desenvolver-se na música que ele deseja criar, tocando nossas notas pessoais junto com ele, mas sem nunca perder de vista sua realidade.

10. Conclusão

O amor do psicoterapeuta e do cliente é o contexto da situação terapêutica. Os sentimentos, incluindo os sexuais, são as figuras emergentes de um fundo de percepções complexas em um campo triádico.

Neste capítulo, mostrei que o uso do complexo de Édipo se baseia em uma visão individualista das necessidades, e que a perspectiva oferecida por um campo triádico pode direcionar melhor o psicoterapeuta para dar suporte à intencionalidade de contato do cliente. O fato de a percepção humana estar sempre na direção de uma fronteira de contato, e não de um objeto isolado, possibilita o ajustamento criativo na comunidade social.

A integração de experiências de amor e de sexualidade na psicoterapia não pode ser reduzida a um fato técnico; em vez disso, requer a cocriação de uma fronteira de contato em que os valores, as personalidades e as formas de lidar com a vida, tanto do cliente quanto do psicoterapeuta, desempenham um papel fundamental. São duas pessoas que juntas encontram possibilidades de satisfazer intencionalidades interrompidas (Spagnuolo Lobb, 2003b). É a dança que o psicoterapeuta – com todo seu conhecimento científico e humanidade – e o cliente – com toda sua dor e desejo de ser curado – criam para (re)construir o fundo sobre o qual a vida cotidiana repousa, a sensação de segurança no fundo e no outro e, assim, a entrega à intimidade.

7 O *Do-agora-para-o-que-está-por-vir* na Psicoterapia de Casal

Em uma praia agitada,
um homem e uma mulher caminhavam
e a vasta sombra de um dilema estava sobre eles

Era o dilema usual,
um dilema elementar:
se o amor deles fazia sentido ou não.

O dilema representa
o equilíbrio das forças no campo,
porque amar e brigar
são as formas do nosso tempo.
(de *Il dilema*, Giorgio Gaber)

Numa perspectiva estritamente fenomenológica, a Gestalt-terapia parte do pressuposto de que a mudança emerge da experiência que os parceiros cocriam com sua interação. A mentalidade gestáltica está voltada para o aqui e agora, no sentido de como, no momento fugaz de seu encontro, as influências do passado e as intencionalidades que configuram a direção de sua experiência se encarnam no ato criativo do presente compartilhado com o outro.

"O que fazemos com essa experiência do casal?"; "O que estamos sustentando em nossa ação terapêutica?"; "Qual é a experiência do *setting* de casal para o Gestalt-terapeuta?"

A intervenção gestáltica não visa tanto tornar explícito o que está implícito (Spagnuolo Lobb, 2006b), nem induzir uma mudança em um sistema homeostático entre forças centrífugas (autonomia, comportamentos divergentes, etc.) e forças centrípetas (pertencimento, *status quo,* etc.), mas sustentar a intencionalidade de contato, a coragem que está sempre implícita na vivência dos cônjuges para além dos medos. O resultado é uma experiência de contato do casal que integra todos os aspectos mencionados acima em uma nova síntese, na qual os parceiros podem se sentir "em casa", cada um livre para expressar sua intencionalidade de contato com o outro.

Pela forma como estabelecem ou bloqueiam o contato entre eles, fazemos nosso diagnóstico e planejamos o suporte terapêutico específico.

A terapia de casal é bem-sucedida quando *ambos os parceiros* abrem seus corações e mentes para a experiência do outro; em vez de se refugiarem atrás de suas próprias feridas enquanto esperam uma solução para elas, eles atendem às feridas do outro e se deixam modificar por elas. O profundo sentido de ser casal, de ser dois, implica interessar-se pelo parceiro como *outro*, como novidade, além de *como habitualmente se percebem* no cotidiano, as distorções perceptivas que aprisionam e desencadeiam os medos de não serem acolhidos ou vistos. Isso também implica deixar-se modificar pelo parceiro, considerando-o "crescido" o suficiente e capaz de cuidar do nós. De fato, quando um dos parceiros de um casal se define como bom em compreender o outro, mas ao mesmo tempo não se deixa modificar por ele cai, de qualquer modo, em uma cegueira relacional na medida em que não vê ou não aceita as modalidades em que o outro tenta alcançá-lo.

É nessa perspectiva que tratarei neste capítulo de: 1) uma introdução à especificidade do trabalho gestáltico com casais; 2) três dimensões experienciais que caracterizam a capacidade dos cônjuges de ver e acolher o outro (e que constituem a epistemologia específica deste modelo); 3) um modelo de trabalho de Gestalt-terapia com casais.

Espero que esta viagem às profundezas da relação de casal leve o leitor a descobertas interessantes e, sobretudo, a uma apreciação daquele milagre diário que se renova no casal cada vez que os parceiros decidem ficar juntos, ao mesmo tempo poupando-se de repetir velhas e dolorosas histórias que implicavam o seu sacrifício, e à criação de novas formas perceptivas, nas quais o parceiro pode ser amado justamente pela confirmação da espontaneidade do *self.*

1. A Vida do Casal como Excitação e Crescimento na Fronteira do Contato: a Proposta da Gestalt-terapia

O livro que marcou o nascimento da Gestalt-terapia (Perls; Hefferline; Goodman, 1997) oferece uma ideia central, sublinhada no subtítulo – (*Novidade*), *Excitação e Crescimento na Personalidade Humana* – que é fundamental para a vida do casal. A capacidade humana espontânea de estar plenamente presente (isto é, com os sentidos despertos) na fronteira de contato com o ambiente[1] é reduzida no casal no que tange à capacidade de manter a espontaneidade de ver, sentir-se atraído, deixar-se modificar pelo outro como *outro*, pelo outro inesperado, pelo outro como novidade. Essa qualidade do encontro dialógico não é fácil de ser alcançada pelos adultos, pois, para eles, despojar-se do medo de sentir novamente velhas feridas exige um treinamento real. Mas apenas se um estiver "nu" diante do outro, plenamente presente no aqui e agora com o outro, será possível sustentar o desenvolvimento da excitação[2] do encontro. Para atingir esse objetivo, devemos reconhecer nossos próprios medos (e as objeções que, consequentemente, desenvolvem-se em relação ao outro) com os quais nos vestimos na intimidade, e é igualmente necessário reconhecer a experiência do outro. Feito isso, é possível "sintonizar" as intencionalidades recíprocas do contato.

Quanto mais os parceiros se encontram na plenitude de seus sentidos, mais eles estão *aware* da totalidade da experiência que cocriam, mais a autorregulação que acontece na fronteira de contato entre os dois é "terapêutica", no sentido de que dá a ambos a plenitude da intimidade. A "normalidade" do casal coincide, assim, com a capacidade de perceber claramente a fronteira do contato (o "eu" e o "você" entrando em contato) com todos os sentidos despertos.

1 Para uma definição detalhada dos termos "contato", "fronteira de contato", "*awareness*", "*self*", "funções do *self*", ver SPAGNOLO SPAGNUOLO LOBB (2001b; 2004a, 2005a; 2005b), e também o Capítulo 2 deste volume.

2 O termo "excitação" inclui o sentido da energia psicofísica e da intencionalidade de entrar em contato com o outro. Assim, integra a fenomenologia de uma experiência vivida no corpo e direcionada ao encontro com o outro (ver Capítulo 5).

Ser um casal nos traz de volta à dimensão não apenas da intimidade, mas também de sermos, em nossas raízes, animais sociais (Kitzler, 2003; Bloom, 2003). Todas as teorias psicológicas atuais concordam que nós construímos em interação com o ambiente, tanto humano quanto não humano (Searles, 1960). A pesquisa infantil mostrou como as habilidades sociais já estão desenvolvidas no recém-nascido (a criança é "programada" para isso). As chamadas "ilhas intersubjetivas" (Stern, 2004; Beebe; Lachmann, 2002) entre a criança e seus cuidadores constituem os principais lugares nos quais o *self*-em-contato, o modo de *estar-com*, é formado. Para a criança, eles constituem o fundo da experiência da intimidade, sobre o qual repousam o senso de segurança pessoal e a flexibilidade na aceitação da novidade – em uma palavra, o ajustamento criativo ao ambiente (Perls; Hefferline; Goodman, 1997).

A díade cuidador-criança é autorregulada e a criança aprende modalidades, e não conteúdos, de estar com o outro. O ritmo que a díade criança-cuidador cocria entre excitação e acolhimento, entre processos e conteúdos, forma uma dança, um código experiencial apreendido pela criança. É precisamente este código que regulará no adulto o acesso tanto às relações íntimas quanto sociais. A pessoa tende a recriar modos de *estar-com*: ela esperará dos outros certas reações e, normalmente, verá o que está acostumada a ver. Podemos muito bem dizer que esse tipo de conhecimento processual[3] também está na base da dinâmica do casal e é o foco no qual se centra a ajuda psicológica bem-sucedida, seja qual for a teoria que a sustente.

Somos seres em relação, e essa perspectiva contemporânea sobre a centralidade da relação faz do casal um interesse primordial para o mundo da psicologia e da psicoterapia. Enquanto muitas abordagens nascidas para o estudo do indivíduo estão abertas hoje a perspectivas interessantes sobre o relacionamento, a Gestalt-terapia permanece original em sua intuição inicial da experiência que acontece na fronteira do contato, entre o eu e o outro. A relação de casal é vista em nossa

[3] O que Stern chama de "conhecimento relacional implícito" (STERN *et al.* 1998a; 1998b; 2003).

abordagem como uma cocriação contínua da fronteira de contato, como uma experiência que nasce e tem história própria no espaço "entre" os parceiros, na qual, mesmo um projetando no outro suas experiências pessoais, faz parte do desejo realizar uma intencionalidade de contato, dar ao outro a oportunidade de refazer uma história relacional. A moça ciumenta que verifica as mensagens de texto do noivo projeta nele o medo de ser traída, mas o que ela realmente quer, seu *Do-agora-para-o-que-está-por-vir*, é receber dele uma mensagem de atenção: "Você é tão importante para mim, eu posso ver o quanto você está preocupada comigo e eu gosto disso – às vezes, isso até me envergonha – eu gosto de toda a energia que você direciona para mim". Para a moça, projetar o medo de que haja mulheres mais importantes do que ela tem um "objetivo" fundamental, ou seja, finalmente receber apreço por si mesma, por sua energia que não é irritante, mas ao contrário, é forte e atenciosa. *A intencionalidade de contato é um guia mais útil para a psicoterapia do que as muitas leituras que podem ser dadas da experiência individual.*

A vida a dois é uma improvisação cocriada (Spagnuolo Lobb, 2003b) que contém a dimensão mais profunda da vida social, aqueles padrões e desejos relacionais íntimos nos quais, para além das estratégias do ego social, que na verdade nos ensinam a solidão, estão nossas habilidades para sermos animais grupais.

De fato, na vida de casal (como em alguns aspectos na psicoterapia), damos ao nosso parceiro uma chave de acesso à intimidade tanto de nossos medos quanto dos desejos ligados a esses medos. Esperamos que o outro a quem estamos vinculados seja diferente e reconheça a profundidade do nosso bem, de modo que possamos finalmente florescer na vida social com o orgulho de sermos vistos em nossa parte mais positiva, aquela que é capaz de dar uma contribuição construtiva ao grupo no qual pertencemos. Quando essa parte construtiva não é reconhecida em nossas relações íntimas, ela se mostra ao grupo, à comunidade social, por meio de estratégias, de modo verbal e não verbal. Por exemplo: um líder é bom em cuidar dos outros, mas sofre porque ninguém é capaz de cuidar dele. Essas estratégias resolvem o desejo de contribuir para o mundo, mas sem o reconhecimento do outro, de modo que estão fadadas a criar solidão em quem as implementa.

2. Três Dimensões Experienciais da "Normalidade" do Casal

Que dimensões caracterizam a experiência de contato do casal? A vida a dois é complexa e variada: desejo de melhorar, atração física e mental, carinho, desejo de construir, alegria, tranquilidade, mas também decepção, raiva, às vezes ódio, dessensibilização, vingança, rancor, etc.

Depois de observar os processos conjugais por muitos anos (meu próprio casal, aquele que me deu à luz, os vários casais que vi em psicoterapia) do ponto de vista gestáltico, processual, fenomenológico, de contato, parece-me que a "normalidade" da experiência de casal inclui três dimensões fundamentais, constituintes da base do modelo de trabalho clínico com casais que descreverei na terceira seção: a) saber ver o outro como *outro*; b) saber distinguir entre o desejo de contato do outro e a reação de dor ou raiva que seu comportamento provoca em nós; c) saber se comprometer com a relação e dar um salto no escuro, orientando nosso comportamento para responder ao desejo do outro (deixar-se modificar pelo outro), em vez de resolver velhas feridas que já não podem ser resolvidas.

2.1. Vendo as Diferenças do Outro

Eu gostaria que você me fumasse,
com o mesmo prazer com que você fuma cigarros.
Eu gostaria que, quando você estiver comigo, você decida relaxar
do jeito que você faz com eles.
O verdadeiro prazer para o qual somos feitos,
O prazer que faz a consciência de si expandir-se esplendidamente,
É o prazer que não encontramos nem em nós mesmos, nem no outro, mas
na fronteira, naquele espaço que não está dentro de nós
nem dentro do outro:
está no ponto de encontro.
É o prazer que podemos ter
do profundo encontro psicofísico
com outra pessoa.

Infelizmente, também é o prazer
que mais nos assusta.
É por isso que eu gostaria que você me fumasse
Como você fuma cigarros.

Muitas vezes, os parceiros do casal se veem um ao outro dando-o como certo. Lembro-me de um casal que comia frango três vezes por semana havia pelo menos dez anos, apenas para descobrir que nenhum deles gostava de frango! Cada um achava que o outro preferia isso em vez da carne vermelha e "fazia um sacrifício" no coração para satisfazer o suposto desejo do parceiro.

Ver o outro implica emergir da percepção confluente que caracteriza o apaixonar-se e que, muitas vezes, permanece como uma certeza sobre o outro, nunca verificada na realidade.

A experiência que os parceiros têm na fronteira de contato na psicoterapia é apenas a figura de um fundo muito rico, feito de experiências e escolhas do passado e do presente. Tudo o que as diversas teorias de família têm manifestado[4] – tanto em nível sistêmico quanto psicodinâmico – é uma chave de leitura fundamental para o psicoterapeuta de casal. Por exemplo: a influência que a experiência das relações na família de origem tem para cada um dos parceiros permite-nos compreender tanto a "escolha" daquele tipo de parceiro como as dificuldades que vão surgindo agora na relação atual.

Consideremos o caso de um casal composto por um primogênito, a quem chamaremos de Carlo, e uma segunda filha, a quem chamaremos de Giuliana.

Na Figura 1 e na Figura 2, apresento o genograma de suas famílias de origem, com algumas anotações.

[4] Veja Ackerman (1966); Scabini e Iafrate (2003).

Figura 1 – Genograma da Família de Carlo

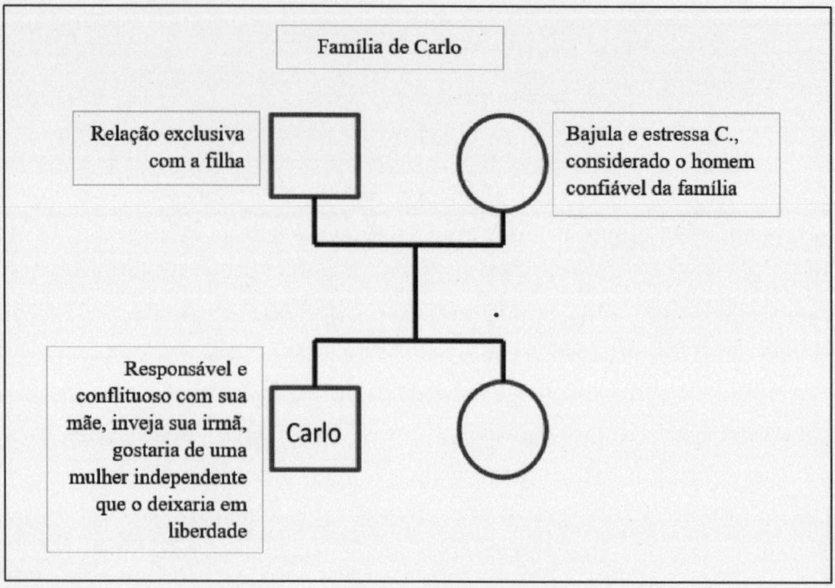

Figura 2 – Genograma da família de Giuliana

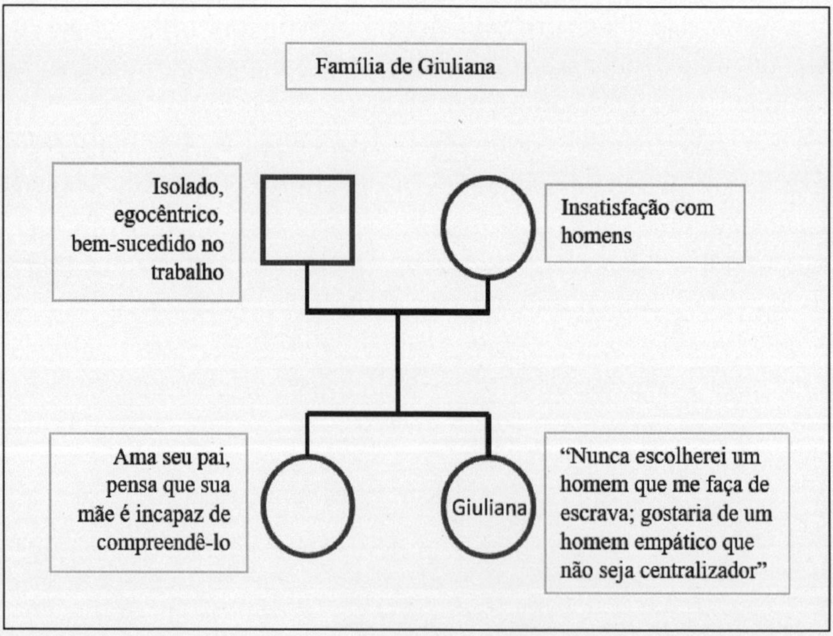

O que podemos dizer sobre essas duas pessoas se apaixonando? Carlo tinha uma relação privilegiada com sua mãe, a qual sempre o considerou o "homem confiável" em casa. O pai era marginal em relação ao filho, mas mais presente com a filha, com quem mantém uma relação exclusiva. Carlo acha que sua irmã é mimada e demonstra uma certa inveja e ciúme dela. Em parte, lisonjeado, e em parte, estressado com a aprovação da mãe, Carlo é um tipo obediente e confiável, mas tem o cuidado de não se abrir com ninguém da família. Apaixona-se por Giuliana por causa de sua independência: ela lhe parece uma moça que pode se sustentar por suas próprias pernas e que lhe deixará em liberdade.

Giuliana, a segunda de duas filhas, teve uma relação privilegiada com a mãe, que lhe transmitiu uma certa insatisfação com a sua relação com os homens e, especificamente, com o pai de Giuliana, a quem considera pomposo, egocêntrico e pouco preocupado com os desejos da esposa. O desejo implícito de Giuliana é ser vista pelo pai, mas sua escolha existencial é não se tornar como a mãe, não se deixar prender por um homem que pensa apenas em si mesmo e que a obrigaria a ser quase uma escrava, e não cuidaria de sua realização pessoal. Sua irmã mais velha, em contraste, desenvolveu um amor "invejoso" pelo pai e um conflito com a mãe. Ela intui a solidão do pai e julga a mãe incapaz de compreendê-lo, ao passo que ela certamente o compreenderia melhor e o faria feliz. Giuliana se apaixona por Carlo por seus dons de empatia, sobretudo, com as mulheres (foi bem treinado pela mãe!), bem diferente do pai egocêntrico e insensível.

Os dois baseiam sua relação nessa percepção: Carlo vê Giuliana como independente e não pomposa (então, ele acha que pode finalmente estar livre para respirar em um relacionamento importante); Giuliana vê Carlo atento às mulheres e capaz de sustentar seus dons de independência (com isso, ela acha que não terá que sofrer o autossacrifício feito por sua mãe).

Essas percepções *são realistas e, na verdade, implicam um aspecto redentor*, mas são parciais. Por exemplo, a princípio, Carlo não consegue ver o profundo desejo de Giuliana de ter a atenção de um homem e Giuliana não consegue ver o profundo desejo de Carlo de não ser "controlado" pelas mulheres. Apesar dessa cegueira, da intuição dos apaixonados, se é amor mesmo (do tipo que tira tanto o fôlego quanto a lucidez mental), resta a motivação básica para que o casal permaneça junto. Quando a fase de confluência dá lugar a uma percepção mais diferenciada, aparecem os aspectos polares do outro (o desejo de fugir de Carlo e a necessidade de atenção de Giuliana). A visão do outro pode ser um choque: "Por quem, diabos, eu me apaixonei?" O outro parece um estranho. Esse choque do casal é necessário para "redefinir" a percepção na fronteira de contato.

2.2 Compreendendo o Desejo Implícito do Outro Por Quem Nos Sentimos Feridos

Trabalhe como se não precisasse do dinheiro.
Ame como se nunca tivesse se magoado.
E dance como se ninguém estivesse olhando.
S. Clark e R. Leigh

Os parceiros do casal são movidos por dois fatores em sua interação: a intencionalidade de contato, de alcançar o outro, e o medo de não ser compreendido nesse desejo o qual, como todo reconhecimento, nos deixa expostos à humilhação de sermos julgados negativamente pelo outro como errados. É aí que eu colocaria o sentimento de vergonha, tão discutido na literatura gestáltica (Lee, 2008; Wheeler; Backman, 1994): no processo de projetar no outro a incompreensão vivenciada anteriormente em um campo relacional significativo.

O que dói é o fato de não sermos compreendidos pelo outro não tanto em termos de conteúdos da experiência, mas no nosso desejo e nas nossas tentativas de contatá-lo, em nossa intencionalidade de contato significativo, quase poderíamos dizer em nossa intencionalidade de intimidade. É um pouco como a experiência de nos sentirmos ridicularizados quando estamos nus.

Lembro-me do caso de um jovem casal, já gravemente ferido após dois meses de casamento, no qual ela (vinda de um país do leste europeu) teve um forte sentimento de vergonha e raiva, porque ele zombava dela toda vez que ela tentava cozinhar algo "italiano" para ele. A mãe dele tinha sido uma excelente cozinheira. Ele dizia: "Tentando chegar ao nível da minha mãe, hein?" Ele viu que ela estava sofrendo com seu comentário e repetiu que o fez com ternura, quando percebeu o quanto ela estava se esforçando (desnecessariamente, na opinião dele). Mas o que ele realmente sentiu foi irritação ao ver seu trabalho tão duro, seu esforço foi como um fracasso para ele. Ela não se sentiu reconhecida em sua tentativa de fazê-lo feliz cozinhando como sua mãe, e ele sentiu que ela não o via em seu desejo de não a fazer trabalhar tão duro.

O que move a dinâmica do casal é a intenção de "mostrar a si mesmo/ver" o outro na nudez da experiência imediata, é a necessidade de intimidade como o desejo de se sentir em casa, como o relaxamento sentido pela criança quando abraçada pelos braços de sua mãe, como a experiência de reconhecimento que o viajante sente de corpo e alma quando, finalmente, volta para o lugar que chama de lar. O outro é desejado como corpo que acolhe, um refúgio na tempestade, o mundo onde é possível falar a própria língua. A modalidade na qual esse desejo se expressa no casal se mistura ao medo de que o outro não esteja onde queremos encontrá-lo, de que o outro esteja em outro lugar.

Assim, a experiência do outro, para além do momento de se apaixonar, o qual é cego por definição, é sentida também como o risco de frustração do desejo de intimidade, como o risco de repetir o fracasso vivido nas relações significativas: o outro é também a experiência do estrangeiro que não compreende, dos braços incertos que mantêm nosso corpo alerta, da casa barulhenta onde é impossível descansar.

O outro mau (experiência paranoica) ou o outro que quer nos enganar (experiência borderline), muito pequeno, necessitado de nossa ajuda e incapaz de nos conter (experiência narcísica), preenche o vazio no qual mergulhamos quando reabrimos a possibilidade de confiar em um contato importante, significativo, ao qual demos o potencial de construir uma intimidade.

Assim, o medo e o risco, como gostava de dizer Laura Perls (ver Bloom, 2005), criam a vibração particular que caracteriza a tensão em relação ao outro. Assim, cada interação conjugal significativa, como toda a vida de um casal, é uma história – esperamos – com um final feliz, na qual o caminho de nossas relações significativas é restaurado, experimentamos nossa capacidade renovada e ampliada de contatar o outro em plena *awareness*, vendo-o realmente além das projeções de rejeição e, assim, poder realizar o desejo de contatá-lo.

Quando Giuliana, cansada de esperar Carlo, que chega tarde todas as noites, pergunta o motivo de ele chegar em casa àquela hora, teme não ser importante para ele (como sua mãe – ou ela mesma – não foi para seu pai); seu desejo – seu *Do-agora-para-o-que-está-por-vir* – é fazê-lo entender que ela gostaria de ajudá-lo, de ser "adulta" e importante para ele. Carlo sente os pedidos de Giuliana como um controle, tem medo de ter recaído em uma rede afetiva que conhece bem e – desejando estabelecer uma relação mais saudável – tenta não se envolver, mas tenta também, à sua própria maneira, fazer Giuliana feliz. Seu medo é ser controlado e não ter vida própria, liberdade pessoal; seu desejo – seu *Do-agora-para-o-que-está-por-vir* – é duplo: fazer Giuliana feliz e – em um nível mais profundo – poder confiar-se a ela (como não pôde fazer com sua mãe).

É interessante notar como os desejos profundos de cada um coincidem com os do outro, ou melhor, se realizados, fariam o outro feliz e provocariam uma profunda mudança neles mesmos. Giuliana ficaria feliz em desempenhar o papel de cuidar de Carlo, pois ela poderia experimentar ser "adulta", não mais a filhinha que olha de baixo para o casal parental sem poder modificar muito a situação. Carlo ficaria feliz em pensar que a melhor maneira de deixar Giuliana satisfeita seria justamente confiar-se a ela (algo que sua mãe não conseguiu transmitir a ele).

Reconhecer a experiência do outro em sua diversidade e ao mesmo tempo em seu entrelaçamento com nossos medos leva à percepção diferenciada do outro e ajuda os parceiros a se contatarem. A sensação de risco ligada aos medos mais profundos é o que possibilita alcançar a tão almejada intimidade com o outro.

2.3. Dando um Salto no Escuro Relacional e Dando Prazer ao Outro

Eu estou
em seus braços
provando a fragilidade
desta relação

Pela primeira vez
eu sinto que você é
diferente do que eu gostaria
isso me faz sentir
o doce e vibrante
senso de realidade

Eu gostaria que não houvesse mais
o sonho do que não é:
é isso que torna possível
não estar-aí

Mas estar com a única
presença frágil que tenho
é novo, decepcionante
e verdadeiro ao mesmo tempo,
incrivelmente forte em sua fragilidade.

Seguir a intencionalidade significativa de contato exige uma desconstrução inicial de si, das próprias certezas, para desnudar-se diante da novidade representada pelo outro. Esse instante de revelação é delicado, muitas vezes, repleto de dores passadas, talvez não percebidas conscientemente, mas percebidas antes como evidência de uma intenção negativa por parte do outro. É simplesmente mais seguro permanecer em terrenos conhecidos. Embora (re)conhecendo as motivações do outro como típicas de uma forma como ele reage, e não vinculadas a uma falta de compreensão ou interesse por nós, não damos o novo passo. Por exemplo: não nos desculpamos quando percebemos que ofendemos o outro, não sorrimos embora saibamos que o sorriso seria a solução para uma briga. Em suma, permanecemos dentro de velhos padrões de comportamento, apesar de nossa percepção do outro ter sido alterada, por simples medo da mudança.

Esta pode ser uma experiência típica em casais de longa data, nos quais o hábito de não se sentir compreendido foi "encapsulado" e, embora os parceiros tenham desenvolvido bons hábitos de convivência, permanece a tristeza de não ter chegado "em casa", de não poder compartilhar sua nudez em um terreno comum, no qual se pode olhar e ser olhado sem medo de ser ridicularizado ou bloqueado.

Nesta dimensão experiencial, a capacidade de brincar é um ingrediente importante. No drama das vivências do casal, persistir impiedosamente em esperar que o outro realize o sonho afetivo não os ajuda a se sentirem melhor. Só o *salto ilógico do jogo*, deixar o problema, por enquanto, sem solução ao fazer outra coisa, viver como se ele não existisse, é a sabedoria profundamente humana de estar com o outro como se não houvesse o drama, rindo porque, dessa forma, olhamos para o futuro que pode começar agora.

Carlo poderia voltar para casa com um buquê de rosas e apreciar a emoção nos olhos de Giuliana, sem esperar mais nada. Giuliana poderia contar a Carlo, nos raros momentos em que o encontra, tudo o que ela sabe que ele faz pelo relacionamento deles, por exemplo, que trabalha para construir o futuro deles, que pensa nela e faria qualquer coisa por ela, mas, por ter medo do controle dela, não se abre com ela.

Às vezes, a briga é a forma mais conhecida de superar a ansiedade do vazio relacional: "Se eu varrer para longe tudo o que me lembra, entre nós, das feridas e do ideal de um parceiro que foi a razão pela qual eu te procurei, a razão pela qual eu acalentava a esperança de entrar em contato com outra pessoa como nunca entrei em contato com alguém, terei VOCÊ frente a mim, alguém que não conheço. Eu vou te fazer feliz, vou dar prazer a você mesmo, não à pessoa que eu imaginei que você deveria ser."

Pode parecer estranho, mas muitos casais acham a proximidade insuportável justamente por causa dessa angústia do relacionamento "nu".

3. Um Modelo de Gestalt-terapia com Casais

O Gestalt-terapeuta tem uma abordagem particular no trabalho com casais: acredita que o objetivo da terapia não é o sacrifício dos desejos individuais em favor das regras do convívio social em família, mas sim, a recuperação da *criatividade espontânea* que caracteriza todo relacionamento significativo.

O objetivo do Gestalt-terapeuta de casal não é que os parceiros não briguem, mas que eles sejam capazes de se divertir e de se sentirem vivos, inteiros, criativos na fronteira de contato de seu relacionamento. Isso pode implicar momentos de conflito, passar pela dor das feridas infligidas pelo comportamento do outro, pode implicar passar pela humilhação de não se sentir aceito pelo outro, mas, certamente, pressupõe o objetivo de alcançar a intimidade com o outro, a coragem de expressar-se para o outro, não sedando antecipadamente os conflitos (Perls, 2002).

Todos os Gestalt-terapeutas que trabalharam e escreveram sobre seu trabalho com casais[5], além da especificidade de seu modelo, concordam com um procedimento básico que permite sustentar o que o casal já faz bem. Em consonância com os princípios epistemológicos já expostos, o psicoterapeuta não está interessado em buscar o que não funciona, mas em apoiar os recursos processuais que se revelam espontaneamente na forma como os parceiros se ajustam criativamente na fronteira de contato. Há uma parte da literatura gestáltica atual (por exemplo, LEE, 2008) que tenta contribuir fornecendo aos casais uma linguagem concreta para compreender o que está acontecendo entre eles em termos positivos e criativos.

A partir desse embasamento teórico e metodológico, desenvolvi um modelo próprio, que compartilha com os citados nas notas o suporte do que os parceiros já estão fazendo para se contatar, e se diferencia

[5] Expoentes fundamentais do Cleveland Institute, onde Sonia Nevis e Joseph Zinker fundaram o Department for Intimate Systems, ver entre outros Lee (2008); Lynch e Zinker (1982); Lynch e Lynch (2000; 2003); Melnick e March Nevis (1987a; 1987b; 2003); Wheeler e Backman (1994); Zinker (1994); Zinker e Nevis (1987); Zinker e Cardoso Zinker (2001).

deles na leitura das experiências do casal, com base nas três dimensões experienciais expostas anteriormente. Numa abordagem epistemológica que coloca no centro do interesse do Gestalt-terapeuta o suporte da intencionalidade de contato espontânea entre os parceiros, o modelo que aqui apresento brevemente (que pretendo descrever mais detalhadamente em futuras publicações) coloca tanto a leitura diagnóstica como o plano terapêutico nas duas dimensões processuais ortogonais: a *dimensão sincrônica*, que inclui momentos norteadores para orientar o *aqui-agora* da sessão do casal, e a *dimensão diacrônica*, que constitui o fundo experiencial no qual o casal chega à terapia.

3.1. O *Setting* do Modelo

Ao apresentar o modelo, devo especificar que sempre faço o casal sentar em duas cadeiras giratórias idênticas que podem girar 360 graus, enquanto eu me sento em uma cadeira não giratória. O *setting* faz, assim, uma distinção clara entre o casal que interage e o psicoterapeuta que observa, com preocupação e interesse.

Na ausência de cadeiras giratórias, os assentos do casal podem ser posicionados de frente um para o outro, de forma que os parceiros fiquem olhando um para o outro, e não na direção do psicoterapeuta. Ao longo da sessão, os parceiros são convidados a interagir um com o outro e a dirigir-se ao psicoterapeuta apenas para pedir ajuda. Como Sonia Nevis me ensinou, o psicoterapeuta olha para o casal em interação como se estivesse assistindo a uma partida de tênis de mesa ou a uma tela de cinema (recostado na cadeira) e intervém apenas quando sente necessidade de apoiar o processo de contato ou quando solicitado pelo próprio casal.

3.2. Os Momentos Norteadores do Modelo: a Dimensão Sincrônica

Todo modelo gestáltico de trabalho com casais está focado no *aqui-e-agora* do encontro entre o casal e o psicoterapeuta, e deve desenvolver um mapa para que o psicoterapeuta encontre direção no território representado por sua demanda e pela riqueza de sua interação. Seguindo as três dimensões vivenciais expostas anteriormente, podemos identificar os passos que o psicoterapeuta realiza junto ao casal para ajudar os parceiros a se redescobrirem na espontaneidade de seu *estar-com*, por meio do reconhecimento da mútua intencionalidade do contato.

Identifiquei quatro etapas, como mapa do percurso terapêutico, que vão desde o processo decisório do casal até o reconhecimento de sua "astúcia" por terem permanecido casal e do que conseguem fazer bem juntos, ao risco de pedir ao outro um comportamento concreto que possa fazê-lo sentir-se melhor até a revelação do amor pelo outro, geralmente encoberto pela vergonha e pelo medo de ser novamente ferido.

Aqui, então, está o mapa do modelo.

3.2.1. Primeira Etapa: "Por que Estamos Aqui"

Após as apresentações iniciais, e assim que o casal se acomoda nas cadeiras, o psicoterapeuta pergunta: "Já decidiram o que falar comigo hoje?" Geralmente, os parceiros, cada um mais disposto a oferecer sua própria versão individual do problema, se olham, percebem-se despreparados e respondem: "Não". O psicoterapeuta: "Então, vocês podem chegar a um acordo, aqui na minha frente, conversando entre vocês – e não se dirigindo a mim – sobre o assunto que vocês querem conversar comigo?"

O casal assim o faz. É importante que o psicoterapeuta não seja seduzido por qualquer tentativa de um ou ambos os parceiros de evitar olhar e interagir um com o outro: a informação que esta primeira etapa transmite ao psicoterapeuta, e o clima que esta condição consegue criar, são fundamentais para a aplicação do modelo. O psicoterapeuta observa os processos de tomada de decisão que o casal usa para responder ao pedido do psicoterapeuta. Há casais em que um propõe e o outro aceita sem hesitação, casais que não conseguem chegar a um acordo, casais que chegam a um acordo depois de uma negociação, etc.

O psicoterapeuta transmite ao casal o que observa. Por exemplo: "É assim que sempre acontece entre vocês? Um propõe e o outro concorda?" A observação processual do psicoterapeuta tem sobre os parceiros o efeito de fazê-los se sentirem vistos em suas profundezas: esse psicoterapeuta pode ver coisas que são verdadeiras. Como conseguiu percebê-los? Assim, o casal tem uma predisposição favorável ao psicoterapeuta, o qual parece ser alguém que pode olhar para o essencial, que não se deixa enganar ou confundir-se pela comunicação acusatória ou confusa do casal.

Pode acontecer de o casal chegar "preparado" à pergunta: "Já decidiram sobre o que falar comigo?", e eles responderem: "Sim". O psicoterapeuta: "Certo, vejo que vocês estão bem orientados no trabalho que vamos fazer. Vocês podem dizer um ao outro aqui na minha frente sobre o que vocês querem falar?"

Essa etapa, além de "estabelecer" o clima e o foco do trabalho terapêutico, fornece ao psicoterapeuta informações básicas sobre o modo como o casal em si funciona e o modo como ele funciona diante de um estranho a quem pede ajuda. O grau no qual o casal revela imediatamente a intimidade ou defende a privacidade até o momento em que se sente seguro em poder confiar no psicoterapeuta, é um aspecto que depende em parte da cultura a qual pertence, em parte do estilo do casal e em parte da fronteira de contato a ser cocriada com o psicoterapeuta em particular. Por exemplo: o tópico de quem decide o que comer é um conteúdo que pode ser revelado muito mais facilmente do que um conteúdo que tem o mesmo processo, mas é mais íntimo, como quem decide quando fazer sexo.

O psicoterapeuta observa se os parceiros estão respirando de maneira relaxada ou não quando interagem, se eles se olham sem dificuldade ou evitam olhar um para o outro, etc. Esta informação serve para que o psicoterapeuta estabeleça uma intervenção, tendo em conta a "linguagem processual" do casal, bem como os seus recursos.

3.2.2. Segunda Etapa: "Temos um Fundo Enquanto Casal"

O psicoterapeuta, atendo-se ao passo anterior, pede ao casal que encontre duas ou três coisas que façam bem juntos. Por exemplo: "Então, quando vocês têm que decidir alguma coisa, acontece algo parecido com o que aconteceu aqui: você, senhora, sugere e você (dirigindo-se ao marido) geralmente aceita" (ou "em casa, vocês geralmente chegam a um acordo, enquanto aqui, nesta situação, vocês não funcionam com a mesma certeza e harmonia"). "Certo, agora vocês podem encontrar duas ou três coisas que vocês conseguem fazer bem juntos como um casal?"

O casal é convidado a encontrar essas coisas enquanto se olha. Geralmente, ao contrário do que se poderia pensar, já que o casal está passando por uma crise, os parceiros conseguem encontrar um mínimo de coisas que possam fazer bem juntos. Por exemplo: "Conseguimos fazer as compras bem juntos" ou "Somos bons em cuidar de nossos filhos", ou ainda, "Conseguimos nos divertir juntos no teatro". Essa etapa tem uma importante produção diagnóstica e prognóstica para o psicoterapeuta, pois quanto mais o casal consegue identificar ilhas de bom funcionamento, mais recursos tem para a superação do problema que os levou a pedir ajuda. Às vezes, os parceiros não conseguem encontrar nenhum recurso em seu funcionamento e parecem dessensibilizados, desinteressados na possibilidade de funcionar satisfatoriamente. Isso dificulta a tarefa e esconde experiências muito dolorosas dos parceiros. Nesses casos, o psicoterapeuta pode pedir aos dois que encontrem algumas coisas que *costumavam* fazer bem juntos como casal. Isso torna a tarefa possível para todos os casais e dá um sentido ao seu ser casal, mesmo que se refira a momentos do passado.

É justamente no momento de desânimo, em que se pede ajuda, que o casal experiencia ter feito algo espontaneamente para que a relação funcione, o que é um grande suporte. Para eles, isso constitui uma sintonia conjunta com o fundo dos contatos do casal tidos como naturais, com as certezas do fundo experiencial, o qual, mesmo que apenas no passado, tornou possível a intimidade.

Essa etapa, portanto, predispõe os parceiros a ouvirem as intencionalidades positivas do outro, além dos medos percebidos em relação à sua falta de aceitação. Assim, eles estão prontos para a próxima etapa.

3.2.3. Terceira Etapa: "Eu Gostaria que Você..."

Uma vez alcançada a importante mudança de clima e perspectiva ("não estou aqui para te acusar ou para ter razão, mas para te conhecer melhor"), possibilitada pela segunda etapa, uma terceira etapa consiste em trazer à tona um comportamento específico – diferente do habitual – que cada parceiro gostaria do outro.

Este momento é crucial para a intervenção terapêutica com o casal, pois cada um dos dois é auxiliado a diferenciar no comportamento do outro a intencionalidade que o determina, separando-o da ferida que causa nele.

Suponha que um parceiro diga na sessão:

Esposa: *Quando ouço ele levantando a voz com nosso filho fico com dor de estômago, lembro quando meu pai me xingava e ele parece ser do mesmo jeito.*

P: *Olhe para ele. Recrie esse momento. Tente se concentrar em sua dor de estômago, mas olhando para ele. O que você percebe?*

Esposa (olhando para o marido): *Engraçado: depois de um tempo minha dor de estômago vai cedendo e o vejo me olhando desesperado, porque se sente isolado em fazer nosso filho entender algo importante. Tenho a sensação de que ele está me pedindo ajuda desesperadamente.*

P: *Você pode dizer isso a ele?*

Esposa (para marido): *Quando olho para você, você me parece desesperado, não tenho mais dor de estômago. Entendo que você não é violento, mas quer ajuda minha como mãe.*

Marido (para a esposa): *Você finalmente entendeu! Claro que quero sua ajuda, confio em você. O que me desespera é que você não me olha, diz que está com dor de estômago, como se quisesse se afastar de mim. Eu preciso de você.*

Às vezes, essa separação entre a intencionalidade do outro e os próprios medos implica treinar os parceiros para usarem uma linguagem que propõe em vez de acusar. Por exemplo: "Gostaria que você me perguntasse como eu estava me sentindo quando você foi embora" ou "Não me desagrada que você tenha satisfação em seu trabalho, mesmo que isso implique que podemos ficar juntos menos do que eu gostaria. Estou orgulhoso de você, orgulhoso do trabalho que você faz. Eu gostaria que você me perguntasse, de vez em quando, como estou, porque isso me daria a sensação de que você está interessado em mim".

No caso em que os parceiros se apresentam com estilo acusatório e se comunicam focando na culpa do outro, e não no que gostariam, é preciso compreender a expectativa frustrada e sustentá-la para que se transforme em manifestação do desejo, e não em comunicação acusatória (Satir, 1999).

Aqui está um exemplo:

Parceira 1: *Você nunca fez nada em casa.*

O parceiro 2 fica rígido na cadeira.

P. (para a parceira 1): *Você pode dizer ao seu parceiro o que você sente quando diz isso?*

Parceira 1: *Raiva, muita raiva, porque ele me vê trabalhando feito uma escrava dentro de casa e não faz nada.*

Parceiro 2 (para a psicoterapeuta): *Quando você der a ordem, eu falo.*

P. (para a parceira 1): *O que você espera que ele faça? Você pode dizer três coisas concretas? Por exemplo: pôr a mesa, dar banho nas crianças à noite, colocá-las na cama enquanto ela arruma a cozinha. Olhe para ele e diga-lhe diretamente.*

Parceira 1 (olha para ele com dificuldade, fica rígida, depois para a psicoterapeuta): *De que adianta? Ele nunca vai fazer isso.*

P. (para a parceira 1): *Você pode, por favor, respirar fundo e sentir as sensações do seu corpo? Agora olhe para ele, continue respirando, sinta a força que vem do seu corpo e sinta como você é uma pessoa diferente, sinta que não depende dele... agora diga a ele o que você gostaria.*

Parceira 1 (respira fundo, parece mais segura e diferenciada): *Eu gostaria que você desse banho nas crianças e as colocasse na cama enquanto eu preparo o jantar.*

Nesse ponto, ele está livre para responder à parceira de acordo com seu próprio ponto de vista, já que não foi forçado a ficar contra a parede pelas acusações dela. Essa estratégia comunicativa é importante, porque permite que cada parceiro se sintonize com a intencionalidade de contato do outro: a "reclamação" do outro que, a princípio, era sentida como uma acusação, agora é entendida como um desejo de contato, de ser aceito e considerado capaz de aceitar o outro.

3.2.4. Quarta Etapa: "Eu Gostaria que Você Soubesse que Eu..."

Quando os parceiros aprendem a estratégia comunicativa da terceira etapa e a escolhem conscientes dos efeitos positivos que ela cria em sua capacidade de (re)conhecer um ao outro para além de seus medos, uma quarta etapa é a de focar na própria intencionalidade de contato de um e do outro, de modo a entrar, em relação com um fundo de mutualidade, em vez de um fundo de desfechos individuais. *O outro não está ao nosso lado para curar nossas velhas feridas, mas para criar um novo relacionamento.*

Essa perspectiva de aceitação da novidade possibilita renunciar à cura de velhas feridas, o que, paradoxalmente, permite-nos vê-las de forma diferente. Primeiro, devemos aceitar que o outro não é o ideal que construímos para nós mesmos, como o outro lado da moeda de nossas velhas feridas. Assim, os parceiros poderão se perceber pelo que cada um, de fato, faz pela relação e pelo outro, modificando radicalmente a percepção anterior do outro como não acolhedor, desinteressado e a percepção de si mesmo como obrigado a tornar-se alheio, a não poder experimentar o tão almejado pertencimento. Esta é uma mudança perceptiva revolucionária.

Nesta etapa, o psicoterapeuta dá suporte à espontaneidade dos *parceiros* para entrar em contato um com o outro, dando um salto no escuro. Ambos têm a possibilidade de permanecerem presos em sua própria dor ou de se entregarem à novidade do contato com o outro. Trata-se de permanecer na atitude egotista de saber tudo sobre o outro, permanecendo resignado à impossibilidade de mudança, ou de... *rir*, de lançar-se no deslumbramento do outro sem se preocupar com suas próprias feridas.

3.3. O Uso dos Momentos Norteadores

Todas as etapas descritas aqui devem ser seguidas em cada sessão, na primeira, e em todas as seguintes. Elas se concentram nos três aspectos experienciais do casal, e o psicoterapeuta pode diagnosticar qual dos três aspectos demanda mais suporte para cada casal. Além de serem momentos norteadores para o trabalho terapêutico, essas três etapas são pontos de referência para o diagnóstico e a terapia de casais.

3.4. Considerando o Desenvolvimento do Casal na Intervenção Terapêutica: a Dimensão Diacrônica

Qualquer intervenção terapêutica em um casal deve ser inserida no momento do ciclo vital pelo qual o casal está passando. Se, entre as muitas formas de identificar (ver Figura 3) as etapas do ciclo de vida de um casal, considerarmos o critério da modalidade de contato predominante (Spagnuolo Lobb, 1987), podemos identificar o *tempo de confluência*, de apaixonar-se, no qual a falta de percepção das fronteiras (a cegueira de se apaixonar) garante a "solidificação" do vínculo do casal; o *tempo de introjeção*, no qual o contato é fundamentalmente mediado por regras – implícitas e explícitas – que, de alguma forma, definem a relação do casal e dão aos indivíduos a possibilidade de crescer em sua individualidade; o *tempo de projeção*, em que os dois atacam suas certezas mútuas para se reconhecerem em sua diversidade; o *tempo de retroflexão*, no qual – cada um sentindo a solidez de sua independência – consegue viver sem precisar do outro; o *tempo de contato pleno*, em que, na consciência de ser capaz de viver tanto sozinho quanto com o outro, eles podem decidir novamente estar com o "estranho".

Figura 3 – Modalidade de contato e dimensão diacrônica do casal

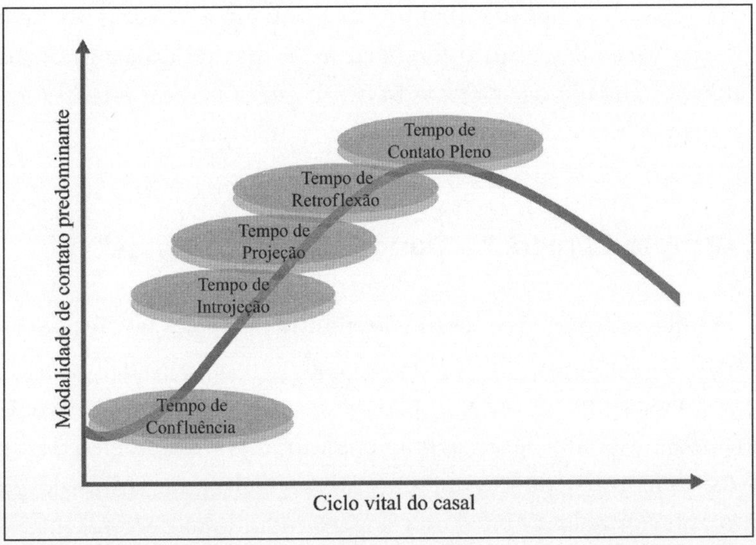

4. Apelo por Ajuda e Valores Sociais

O casal que chega à psicoterapia experimenta, de alguma forma, uma falha da intencionalidade de contato que caracteriza uma fase específica.

É interessante levantar a hipótese de que, com o desenvolvimento das tendências sociais, o momento no qual o casal entra em terapia se modifica. Na sociedade narcísica, em que a autoafirmação era o valor dominante, o casal entrava em terapia após os famosos dez anos de convivência, com o intuito de vivenciar melhor a independência dos membros individuais. Na sociedade borderline, na qual predominava a necessidade de encontrar uma identidade própria estável, o casal entrava em terapia pouco antes dos dez anos de vida em comum, com a intenção, compartilhada pelos parceiros, de não se sentir traído ou ameaçado pelo outro.

Na sociedade líquida, na qual se busca o próprio sentido de si, do próprio corpo, o casal entra em terapia bastante cedo, depois de apenas alguns anos ou meses de coabitação, para sentir as emoções em relação ao outro e a plena presença do *self* em contato, para sentir suas próprias fronteiras no contato com o parceiro.

De acordo com a fase do ciclo vital na qual o casal se encontra, o psicoterapeuta poderá dar o suporte apropriado, da forma adequada. Ele estará focado, respectivamente, em construir as certezas tidas como garantidas (*etapa dois*), em diferenciar as feridas de cada um dos dois da intencionalidade de contato do outro (*etapa três*) ou em alcançar o outro com a "nudez" de seu próprio ser (*etapa quatro*).

5. Exemplo Clínico: "A Dança dos Narcisistas"

O que se segue é apenas um dos muitos exemplos possíveis em que se descreve o apoio terapêutico a um casal no momento da retroflexão.

O casal, em questão, é abastado, sobrevivente de divórcios e reagrupamentos familiares, agora constituído por um núcleo de cinco pessoas: duas filhas do casamento anterior dela e um filho do casamento anterior dele. O casal está se perguntando se deve ter um filho juntos e entra em psicoterapia para compreender se eles são felizes ou não. Eles sabem que as muitas experiências pelas quais passaram, de alguma forma, reforçaram sua união, mas em sua percepção mútua, algo permaneceu não revelado, e isso os perturba.

Desde a primeira sessão, fica claro que, para ambos os membros desse casal, é particularmente difícil separar a intencionalidade do contato do outro e os próprios medos.

> **Ele**: *Gostaria que você tivesse sucesso em seu trabalho, porque fico feliz se você estiver feliz.*
>
> **Ela**: *Você não me parece honesto, você tem que me dizer o que posso fazer por você.*

É evidente que se a mensagem explícita que cada um manda para o outro é "Fico feliz se você estiver feliz", a mensagem implícita é: "Mas duvido que possa te fazer feliz". Ambos dizem a mesma coisa e, assim, se entrelaçam nesse jogo narcisista, no qual nenhum dos dois se arrisca a se entregar ao outro e a se mostrar em sua nudez, em seu limite. É como se cada um deles dissesse: "Falta-me alguma coisa, mas não posso pedir que preencha esse vazio, porque tenho medo de que você vá embora quando vir que não sou o que você gostaria que eu fosse". O medo narcisista é o de que, ao perder o outro, prove ser fraco, um "blefe". Assim, cada um desenvolve a capacidade de ser sempre uma ajuda ao outro, negando a si mesmo a possibilidade de receber ajuda. O eu ideal é gigantesco, o eu real é desconhecido.

> **P. (para ele)**: *Você pode perguntar algo concreto à sua parceira?*
>
> **Ele**: *Gostaria que você fosse mais imaginativa fazendo amor.*
>
> Isso é bastante genérico, mas ela entende, então, seu rosto escurece e ela diz:
>
> **Ela**: *Eu me pergunto de que maneira não sou imaginativa.*

Ela toma o desejo dele como uma "recriminação", em vez de se conectar com a necessidade dele como tal, aproveita a oportunidade de vinculá-lo ao seu próprio comportamento e o toma como uma desqualificação para ela. O eu ideal é destacado e não é possível mostrar o eu real diante desse pedido ("Estou feliz por você me querer mais livre").

Vendo o rosto dela escurecer, ele se arrepende de pedir algo para si mesmo e pensa que não pode se permitir ser livre com ela, senão a perderá.

Peço a ela que lhe responda rompendo a sensação de ter que ser de uma maneira coerente com a necessidade dele, considerando seu desejo não como uma avaliação de si mesma, mas simplesmente como um desejo dele. Ela consegue fazer isso e diz a ele:

> **Ela**: *Gosto muito do que você fala, gosto do fato de você querer brincar comigo, me sinto mais leve.*

Esta é a música que permite que duas pessoas com um estilo retroflexivo e narcisista se unam. Desde que cada um se sinta avaliado pela necessidade do outro (já que você quer algo que eu não te dou, significa que não consegui te entender), eles voltam ao jogo que os separa. Se eles são capazes de cuidar um do outro com leveza, libertando-se da sensação de ter que intuir magicamente o outro e, assim, cada um aceitando sua própria fragilidade e a do outro como *normal*, então, é possível que eles se unam.

> **Ele diz**: *Eu costumo colocar suas necessidades em primeiro lugar e as minhas em segundo* (ele diz isso em um momento de abertura).
> **Ela diz**: É difícil para mim acreditar em você (já que ela não se sente *'vista', acha que ele é uma criança que só vê a si mesma). Mas se eu decidir acreditar em você, me sinto sortuda por estar com você, que faria qualquer coisa por mim.*

Eu explico que, enquanto cada um dos dois achar que o outro é mais fraco e necessitado ("Fico feliz se você estiver feliz..."), o casal permanece no impasse onde nem pode alcançar o outro, nem pode ser alcançado pelo outro, tocando a mesma velha e conhecida música. Se eles confiam um no outro, criando um gesto desejado, mas sem evidência lógica aparente, tudo muda: a vida se torna uma aventura que eles sempre quiseram viver, e a força derivada das experiências passadas ganha a forma certa para alcançar e ser alcançado pelo outro.

6. Conclusão

A configuração de casal é, para mim, fascinante, mais do que qualquer outro trabalho em psicoterapia, talvez porque a dinâmica do casal evoque a relação com um duplo, com a mesmice e a diferença, com o outro, que é a realidade mais perturbadora da experiência humana. O drama do casal revisita o drama de ser reconhecido pelo outro significativo, experiência que está na base de todo senso de identidade e de alegria pela vida.

Eu sou fascinada pelo ajustamento criativo que cada casal consegue encontrar para enfrentar a incerteza gerada pelo outro como novidade. O entusiasmo cego de continuar arriscando apesar dos medos não pertence apenas à fase de se apaixonar, independentemente de quanto tempo dure no casal, mas é também o espírito no qual toda a vida do casal é confrontada. Atravessar a crise, olhar o diabo nos olhos – aquele diabo que, metaforicamente, está no outro – é a turbulência necessária para que a experiência do casal seja um caminho de crescimento profundo para os parceiros, uma mudança de percepção tanto das próprias histórias relacionais dolorosas quanto da experiência do parceiro.

De *O Pequeno Príncipe*, de Antoine de Saint-Exupéry (2003):

> O pequeno príncipe às rosas: "Você é linda, mas você é vazia. Ninguém poderia morrer por você. Com certeza, um transeunte comum pensaria que minha rosa se parece com você – a rosa que me pertence. Mas em si mesma, ela é mais importante do que todas vocês, centenas de outras rosas: porque é ela que eu reguei; porque é ela que coloquei sob a redoma de vidro; porque é ela que eu abriguei atrás do biombo; porque é por ela que matei as lagartas (exceto as duas ou três que guardamos para virar borboletas); porque é ela que eu escutei, quando ela resmungou, ou se gabou, ou mesmo às vezes quando ela não disse nada. Porque ela é minha rosa" (p. 82).
>
> O essencial é invisível aos olhos [...] É o tempo que você desperdiçou com sua rosa que a torna tão importante. [...] Tu te tornas eternamente responsável por aquilo que cativas. Você é responsável por sua rosa... (p. 84).

O Do-agora-para-o-que-está-por-vir na Psicoterapia Familiar

8

1. A Família como Ambiente e como Organismo ou o Pedido de Ajuda como Ato Criativo

Todos nós desenvolvemos a base das nossas capacidades terapêuticas, particularmente a empatia, na família de origem (ou ambiente íntimo), desde o nascimento ou mesmo desde a concepção (RIGHETTI; MIONE, 2000). Como as neurociências (GALLESE, 2007) e a pesquisa infantil (STERN, 2010; STERN *et al.*, 2000) mostraram amplamente, intuímos os movimentos intencionais do outro e agimos de tal forma que eles possam ser realizados em conjunto com os nossos. A criatividade do nosso ajustamento está precisamente nessa visão contínua de novas formas possíveis, para que nosso movimento em direção ao outro significativo seja "captável" por ele, assim como a bola em uma partida de vôlei.

Daniel Stern (1985) explica como a habilidade intersubjetiva[1] se desenvolve logo que a criança nasce: as ilhas intersubjetivas entre mãe e filho – ou entre filho e pai ou entre criança e ambiente humano em geral – constituem os lugares primários nos quais o *self* é formado – o modo como cada um de nós está no mundo. A capacidade intersubjetiva proporciona à criança o fundo da experiência da intimidade. O "eu sei

[1] Trata-se da capacidade de representar interiormente o outro, mesmo no conhecimento que ele tem de nós – na prática, a capacidade das pessoas-em-relação de dizer: "Eu sei que você sabe", "Eu sei que você sabe que eu sei", etc., o que, na epistemologia gestáltica, se torna: "Eu sinto que você sente", "Eu sinto que você sente que eu sinto", etc.

que você sabe que eu sei" é muito mais do que um saber cognitivo, é uma experiência global, de confluência saudável e de separação, inexprimível em palavras, na qual repousa o senso pessoal de segurança, a flexibilidade em aceitar a novidade, a espontaneidade do contato, em suma, a capacidade de ser íntimo e o ajustamento criativo ao ambiente.

Assim, nossos cérebros funcionam intuindo as intenções dos outros. Consequentemente, as relações da criança são estruturadas com um vínculo inteligente, "terapêutico", com os cuidadores: a criança conhece o desejo do adulto significativo e *estrutura seu próprio modo de estar-com para "resolver" o desejo do adulto também*, e quanto mais carente este *é, mais a criança tem que colocar suas próprias necessidades e desejos "entre parênteses". Essa* direção "terapêutica" do comportamento da criança é normal, faz parte do ajustamento mútuo com os cuidadores (Tronick, 1989); a criança sempre tende a resolver os problemas do meio ambiente (humano e não humano): isso faz parte do seu instinto de sobrevivência. É por isso que, como escrevem Ed e Barbara Lynch (2003), as crianças são os membros mais criativos e confluentes da família.

Assim, a família é nossa escola natural de psicoterapia, o lugar onde aprendemos a compreender os outros, no qual desenvolvemos nossa atitude mais ou menos cuidadosa[2]. Fica claro que quanto menos são reconhecidas as tentativas da criança (ou de qualquer outro membro da família) de se ajustar criativamente aos movimentos do ambiente familiar, mais sofrimento é desenvolvido em seus relacionamentos.

Para a Gestalt-terapia, o sofrimento das relações familiares sempre depende do entorpecimento da intencionalidade de contato de seus membros[3]. Não ser reconhecido na tensão em direção ao contato provoca

[2] Alguns pesquisadores da infância desenvolveram ferramentas diagnósticas para rastrear no adulto a dinâmica do apego: Dazzi (2006); Steele; Steele (2008), também com particular referência à gravidez (AMMANITI, 1992; AMMANITI *et al.*, 1995).

[3] *Intencionalidade não deve ser confundida com intenção.* A intencionalidade é o que anima e motiva o comportamento e, para a Gestalt-terapia, está diminuída na motivação para o contato. A intencionalidade do contato é um pouco como um sistema motivacional superior: sempre tendemos ao contato e isso constitui um quadro superior para a compreensão de qualquer comportamento. Portanto, não podemos dizer que um membro da família possa ter a intencionalidade de se aproximar ou de se afastar, de ser visto ou de ser invisível. Essas questões emocionais são *intenções* com as quais

nos membros da família, e particularmente nas crianças, a perda do senso de *self* (para a Gestalt-terapia, o *self* é o fazer contato, o *self* se cria no contato – ver Capítulo 2): a pessoa não se reconhece na direção de seu ser. Essa falta de reconhecimento da própria *vitalidade-em-direção-ao-outro* leva à dessensibilização da fronteira de contato. Se a pessoa não está em contato com o seu *self* inteiro, é impossível perceber (e assimilar) a diferença no outro. Esta é a base da visão gestáltica das relações familiares.

Os sofrimentos vividos na família, sobretudo os dos filhos (cf. Andolfi, 1977), podem ser devastadores. A família pode revelar-se como uma ilha de salvação e criatividade ou como um terreno infernal. Referindo-se à vasta literatura sobre as relações familiares (entre os muitos manuais, citaria, a título de exemplo, Andolfi, 2003; Gurman e Kniskern, 1995; Piercy, Sprenkle, 1986), gostaria de salientar aqui que os dois subsistemas familiares (o parental e o filial) se entrelaçam com diferentes papéis para desenvolver o tema de cuidar/ser cuidado, que é o objetivo da família. Na *Gestalt* geral da família, os pais nem sempre são pais e os filhos nem sempre são filhos; no final, porém, o que mantém a saúde, como afirma Bowen (1980), é a possibilidade de os membros se individuarem (tornarem-se indivíduos), o que a linguagem gestáltica traduz como realizar a intencionalidade de contato, aquele processo relacional que permite a individuação do *self*.

Esta é a família como ambiente, um lugar em que seus membros, como organismos humanos, aprendem modalidades de *estar-com*, no qual a intencionalidade de alcançar o outro pode ser vista e apreciada ou pode ser entorpecida, a ponto de criar um sofrimento insuportável que, sob certas condições, leva a família à terapia.

Nesse ponto, a família também é um organismo único que pede ajuda ao ambiente[4] entrando em terapia, mostrando-se ao psicoterapeuta

o contato é estruturado. "Quero ser invisível para você" é a *intenção* com a qual uma criança, por exemplo, pode estruturar sua intencionalidade de contato com uma mãe hiper ansiosa, para não lhe dar mais um problema.

4 Obviamente, este não é o único caso em que a família se torna um organismo único em relação ao meio ambiente: é assim também quando o grupo participa de um evento social, mas entrar em terapia exige que a família como um todo se concentre e, portanto, é uma condição privilegiada, na qual o grupo aparece em sua "gestalticidade".

em sua *Gestalt* global, como uma melodia desafinada que busca sua harmonia, para que todos os membros possam tocar sua própria música, criando uma *Gestalt* familiar harmônica.

O transtorno familiar é, geralmente, compreendido em termos do ciclo de vida da família (ver Malagoli Togliatti; Lubrano Lavadera, 2002), ou seja, ligando-o à passagem de uma fase de crescimento para outra, e o recurso à terapia implica a incapacidade da família de reorganizar, de modo autogênico, um novo arranjo de papéis e relacionamentos. Mas a passagem de uma condição para outra pode ocorrer não apenas pelo crescimento natural dos membros da família (que determina a fase de desenvolvimento), mas também por um fato traumático (lutos, acidentes, separações, crises financeiras, etc.) ou uma mudança importante (mudança de casa, nascimento de um novo bebê, chegada de um novo parceiro dos pais, etc.). É fundamental ler o mal-estar da família no contexto das mudanças que geraram sofrimento.

No entanto, defendo que, para responder com precisão à demanda por psicoterapia e manter-se fiel à epistemologia fenomenológica do *aqui-agora*, é necessário considerar uma importante variável do processo e da situação, a saber, *a estruturação da decisão de fazer terapia*. Para além do mal-estar percebido pela família em uma determinada fase do desenvolvimento (por exemplo: a pré-adolescência do primogênito, o filho iniciando o ensino fundamental ou a faculdade) ou em uma situação traumática ou destrutiva (por exemplo: a morte de um dos pais ou uma grave crise do casal parental), cabe também considerar a forma como a família decide fazer terapia como um ato criativo em si mesmo, o que implica abertura à mudança. Se a fase no ciclo vital ou na situação traumática nos informa sobre o sofrimento da família como situação (de que forma o pai não se sente espontâneo em relação ao crescimento do filho pré-adolescente, por exemplo), a experiência do pedido de ajuda nos informa sobre o suporte necessário para que a família como organismo avance em direção a isso (O que esse pai precisa para relaxar a fronteira de contato e o que essa criança precisa para se expandir como gostaria?). Em outras palavras, a pessoa entra em psicoterapia quando (1) se encontra em uma situação difícil e (2) decide pedir ajuda. Esta segunda condição, tão indispensável quanto a primeira (e a qual geralmente não recebe a atenção que merece), orienta a intervenção gestáltica. A abertura ao psicoterapeuta, implícita nessa escolha, é um fator importante a ser levado em consideração.

A situação difícil que leva a família à psicoterapia se concretiza em alguns fatos específicos: o sofrimento de um membro que não encontra conforto na família (por exemplo: ele está deprimido) ou o comportamento de um membro no qual a família não se reconhece (por exemplo: ele bebe) ou o alto grau de tensão diante de uma tarefa que impossibilita a família de manter o controle de seus deveres sociais (como no exemplo da sessão descrita adiante, em que a família não consegue respeitar o horário em que os filhos devem ir para a escola ou quando o pai e a mãe devem chegar ao trabalho). Em suma, a entrada em psicoterapia é ditada por um fundo de sofrimento relacional de toda a família frente a fatos concretos, os quais situamos no contexto desenvolvimental da passagem de uma fase para a outra ou na desestruturação provocada por eventos traumáticos. Desse pano de fundo do sofrimento familiar emerge a confiança em ser reconhecido por uma pessoa externa à família, que pode dar a cada membro permissão para ser ele mesmo diante dos outros. *É a confiança para se abrir a um estranho que determina sua entrada em psicoterapia*, e isso acontece por fatores complexos, os quais podemos definir como "dados", no sentido fenomenológico. O que se modifica é a percepção do mal-estar relacional e a confiança na possibilidade de ser ajudado por um estranho. Chega a um momento no qual a família, em dificuldade, entra em terapia porque percebe a "oportunidade" de poder sair do impasse. A forma como a família entra em contato com o psicoterapeuta traz em si o pedido de um apoio específico. O Gestalt-terapeuta deve olhar para esse fator, por assim dizer "estético", intrínseco à própria estrutura da experiência familiar, e não para a avaliação dos processos de amadurecimento.

A Gestalt-terapia familiar não está centrada nem no sintoma nem na fase de desenvolvimento pela qual a família está passando, mas no ato criativo de pedir ajuda ao ambiente.

Antes de apresentar os princípios epistemológicos do trabalho gestáltico com famílias, apresentarei o que defino como o novo paradigma do sofrimento das relações familiares em nossa sociedade, valendo-me também de um exemplo clínico. Em seguida, descreverei os critérios gestálticos para a escolha do *setting*, o diagnóstico e a intervenção com famílias. Como conclusão, proporei um modelo de intervenção em quatro etapas, exemplificado em uma sessão familiar.

2. O Novo Paradigma do Trabalho Terapêutico das Relações Familiares

Antes de definir o que é específico da Gestalt-terapia no trabalho com famílias, é importante identificar *o que* estamos tratando hoje, ou seja, qual é o mal-estar nas relações familiares, muito diferente do que acontecia quando, há cinquenta anos, nasceram os movimentos tanto da psicoterapia familiar quanto da Gestalt-terapia.

O movimento familiar nasceu de uma insatisfação por parte dos psicoterapeutas em relação à ótica individual. A observação de Gregory Bateson (1973) sobre a "transferência" de distúrbios psíquicos de um membro da família para outro foi, na década de 1940, o ícone de uma nova perspectiva psicológica: ecológica, holística, gestáltica, relacional, de campo ou sistêmica. Cada quadro de referência epistemológica lançava luz com sua própria linguagem sobre o que, de fato, era um desenvolvimento cultural: a necessidade de deixar de lado a abordagem individual para focalizar o relacional.

O interesse generalizado pelas relações –manifestado em todos os campos da cultura, da física à filosofia e à arte – surgiu a partir do pano de fundo da valorização cultural da experiência subjetiva, típica dos anos 1950. Os valores das intervenções clínicas giravam, consistentemente, em torno do apoio à separação do outro ou do sistema de referência. Na terapia familiar, falavam, por exemplo, da necessidade de "desmame do sistema" – para adolescentes em primeiro lugar, mas também para adultos que "não cresceram muito" – como o objetivo terapêutico que resolveria o estresse que as famílias traziam para a terapia. A solução dos problemas familiares, em suma, encontrava-se basicamente na separação do indivíduo do sistema de referência, na sua individuação livre e criativa em relação à massificação controladora e/ou confusa. Essa perspectiva foi compartilhada por todas as abordagens psicoterapêuticas, incluindo a Gestalt-terapia (ver próxima seção).

Hoje, devemos reconhecer que – embora a individuação criativa continue sendo um valor universalmente reconhecido para o desenvolvimento saudável tanto do indivíduo quanto da relação – o objetivo terapêutico na sociedade contemporânea não pode mais ser o desmame ou a individuação, mas deve ser o pertencimento, o enraizamento, o profundo sentido de *estar-com*.

Nas relações familiares atualmente, o que falta é a possibilidade de construir o senso de *rede de segurança* para os membros, a presença percebida, sabendo que o outro "está em casa", ainda que de forma manipuladora, agressiva, mas presente. Em outras palavras, se, anos atrás, *a psicoterapia familiar tinha que ser fundamentada no suporte da separação das relações bloqueadoras, hoje ela deve ser centrada na construção de relações até então inexistentes.*

As famílias da atualidade têm um mal-estar diferente: filhos que se tornam vítimas de drogas e de outras substâncias que criam, justamente, dependência; transtornos alimentares cujas manifestações clínicas se encontram cada vez mais em um universo de sintomas no qual se perde o contato com a naturalidade do corpo; transtornos de ansiedade e sentimento de alienação de si mesmo (ou depressão), uma manifestação dramática da profunda solidão derivada da carência de relação, e não da necessidade de se diferenciar dele.

Essa é a nova realidade das relações familiares, e toda abordagem deve levar em conta a necessidade de mudança na prática clínica que isso envolve. Tratar uma família com graves transtornos de dependência, como se fosse uma família que não permite o desmame da prole, é um erro clínico que não podemos nos permitir.

Nos transtornos dos jovens nas décadas de 1970 e 1980, a situação era diferente: as drogas eram o paraíso artificial no qual os jovens se refugiavam de experiências conflituosas com seus pais, que, ao contrário, eram socialmente realizados e egocêntricos. Esses pais, espírito da cultura narcísica, pretendiam para sua prole a perfeição que convém ao descendente de um deus e evitavam passar pela necessária aceitação humana de sua fragilidade. Nesse contexto social, era correto dar suporte aos jovens para se tornarem independentes de vínculos incapacitantes.

Mas os jovens dependentes químicos de hoje, antes mesmo de não conseguirem se libertar da família, sofrem de uma dessensibilização corporal que os protege da ansiedade gerada pela falta de contenção relacional (ver Introdução). O uso da substância tóxica não os faz se sentirem capazes de independência, mas é buscado para sentir o próprio corpo, sentir que são pessoas vivas (embora o uso de drogas termine tragicamente por anestesiar ou matar). O tratamento clínico de famílias com problemas de dependência – ou com qualquer outro problema epidemiológico do transtorno do jovem – deve, portanto, contemplar a redescoberta do *self*-em-contato dos membros, começando pelo sentimento corporal e pelas emoções despertadas pela presença dos outros membros da família.

A sensibilização corporal, a contenção emocional e a presença plena na fronteira de contato com o outro, com as devidas modificações a serem aplicadas em casos clínicos singulares, podem constituir o novo paradigma da terapia familiar, em oposição ao paradigma de independência e de desmame, que caracterizava o nascimento do movimento familiar, compartilhado também pelo movimento humanista.

3. Gestalt-terapia com Famílias

Como a Gestalt-terapia trabalha com o sofrimento familiar? Que objetivo terapêutico ela coloca no centro do seu trabalho clínico com as famílias? Quais são as condições que levam o Gestalt-terapeuta a escolher o ambiente familiar em vez do individual, do casal ou mesmo do grupo?

Como sabemos, a terapia familiar nasceu em oposição à importância dada ao inconsciente na psicanálise (Bertrando; Arcelloni, 2009). Os pioneiros desse movimento mostraram que o que move o comportamento das pessoas não é o inconsciente, mas aspectos relacionados ao sistema de relações nas quais estão inseridas, sendo o mais importante o sistema de relações familiares. Como um sistema é definido pelos elementos que o compõem e pelas relações entre eles (Bertalanfy, 1956), entende-se que o controle do sistema é um dos aspectos decisivos das relações humanas. Assim, o movimento sistêmico deu ao mundo da psicoterapia a possibilidade de ampliar a análise (anteriormente circunscrita à esfera intrapsíquica) no nível relacional, e de considerar as razões da circularidade comunicativa (a pontuação da sequência de eventos, longe de representar a verdade, serve apenas aos parceiros em interação para "provar" que alguém está certo), e não as razões dos temas psicodinâmicos clássicos (o desenvolvimento da libido, o Édipo, a primazia afetiva do genitor do sexo oposto, etc.). O que as teorias sistêmicas nunca consideraram suficientemente são as emoções e seu uso na intervenção terapêutica (Bertrando; Arcelloni, 2009).

A Gestalt-terapia também nasceu para superar certas limitações da psicanálise, partindo de vários impulsos das tendências culturais: era preciso superar a mentalidade avaliativa, interpretativa, dicotômica, propondo a primazia da perspectiva fenomenológica, experiencial, centrada nos sentidos, portanto, estética. Na Gestalt-terapia, observamos o modo como os membros da família já estão funcionando e sustentamos sua intencionalidade de contato. A primazia da experiência torna ainda a intervenção familiar gestáltica capaz de considerar as emoções, os valores, as sensações corporais, em uma unidade experiencial que tende ao contato com o outro. Assim, a Gestalt-terapia tem as ferramentas para abordar a família do ponto de vista da experiência atual, apresentada por ela na sessão, para abordar o distúrbio das relações familiares como uma falta de espontaneidade na fronteira de contato e para sustentar o que já está ali, a intencionalidade de contato entre os membros que se reduz no modo individual, mais ou menos realizado, de se revelarem uns aos outros. Neste sentido, a intervenção familiar dá ao Gestalt-terapeuta a possibilidade de trabalhar as relações fundamentais *in situ* e de sustentar o *Do-agora-para-o-que-está-por-vir* que expressa a motivação pela qual a família entra em terapia.

O trabalho com famílias não tem sido, historicamente, primordial para a Gestalt-terapia, e a escolha de usar ou não o ambiente familiar fica a critério do psicoterapeuta. No entanto, os princípios epistemológicos desta abordagem estão perfeitamente alinhados com a intervenção familiar.

Um modelo gestáltico de família focaliza o diagnóstico na experiência de contato entre os membros, na plenitude de sua presença (ou *awareness* na fronteira de contato) e na espontaneidade ou falta de espontaneidade com a qual se alcançam. A intervenção clínica sustenta o *Do-agora-para-o-que-está-por-vir* de seus membros, a intencionalidade de contato (diferente da intenção) não realizada, o gesto inacabado de cada membro, e isso, pelo efeito de autorregulação, leva *à* harmonia e *à* espontaneidade das relações familiares.

Certos aspectos característicos da epistemologia gestáltica são compartilhados por modelos familiares sistêmicos, o que tornou integrações das duas correntes particularmente fáceis, como nos trabalhos de Zinker e Nevis (1987) e Lynch e Lynch (2000; 2003). Ambas as abordagens, na verdade:

1. Estão interessadas nos processos relacionais que se estabelecem entre os membros e não nos conteúdos. O próprio sintoma expressa metaforicamente um processo relacional que tenta resolver uma tensão insuportável. Estar focado no processo significa prestar atenção à experiência corporal, à comunicação não verbal e à pragmática da relação humana. Em uma família cujo o filho primogênito de 7 anos está sofrendo de enurese secundária, por exemplo, o pai afirma com orgulho que em sua família reina a democracia e a liberdade de expressão, ao mesmo tempo em que não permite que os outros falem. Olhando para o processo das interações familiares, somos levados a pensar que nesta família há coisas óbvias que não podem ser ditas, que é impossível ser espontâneo e que a enurese do menino pode ser uma metáfora para a necessidade de toda família se soltar, incluindo o pai. Mesmo a composição coreográfica na qual a família se senta é uma comunicação não verbal sobre a facilidade/dificuldade dos membros da família entre si – com quem se sentem mais relaxados e de quem se sentem distantes – como também sobre o controle exercido por alguns membros sobre outros.
2. São centradas no presente. Elas trabalham na situação terapêutica dada, mais do que no passado. É a presença do grupo familiar com o psicoterapeuta que fornece a evidência clínica sobre a qual trabalhar.
3. Consideram a família como um único "organismo", uma *Gestalt*, na qual todos colaboram ativamente para resolver o problema, que pode ser representado em uma figura (sinto-

ma) ou percebido no fundo (a família percebe um mal-estar, mas há nenhum sintoma específico).

4. O sintoma é definido como o fracasso de um esforço para tratar o distúrbio familiar e como uma mensagem para obter a mudança desejada.

Apesar dessas semelhanças, há aspectos epistemológicos específicos da Gestalt-terapia a serem considerados, como o conceito de *campo fenomenológico*, que é diferente do conceito de sistema (Spagnuolo Lobb, 2007d), e a *intencionalidade de contato*, a cifra hermenêutica com a qual lemos cada evento familiar, que o Gestalt-terapeuta sustenta e reconhece, diferentemente de como o psicoterapeuta familiar trabalha com a aliança. O campo fenomenológico é o conjunto de fronteiras de contato cocriadas pelos membros da família, através do modo como são "dadas" à percepção de cada membro. A intencionalidade do contato é o mapa que orienta tanto o diagnóstico quanto a intervenção do Gestalt-terapeuta, e se baseia em critérios estéticos intrínsecos à relação entre os membros (Francesetti; Gecele, 2011).

4. Um Exemplo da Vida Cotidiana Contemporânea

4.1. A Pergunta de uma Mãe

Este exemplo refere-se a uma consulta que uma mãe solicitou comigo. Escolhi esse caso porque me parece ser um exemplo eficaz da dessensibilização perturbadora e silenciosa de uma fronteira de contato que se estabelece atualmente nas primeiras relações familiares e que emerge macroscopicamente após um período de tempo mais ou menos longo, de acordo com as condições de desenvolvimento e ambientais.

Neste exemplo, dois níveis de intervenção são aparentes: o apoio terapêutico da relação da mãe com a filha e o suporte oferecido ao contato da mãe comigo. Não considero aqui os contatos entre os membros da família, entendidos como um campo fenomenológico completo (em vez disso, estes contatos serão o núcleo do próximo exemplo clínico), precisamente para que seja possível enfocar como uma intervenção terapêutica diádica pode atuar sobre a família como um organismo a partir de uma dada realidade (uma pergunta da mãe), do contato disponível para a mudança no *aqui-agora*.

Uma mãe vem conversar comigo, preocupada com o comportamento de sua segunda filha, uma menina de 11 anos. A mulher está desempregada, o pai tem uma empresa de encanamento e passa grande parte do tempo no trabalho, pois é a única fonte de renda da família. Ele escolheu um papel periférico no lar, confiando a tarefa de criar os filhos à esposa, que não se queixa disso durante nossa entrevista. O primeiro filho é um menino de 15 anos, um jovem calmo, apaixonadamente dedicado ao computador. A menina sempre foi bastante inquieta e, muitas vezes, somatizou seu descontentamento de várias maneiras: um caráter desajeitado que não pode suportar limitações. Sempre foi mimada pela mãe, que nunca se zanga e lhe explica tudo com calma. A mãe reage à dificuldade da filha com uma espécie de complexo de Pollyanna[5]: de qualquer modo, ela apoia e valoriza sua inteligência. Acontece que a menina sofre de dores de cabeça com frequência. Nos exames médicos, nada orgânico aparece. Isso leva a mãe a consultar uma psicoterapeuta. Ela conta que a menina costuma ficar tensa, faz várias acusações aos pais, algumas estranhas, como não querer que a família toda viaje junto. Em suma, segundo a mãe, parece que qualquer coisa serve de desculpa para criticar. As dores de cabeça surgem em momentos exigentes (dever de casa). A menina diz que não quer estudar, mas pela forma como fala, parece que ela quer insinuar uma pergunta para a mãe: "Você quer que eu tenha/acha que posso ter sucesso nos estudos?".

É a própria mãe que me relata essa sensação, mas ela não sabe comunicar o "sim" à filha. Essa indefinição do outro, percebida tanto pela filha quanto pela mãe, a partir de uma relação aparentemente muito positiva, é uma situação típica das relações familiares de hoje: uma ausência impalpável do outro. Pergunto à mãe: "Que dificuldade você tem em aceitar que sua filha pode fracassar na lição de casa?" Ela

[5] Pollyanna é a protagonista das histórias de Eleanor Hodgman Porter, uma criança extremamente otimista que vê o bem em tudo. A metáfora contida nessas histórias foi introduzida na Psicologia por Schafer com a "negação de Pollyanna", a tendência de ver exclusivamente os aspectos positivos da realidade, a fim de eliminar os aspectos negativos.

imediatamente responde: "Nenhuma. De qualquer forma, não falta nada para minha filha". Digo: "Estou pedindo que preste atenção nas sensações do seu corpo antes de responder. Quando você vê que sua filha não consegue fazer a lição de casa, o que você sente lá no fundo? Deixe a resposta emergir dos sentimentos do seu corpo". A mãe reflete, respira e responde: "Sinto uma angústia profunda. Eu me pergunto o que eu não fui capaz de dar a ela. Por que ela falha? E o que *eu* posso fazer se ela falhar? Então, fico angustiada. Agora entendo que, na minha relação com ela, nego essa minha angústia e 'cegamente' vejo apenas sua inteligência, que, naquele momento, não é do que ela precisa. Faço isso só para não sentir o mal-estar dela, que não sei administrar".

Aproveito este momento da revelação da mãe para mim e continuo: "E o que você acha que sua filha sente quando você – negando sua angústia – diz a ela que, como ela é tão inteligente, certamente vai conseguir?" A mãe: "Minha filha não se sente acolhida em sua dificuldade, pois entende que minha angústia me cega e, então, me protege, não fala nada, se fecha bem na minha frente. Acho que nesse momento, ela sente que está explodindo entre sua angústia e a impossibilidade de contar a alguém, e então, fica com dor de cabeça".

4.2. *Alteridade* Confiável como um Valor Ético da Intervenção Familiar

Fico sempre emocionada quando um progenitor percebe que é amado por seu filho, talvez até mais do que é capaz de amá-lo. Acredito que este é um momento em que o universo se desvela à pessoa: embora o compromisso sincero e criativo que cada um de nós faz para *estar-com* seja fundamental para construir uma sociedade ativa e responsável, perceber que isso não é tudo o que existe, que o outro nos ama mais do que pensamos, faz com que nosso ego se renda a uma beleza maior.

Redescobrir esse sentido de alteridade confiável, da possibilidade de confiar aos outros o que não podemos fazer é, a meu ver, o valor ético fundamental de toda intervenção terapêutica com famílias (e não apenas com elas).

Voltando à pergunta da mãe, digo a ela: "É um momento difícil para sua filha; aos 11 anos, ela tem muitos sentimentos novos e muito o que fazer. O hábito de ser mimada leva-a a se recusar a fazer o dever de casa quando tem dificuldade, ou seja, a não arriscar a humilhação de não conseguir fazê-lo. Você mesma disse que sua filha às vezes lhe diz: 'Não posso ser humilhada na frente da turma'. Além da angústia de não conseguir, há um desejo em sua filha que é normal para o seu crescimento: que a dor de cabeça não a bloqueie, que ela possa se dedicar ao trabalho apesar da limitação da dor de cabeça, que ela possa se sentir capaz de superar o que costumava pensar não poder ser superado e que possa até se definir como uma garota inteligente para a sociedade. Isso só será possível se sua filha puder se abrir com alguém sobre seu medo de não conseguir realizar esse desejo, sem se sentir culpada ou julgada. Sentir que você está preocupada torna-se para sua filha um laço que não permite que ela cresça. Seria mágico para ela sentir-se reconhecida pelo esforço que faz para estar lá. Seria relaxante ouvir alguém dizer: 'Vejo que você está realmente determinada em não desistir e em se controlar; quando você tem medo de não conseguir fazer alguma coisa, sua dor de cabeça permite que você não falhe'".

Essa conversa convence a mãe: ela acha uma boa solução para não passar por cima da dificuldade da filha e, ao mesmo tempo, não a atolar com uma atitude compreensiva. A intenção da menina é crescer, e "crescer" significa conseguir, apesar de seus medos, apesar da dor de cabeça que ela realmente sente, embora ainda experimente o medo de a dor de cabeça ser mais forte que ela. Nesse caso, a ajuda que a mãe pode lhe dar consiste em equilibrar uma atitude positiva a qual, por si só, alimentaria o estilo narcisista (o apelo ao eu ideal: "você está no jogo e vai conseguir"), o que é perigoso, na medida em que não faz nada além de manter a sensação de fragilidade e a impossível revelação do eu real da menina com o reconhecimento concreto dos processos de autorregulação social e a intencionalidade de ser de valor para a sociedade.

Mas uma "revelação" desse tipo na fronteira de contato entre mãe e filha deve, necessariamente, passar da sensibilidade corporal, da capacidade da mãe de reconhecer em seu próprio corpo a sensação da angústia de não ser uma boa mãe ao ver a filha desanimada e, em vez disso, perceber no corpo da filha (na sua respiração, na sua postura, na forma como ela respira quando a mãe a olha, etc.) o desejo de conseguir e ser reconhecida nessa situação pela mãe. No contexto da dessensibilização corporal no qual se desenvolvem hoje as relações íntimas primárias (ver Introdução), esta é a "verdade" que deve ser alcançada na relação entre pais e filhos: uma copresença que é, antes de tudo, sensorial, chamada por Merleau-Ponty (1979), acertadamente, de intercorporeidade.

4.3. Os Riscos na Vida Cotidiana das Relações Familiares Atuais

Pode ser que, no exemplo dado acima, a falta de entendimento entre mãe e filha também seja sustentada ou acompanhada pela negação de um conflito entre o casal parental ou por dinâmicas familiares não evidenciadas na descrição dada por mim, e certamente o contexto relacional mais amplo do qual emerge o contato mãe-filha deve ser considerado.

Ademais, o exemplo expressa claramente um aspecto profundo da vida cotidiana das relações familiares da atualidade. Neles, insinua-se o perigo de uma solidão angustiante, caracter*ística* da experiência da jovem e que, então, leva às manifestações clínicas acima esboçadas. Atualmente, na sociedade líquida da incerteza, os adultos, frutos da sociedade narcisista, habituados à solidão que lhes permitiu emergir como indivíduos de relações bloqueadoras, são desafiados a se reinserirem na relação com a sua prole, arriscando o senso de fracasso do eu ("Eu sou um pai incapaz"). Somente essa presença concreta pode dar-lhes a contenção de um contato real, o sentido de "casa", bem diferente das exigências severas de um eu ideal, as quais servem apenas para afastá-los da concretude dos sentidos.

5. Critérios Gestálticos para Diagnóstico e Intervenção com Famílias

5.1. A Escolha do *Setting*

É necessário dedicar algumas palavras à escolha do setting do psicoterapeuta. Quando, segundo a Gestalt-terapia, é aconselhável atender a família e quando é preferível escolher um *setting* individual ou de casal?

Um primeiro sinal importante a favor é uma demanda que envolve o sofrimento de um menor. Quando o pedido de ajuda é feito pelos pais em razão de um problema (real ou suposto) de um filho, é necessário um *setting* familiar, no qual fique clara a existência de um sofrimento relacional intergeracional, de modo que ambas as gerações presentes na família devam ser ajudadas. De acordo com o estilo específico do psicoterapeuta, então, o *setting* familiar pode estar associado a um *setting* infantil. Há psicoterapeutas que desenvolvem um modelo de intervenção com crianças (Oaklander, 1978; Mortola, 2006), o qual, no entanto, está associado à contribuição do *setting* familiar, normalmente conduzido por outros psicoterapeutas. A escolha do *setting* familiar implica a confiança na família como uma unidade fenomenológica; se a dificuldade é percebida na família, o campo fenomenológico, no qual esta se revela, tem em si a capacidade de enfrentá-la: há energias retrofletidas, intencionalidades de contato não expressas que criam o mal-estar. O psicoterapeuta ajuda os membros da família, no aqui e agora, a permitir que essas energias de contato se desenvolvam em direção ao seu propósito.

Outra razão importante para a escolha de um *setting* familiar pode ser um pedido por parte de um indivíduo adulto para esclarecer e fazer desenvolver certas comunicações com os membros de sua família de origem ou da família atual. Isso acontece, por exemplo, durante uma psicoterapia individual ou em determinados períodos da vida, nos quais se sente a necessidade de desbloquear certas dinâmicas familiares percebidas como obstáculos ao crescimento da pessoa.

O caso mais difícil de avaliar é o pedido de ajuda dos pais para um adolescente ou do próprio adolescente. Como a adolescência é um período de passagem de padrões relacionais predominantemente íntimos (a necessidade de intimidade vivenciada no *oikòs*)[6] para padrões relacionais mais sociais (o sentimento de poder atuar na *pólis*), a psicoterapia familiar com adolescentes deve ter sempre o objetivo específico de sustentar as intencionalidades de contato entre os membros da família, dizendo uns aos outros o que é necessário para que

6 Em grego, isso significa "casa".

o adolescente se sinta reconhecido pela família e, assim, possa sair ao mundo com uma definição positiva de si mesmo. O adolescente deve sentir que "os adultos podem ver quem eu sou" (*função-personalidade*)[7] e deve sentir que está caminhando em terra firme. O fundo que advém dos contatos tidos como garantidos deve suportar com ele o enfrentamento das novidades: "Se não estou à vontade, meu corpo me contém assim como minha casa e minha família me contiveram" (*função-id*). O ambiente familiar é o melhor lugar para dar esse apoio ao adolescente, que deve ser ajudado a "decolar". Atingido esse fim, o psicoterapeuta verá se encerra a psicoterapia ou se continua a intervenção terapêutica em um *setting* diferente, por exemplo, com o adolescente sozinho ou com o casal parental, de acordo com quem fez o pedido inicial, ou quem ainda sente a necessidade de ser apoiado na mudança.

5.2. O Diagnóstico da Gestalt-terapia e o Olhar Clínico no *Setting* Familiar

Quais são os critérios que orientam o Gestalt-terapeuta de família no diagnóstico e na psicoterapia?

Existem dois conceitos centrais em relação à família como organismo: o conceito sincrônico da *cocriação da fronteira de contato* como a realização (mais ou menos espontânea) da intencionalidade de contato entre os indivíduos e com o psicoterapeuta, e o conceito diacrônico do fundo relacional da experiência, representado pelo *contexto do desenvolvimento*, pela experiência da família vinculada à sua história (que inclui tanto o ciclo vital familiar quanto

possíveis fatos traumáticos). Ambos são apreendidos no aqui e agora do contato da família com o psicoterapeuta, o qual apontará para a observação do comportamento e das experiências individuais a esses dois aspectos da família como um organismo total. Considerando o *setting* familiar como um campo situacional, em um sentido fenomenológico, tudo o que observamos é um "dar-se" à relação e, além disso, consideramos a experiência que os membros da família têm

[7] Para a definição de *função-personalidade* e *função-id*, veja o Capítulo 2.

na fronteira de contato, a qual separa e ao mesmo tempo vincula suas individualidades na transitoriedade do momento.

Aqui estão seis aspectos fundamentais que orientam o Gestalt-terapeuta de família no diagnóstico e na sua intervenção terapêutica.

1. A *presença* (vs. *dessensibilização) na fronteira de contato* de cada membro como síntese harmônica das funções do *self* (ver Capítulo 2).

Esse aspecto informa o psicoterapeuta quanto à percepção que os membros têm dos processos relacionais corporais (fazer contato por meio da *função-id* do *self*) e dos processos relacionais ligados ao papel (fazer contato com a definição que cada um faz de si mesmo, ou seja, a *função-personalidade*). Quanto mais claras forem essas percepções, melhor o *self* será orientado para escolhas criativas que levem o outro em consideração na fronteira. Quanto menor a clareza perceptiva na fronteira de contato, menos o *self* fica livre para se concentrar na situação, uma vez que está em outro lugar (dessensibilizado). Por exemplo: quando um pai fala sobre o problema, o quanto ele percebe o que os outros estão sentindo? Quando um filho responde aos pais, quão livremente ele respira, quão confortável ele está em sua cadeira, quão calmamente ele olha para os outros? Observar quão sensíveis são os membros da família ou, ao contrário, quão dessensibilizados eles estão em fazer contato informa ao psicoterapeuta seu grau de *awareness*.

2. *O mapa do entrelaçamento das modalidades de contato* dos membros singulares (Spagnuolo Lobb, 1987; ver também o Capítulo 4).

O pai, por exemplo, pode usar uma modalidade retroflexiva ("Nesta família sou eu que faço tudo, mas não reclamo disso, o difícil para mim é não ser valorizado"), enquanto a mãe pode usar uma modalidade introjetiva ("Minha consciência está tranquila, porque cozinho, limpo a casa, ou seja, cumpro meu dever de mãe").

No "A" dado pelo casal parental, então, a prole modula criativamente seu estilo de contato: podemos imaginar, simplesmente a título de exemplo, uma modalidade projetiva do filho mais novo, que acusa a todos e se retira para um canto; ou uma modalidade confluente da filha mais velha "adolescente desajeitada" (provavelmente a "cliente designada") que vive no mundo dos sonhos; ou uma modalidade retroflexiva do filho do meio que, sentindo-se não reconhecido em um papel específico, fecha-se em grandiosas fantasias de conquista do mundo. Isso significa que cada membro da família terá uma modalidade diferente de levar adiante a energia do contato com os demais componentes e uma "fragilidade" específica. Um será levado a introjetar, porque se sente desamparado no momento de direcionar sua energia; outra será levada a retrofletir em consequência da certeza dos outros de que poderá cuidar de todos, e assim por diante (ver Capítulo 4 sobre o diagnóstico gestáltico).

Essa dimensão informa o psicoterapeuta sobre a "música" que a família compõe com seu próprio modo de ser e sobre os possíveis sofrimentos e incompreensões gerados pelas diversas modalidades que os membros têm de desenvolver a intencionalidade de contato. Compreender o mapa dos entrelaçamentos das modalidades de contato dos diversos membros é uma descoberta interessante para o psicoterapeuta, que pode admirar a beleza, a intencionalidade amorosa com que se estruturam esses ajustamentos criativos.

3. *Flexibilidade/rigidez na aceitação da novidade.*

O psicoterapeuta observa até que ponto é possível, na família, que os vários membros sejam diferentes uns dos outros e aceitem a novidade em geral. A flexibilidade/rigidez com que a família aceita a novidade influencia o processo de individuação/massificação descrito por Bowen (1980). Quanto mais flexível a família for para assumir a novidade, conseguindo integrar em seu processo a novidade representada pela mudança e pelo crescimento de seus membros, permitindo que sejam indivíduos únicos, mais saudável ela é. Mas quando há uma rigidez no tocante à aceitação da novidade, o processo de individuação é dificultado e surge o seu contrário, a massificação (todos são iguais, qualquer divergência é rigorosamente trazida à "normalidade"), caso em que a família é portadora de um sofrimento relacional.

Há situações familiares nas quais o clima geral permite aos seus membros se expressarem, e situações em que, ao contrário, o clima criado nas interações não permite a liberdade de expressão: temem que a novidade, a diferença, destrua esse esboço de certeza que a família construiu com tanta dificuldade. Essa dimensão informa o psicoterapeuta da fragilidade ou não da família como organismo e o alerta para a possibilidade de gerar patologias graves.

4. A capacidade dos membros de *cuidar/entregar-se ao cuidado*.

O psicoterapeuta observa até que ponto os vários membros da família conseguem se cuidar ou se confiar aos outros, tanto em relação ao papel assumido – de pais, no caso de cuidar, e de filhos, no caso de se confiarem para serem cuidados – e em relação à flexibilidade dessa competência para além do papel. De fato, uma genuína capacidade de cuidar por parte dos pais leva à mesma capacidade nos filhos; a falta desta permutabilidade naquelas famílias em que a atribuição dos papéis geracionais *é* bem definida nos faz pensar em um cuidado parental rígido ou "simbólico", que não é, de fato, percebido pelos filhos como tranquilizador.

A capacidade dos pais de cuidar dos filhos é a base da experiência de "ser família", e não se refere nem à capacidade de satisfazer ou de convencer a prole, nem de explicitar as emoções. Ela está ligada à habilidade de intuir a partir do corpo dos filhos, mais do que de suas palavras, o *Do-agora-para-o-que-está-por-vir*, sua intencionalidade de contato, e isso pode dar origem a algo muito diferente de concordância. Por exemplo: uma menina de três anos não quer lavar as mãos antes de se sentar à mesa para comer. Ela diz: "Não, não vou lavar as mãos" e pega um pedaço de pão para comer. Sua mãe e seu pai estão realmente determinados a fazê-la lavar as mãos, mas não usam sua força física para conseguir isso, explicando que ela tem que lavar as mãos, porque, se não o fizer, a sujeira em suas mãos entrará na boca e depois na barriga. Eles têm certeza de que ela pode entender isso, então não a deixam comer sem lavar as mãos. A criança pode até começar a chorar, mas eles continuam inflexíveis, embora nunca sejam violentos. No final, a menina sai para lavar as mãos, volta satisfeita por ter conseguido fazer a coisa certa e se sente "íntima" de seus pais, sabendo que eles a respeitam pelo que ela fez e que não cedem às suas tentativas de enfraquecê-los. A criança sente que pode confiar profundamente nesses pais que tiveram uma forte confiança nela[8]. A capacidade parental de cuidar do

[8] O exemplo refere-se a uma menina de três anos. O comportamento "confiável" dos pais deve ser modulado à medida que as necessidades das crianças se desenvolvem: cada faixa etária requer cuidados diferentes por parte dos pais. Nesse caso, a necessidade

desenvolvimento relacional dos filhos pelo suporte ao seu processo de individuação criativa, através da realização da sua intencionalidade de contato, confere o "A" a esta competência familiar fundamental: se os pais souberem cuidar da prole com clareza em seu papel e profundidade empática, as crianças, por sua vez, desenvolverão a capacidade de cuidar, juntamente com a capacidade de se confiarem aos seus cuidados. O desenvolvimento positivo dessa habilidade fica evidente no apoio mútuo entre os membros da família. Na perspectiva gestáltica, essa capacidade não é primordialmente uma questão de assumir o papel, mas a fluidez do processo de contato que pode ser modulado ao longo dos polos dessa dimensão. Gostaria de chamar a atenção para duas consequências dessa especificidade da Gestalt-terapia. Em primeiro lugar, o fato de uma criança cuidar de seus pais não é, necessariamente, um sinal de patologia: se na família descobrimos que os pais também são capazes de cuidar dos filhos, isso é um sinal de reciprocidade no apoio. Em segundo lugar, o papel de cuidar assumido pela criança, geralmente associado ao estímulo que o adulto exerceu sobre ela para "cuidar", por exemplo, dos filhos mais novos, está aqui associado mais a um cuidado espontâneo, decorrente do cuidado recebido, mais do que a um papel habitual.

> 5. O nível de *alegria* ou de *depressão* que tipifica o clima geral da família em terapia.

As famílias que chegam à terapia estão vivenciando um sofrimento em suas relações, o que dificulta a obtenção de um clima lúdico: o brincar só é possível quando a ansiedade não é sentida na fronteira de contato entre os membros. Desse ponto de vista, se alguns membros da família em terapia se mostram precocemente brincalhões, o fato pode parecer fora de sintonia, como uma fuga da percepção das dificuldades. Mas a capacidade de brincar aqui pretendida exprime uma flexibilidade relacional que é importante do ponto de vista do prognóstico: até que ponto a família, como organismo, é capaz de relegar para segundo plano

da menina não é ser confirmada em sua ostentação "narcisista", mas perceber seus limites, graças ao "não" dos pais.

experiências angustiantes, engajar-se no contato e, assim, experienciar a leveza derivada da clareza perceptiva e da esperança? O clima lúdico implica tanto a coragem dos integrantes em se aproximarem, indo além de seu drama pessoal individual, quanto a capacidade de reestruturar positivamente a percepção do drama. A coragem expressa a capacidade de levar adiante a energia do contato em direção ao outro: acreditar que o outro pode ser alcançado apesar das falhas de compreensão. Uma filha que fica dizendo à mãe: "Quero que você perceba o que sinto quando você está fora a semana toda no trabalho" tem a coragem de alcançar a mãe com sua própria individualidade, apesar da cegueira desta. Mas para criar um clima bem humorado, é preciso ver também o limite do outro (não apenas o seu próprio) e "amá-lo" de modo a reformulá-lo com uma reestruturação positiva (Spagnuolo Lobb, 2011a; ver também o Capítulo 7). Amar a limitação do outro implica percebê-la sem ansiedade, com leveza. A menina poderia dizer à mãe: "Vou te dar uns óculos especiais para ver sua filha quando você voltar para casa", ou "Vou colocar um vestido brilhante para fazer você me ver". Da resposta da mãe, mais ou menos em consonância com o comentário jocoso, dependerá a possibilidade de a família viver seu drama com coragem e esperança. Em contraste, o clima deprimido indica uma baixa das energias em direção ao outro (Francesetti; Gecele, 2011) e, portanto, uma falta de "fé" no momento incerto da passagem da certeza à novidade (Spagnuolo Lobb, 2011b; Evans, 2005).

6. *A fronteira de contato entre os vários membros da família e o psicoterapeuta.*

Qual é o estilo de contato predominante da família como organismo-que-pede-ajuda? Que "linguagem" a família fala como organismo quando pede ajuda? A experiência de pedir ajuda é, de fato, um ato criativo por parte da família como um organismo. Na apreensão da intencionalidade implícita nesse ato criativo está a possibilidade do trabalho terapêutico. Quando o grupo, como um todo, se volta para uma pessoa de quem se espera ajuda, isso expressa o sofrimento, mas também a *awareness* das formas pelas quais é possível ser ajudado. É importante, então, que o psicoterapeuta se pergunte até que ponto a confiança na possibilidade de ser ajudado e compreendido está intacta ou "engessada" entre os membros da família e que pedido específico de suporte está implícito na forma como a família pede ajuda. De fato, a forma de vivenciar a confiança em relação a uma pessoa de fora da família pode ser de vários tipos: *introjetivo* ("ele – o psicoterapeuta – certamente tem as ferramentas para nos ajudar), *projetivo* (ele sabe coisas que não quer nos dizer"), *retroflexivo* ("seria bom se ele entendesse o nosso problema por completo"), *egotista* ("não acredito que as coisas vão mudar muito no final"), *confluente* ("a situação é confusa"). Assim, na forma como pedem ajuda já existe um indicador do apoio terapêutico específico solicitado por aquela família (Spagnuolo Lobb, 1992).

Em suma, o trabalho terapêutico gestáltico com a família exige o foco em uma espécie de "microanálise" do contato entre os membros, com o objetivo de sustentar a energia que os vários membros têm para criar a relação com o outro como eles gostariam de criá-la, de alcançar o outro como gostariam de alcançá-lo. Isso lhes dá a sensação de serem indivíduos claramente diferenciados, cada um com seu jeito específico de ser, com um desejo criativo de alcançar uns aos outros em várias situações.

6. Um Modelo Gestáltico de Intervenção Familiar

Coerente com o que foi dito até aqui, podemos definir a intervenção do Gestalt-terapeuta familiar como a busca dos interesses ocultos e da vitalidade (Polster, 1987) entre as dobras das interações familiares, a fim de apoiar o desenvolvimento espontâneo dessa vitalidade em direção ao contato entre os membros da família, pois esta é a única garantia para a autorregulação do grupo familiar e, portanto, para a plena autorrealização de cada membro. Este suporte é concretizado pelo Gestalt-terapeuta familiar a partir da forma como a família-em-terapia se apresenta a ele, da intencionalidade implícita na sua forma de pedir ajuda.

Este objetivo pode ser alcançado de várias maneiras. O modelo de intervenção familiar gestáltico aqui apresentado compreende quatro etapas e é um mapa a ser seguido em cada sessão.

Aqui estão as etapas:

6.1. Etapa 1 – O Fundo é a Acolhida. A Figura é o Limite por Meio de Regras

Este é um momento de sensibilização da fronteira de contato entre o psicoterapeuta e os membros da família. O campo fenomenológico é ativado e definido.

O psicoterapeuta observa como cada um dos membros *está* presente com seus sentidos na situação dada (eles participam, não participam, são rígidos etc.), conforme exposto no item 1 da seção anterior.

Ao mesmo tempo, o psicoterapeuta observa o estilo de contato com o qual se dirigem a ele como um organismo único, conforme exposto no item 6 da seção anterior. Ele começa, ainda, a construir um mapa dos entrelaçamentos das modalidades de contato entre os membros (item 2 da seção anterior).

Essa atividade de observação e apreensão da situação dada é o fundo da experiência inicial do *setting* familiar. A figura consiste nas regras do *setting* que o psicoterapeuta oferece de forma mais ou menos implícita (Spagnuolo Lobb, 2009b): desde a definição de seu encontro, até a maneira coerente com a regra do trabalho terapêutico na qual ele se senta e se prepara, até as questões que "definem" a situação e a forma como ouve as respostas, acolhendo todos os movimentos dos vários membros da família, optando também por dar suporte a alguns e não a outros. Além disso, as regras sobre a duração da sessão, o custo, as sanções por não comparecimento *à* sessão, a possibilidade de telefonar para o psicoterapeuta fora da sessão, etc., constituem a maneira inteiramente pessoal na qual o psicoterapeuta estabelece a relação de limites com a família.

6.2. Etapa 2 – O Fundo é Compreender a Linguagem da Família, a Figura é o Desenvolvimento da Intencionalidade de Contato Interrompida dos Membros

O fundo é falar a mesma língua, a figura é a transformação do sofrimento em intencionalidade de contato. O psicoterapeuta estabelece uma linguagem condizente com o estilo de contato com o qual a família se apresenta, proporcionando, assim, uma base compartilhada sobre a qual a família pode "sentir-se em casa" e, a partir daí, caminhar com maior certeza em direção à mudança. Por exemplo: para uma família que se apresenta dizendo: "Você certamente tem as ferramentas para nos ajudar", o psicoterapeuta pode responder: "Vamos ver juntos o que vocês já conseguem fazer bem e o que poderiam fazer melhor". A linguagem da família é baseada na introjeção: o psicoterapeuta é visto como detentor da "verdade" e a família se apresenta à espera de introjetos. A resposta do psicoterapeuta está em consonância com a linguagem introjetiva, decidindo o que fazer (vamos ver juntos...), de tal forma que a família pode "sentir-se em casa", mas garantindo que a família já sabe fazer algumas coisas, enquanto tem que aprender outras, dando, assim, um suporte a ela. Para uma família que se apresenta com palavras como "Você vê coisas que nós não vemos", o psicoterapeuta pode responder: "Tenho certeza de que vocês já veem muito mais coisas do que eu e ficarei feliz em poder conhecê-los"[9]. Essa linguagem é baseada na projeção, focada na presença do ambiente/psicoterapeuta. O psicoterapeuta responde com uma igualmente projetiva (tenho certeza de que *vocês* veem *mais coisas* do que eu...) e com a mesma linguagem sustenta o "poder" da família e a dignidade de sua dor (ficarei feliz em poder conhecê-los...), dando-lhes a possibilidade de experimentar seu próprio poder.

Este é o fundo a partir do qual o psicoterapeuta vê os momentos nos quais, em um ou mais membros, há uma retroflexão ou uma dessensibilização na fronteira de contato, como momentos em que é sensato intervir (ele sabe que essa restrição revela ansiedade e, portanto, sofrimento relacional). O psicoterapeuta vai em busca do fascínio que os membros escondem nesses momentos: o "gesto inacabado" (Polster, 1987). Qual seria o movimento que cada membro (ou mesmo um único membro) da família está restringindo e que, com liberdade para se desenvolver, geraria um contato mais ativo com os demais membros da família? A figura desta etapa é a busca da forma não reconhecida na família que a intencionalidade de contato dos membros pode assumir,

[9] Veja o Capítulo 4 para uma orientação, em diagnóstico e psicoterapia, sobre os estilos de contato.

é a busca do que cria o sintoma, a angústia, a tensão, e o que pode fazê-lo se desenvolver em contato.

6.3. Etapa 3 – O Desenvolvimento da Intencionalidade de Contato é o Fundo, o Experimento é a Figura

Nessa fase, a família é convidada a experienciar uma novidade, a qual vai ao encontro das intencionalidades interrompidas. O psicoterapeuta cria para eles um experimento que leva em conta o desejo de contato retrofletido pelo cliente escolhido (ou por aqueles membros mais abertos à sensibilidade), no qual está contida a mensagem terapêutica para a família. O psicoterapeuta chega a este ponto depois de dar suporte à capacidade dos membros de alcançarem uns aos outros. Por exemplo, ele diz ao pai que se torna crítico e rígido em relação ao filho mais velho que se expressa com gestos desajeitados e incertos: "Você não suporta que seu filho cometa erros, isso te deixa com raiva, você quer o melhor para ele". O pai: "Sim, estou tenso, porque não gostaria que ele cometesse os erros que cometi". Após esse tipo de suporte à intencionalidade de contato dos familiares, o psicoterapeuta pode "montar" um experimento.

O experimento é geralmente uma mudança postural da família. O suporte que o psicoterapeuta tem dado à família como um organismo (usando uma linguagem terapêutica adaptada ao estilo de contato com o qual eles pedem ajuda) torna o clima familiar mais aberto e disponível para mudanças, para aceitação da novidade trazida pelo desenvolvimento das intencionalidades de contato ocultas e para sua integração na unidade perceptiva familiar. Assim, o psicoterapeuta propõe um experimento cujo objetivo é desenvolver o gesto incompleto, a intencionalidade de contato que cada membro gostaria que fosse vista pelo outro.

Como veremos na sessão a seguir, o pedido à filha primogênita para exercitar o poder de sua raiva expressa esta passagem: uma mudança que permite a todos (inclusive à filha mais velha) relaxar seu controle e realocar a experiência polar de "cuidar/entregar-se ao cuidado", seguindo as intencionalidades de contato previamente interrompidas. O experimento adequado torna o sintoma inútil ou, pelo menos, afrouxa a tensão.

6.4. Etapa 4 – A Plenitude é o Fundo, a Confiança no Futuro é a Figura

Nesta etapa, o psicoterapeuta e a família apreciam a mudança ocorrida e a vinculam à demanda inicial que motivou o pedido de psicoterapia ou que surgiu no início da sessão.

Certos sinais nos mostram se a intervenção da etapa anterior sustentou ou não a intencionalidade de contato da família: todos os membros estão respirando melhor, mais plenamente e mais livremente; podem se olhar, se tocar, sorrir um para o outro de maneira descontraída, em suma, podem se aproximar uns dos outros com maior espontaneidade. Por fim, esse relaxamento de seu *estar-com* também é acionado em relação ao psicoterapeuta: eles estão preenchidos pelo que tiveram, não necessariamente felizes, mas plenos; estão em paz com o psicoterapeuta que fez um bom trabalho e eles estão prontos para sair, esperando apenas pelo agendamento da próxima sessão.

Essa fase, portanto, serve à família como um organismo para entrar na "pausa" após o contato, para colocar no fundo o que aprenderam a fim de digeri-lo, e serve ao psicoterapeuta para verificar se a sessão chegou a uma conclusão satisfatória, que não tenha causado estresse maior ou diferente à família. Se isso acontecer, o psicoterapeuta deve dizê-lo honestamente, pois os erros na psicoterapia são sempre algo com o qual aprendemos muito (Spagnuolo Lobb; Conte; Mione, 2013).

7. O Modelo em Ação: uma Sessão Familiar

A família é composta por quatro pessoas italianas: o pai (funcionário administrativo de uma empresa de saúde), a mãe (funcionária do correio), a filha mais velha, de 14 anos, a quem chamaremos de Elena (está no segundo ano do ensino médio técnico), a menina mais nova, de 6 anos, a quem chamaremos de Claudia (ela acabou de entrar na escola).

A família pede ajuda em uma situação altamente estressante, criada desde que a menina mais nova entrou na primeira série. De manhã, ela não quer ir para a escola, grita, chora, vomita. Mesmo que seus pais consigam mandá-la para a escola, muitas vezes, são obrigados a ir buscá-la, porque ela se comporta da mesma maneira nas aulas.

A sessão é realizada no meu consultório. Depois de nos apresentarmos, o *setting* é composto com os pais sentados nas bordas externas e as filhas no centro do semicírculo: a mais velha ao lado do pai e a mais nova ao lado da mãe.

7.1. Etapa 1 – O Fundo é a Acolhida. A Figura é o Limite por Meio de Regras

P.: *Bem-vindos!*

Pai: *Obrigado!* (cruzando as pernas)

Mãe: *Obrigada!* (inclina-se para a frente e cruza as pernas)

P.: *O que os traz aqui?*

(O pai ri.)

Mãe (apontando para a filha mais nova): *Estamos preocupados com a nossa filhinha...*

Pai: *Sim! Vamos dizer... eles nos aconselharam a perguntar... se você poderia nos ajudar... porque... não há problemas realmente sérios, é só que minha esposa e eu estamos um pouco preocupados... porque... resumindo nossa... Claudia, nossa filha mais nova, em casa ela é... ela é um anjo, está tudo bem... em resumo, ela é tão boa... (toca Elena, sua outra filha, de 14 anos, na perna e acrescenta) ela é muito boa também. ... Claudia só tem alguns problemas na escola... ela não consegue... bem, ir tranquila... quando ela vai... nós sempre ficamos um pouco preocupados, porque aí eles ligam da escola, dizendo que há problemas. Ela começou a escola... em setembro, ela está na 1ª série, é o primeiro ano dela... resumindo, bem... é normal ter dificuldade...*

P.: (sorrindo ao longo da descrição) *Ela não quer ir para a escola.*

Pai: *Ela não quer ir para a escola, ela chora quando está na escola, ela vomita... e ela não... é isso! Estamos um pouco... gostaríamos de entender como podemos fazê-la ir para a escola com mais calma, é isso! Porque... ela e eu, minha esposa e eu, estamos fazendo o que podemos, mas não... até agora não estamos... bem, estamos um pouco preocupados.*

Mãe: *Digamos que estamos muito preocupados. Fomos aconselhados a vir. Eu já... eu tinha pensado nisso* (olha para o marido) *então... eu tive a confirmação* (ela está se referindo ao marido), *eu logo disse: vamos encontrar alguém.*

P.: *Então, vocês concordam.*

Mãe (assente, confiante): *Sim... sim.*

Pai: *Sim... sim... sim. Digamos que conversamos e assim... percebemos que talvez não possamos fazer isso sozinhos... e com ela* (indicando Elena) *não tivemos problemas.*

Mãe: *Ela é muito boa* (Claudia olha para a mãe e sorri, mas seu rosto está tenso).

P.: *Bom. Ficaremos juntos por 50 minutos e tentaremos ter uma ideia melhor do que vocês podem fazer pela Claudia.*

Nota: O estilo de contato que a família mostra à psicoterapeuta parece ser baseado na introjeção. Os pais parecem mais presentes no contato com a Elena do que com a Claudia, entre si parecem ter sua presença assegurada. Claudia parece estar presente e alerta.

7.2. Etapa 2 – O Fundo é Compreender a Linguagem da Família, a Figura é o Desenvolvimento da Intencionalidade de Contato Interrompida dos Membros

Pai (sorrindo): *Ok. Então vamos começar. Ela* (indicando Elena) *está indo bem na escola.*

(Elena sorri, encolhendo os ombros de vergonha, com as mãos entre as pernas.)

Claudia: *Eu estou entediada na escola.*

(O pai perde a expressão de satisfação, abre os braços e se recosta na cadeira.)

P. (para Claudia): *Se estivéssemos em um conto de fadas e eu fosse uma fada, o que você me pediria?*

Claudia: *Nada de escola.*

P. (sorri): *Ah!* (para todos eles) *Eu estava pensando que drama deve ser pela manhã.*

Pai: *Com certeza! Porque a gente acorda um pouco preocupado: como vai ser… ou não vai hoje?*

Mãe (suspira): *Quando o despertador toca é... um pesadelo para nós.*

Pai: *Sim... sim: ficou difícil.* (Indicando Elena) *ela nos ajuda... mesmo que seja apenas porque ela vai para a escola sem problemas. Agora... ela está terminando o ensino médio... e quer se especializar em estudos clássicos.*

Mãe: *Ela está estudando música.*

Pai: *Ela está estudando música...*

P.: *Então, quando você acorda de manhã você está pensando em... no que você está pensando?*

Pai: *Ah! Eu penso: "vamos torcer para que hoje dê tudo certo (sorri)... que nós consigamos fazer com que ela vá para a escola... e que eles não nos chamem da escola, com problemas, que nós não tenhamos que sair do trabalho com pressa". Às vezes, temos que ir correndo para a escola porque ela não... ela, absolutamente, não quer ficar.*

Mãe (referindo-se à Claudia): *Muitas vezes, ela vomita na escola... fica em prantos... ela não quer ficar na sala de aula... os professores não sabem o que fazer.*

P.: *O momento muito ruim é antes de ela ir para a escola ou quando ela já está na escola?*

Mãe: *Antes… e durante.*

Pai (sorrindo): *Antes e durante.*

P.: Antes também?

Mãe: *Sim... porque para ela se vestir... é uma grande cena... ela grita e chora... eu dou desculpas pra ele... ele dá pra mim... ninguém entende nada.*

Pai: *Nós ficamos um pouco exaltados, porque estamos um pouco... um pouco cansados... por causa dessa situação...*

Claudia: *Eles me acordam muito cedo* (ela balança a cabeça negativamente).

Pai (irônico): *Vamos pedir à diretora para deixá-la entrar mais tarde pela manhã!*

P. (virando-se para Claudia): *Papai e mamãe e talvez... Elena também...* (aponta para eles um por um).

Claudia: *Sim... sim, ela me acorda também... ela me tira da cama.*

P.: *...ela é como uma mãe a mais, ela é pior que uma mãe...*

Claudia: *É! Sim... ela me chateia mais.*

P.: *E, então, quando... quando o despertador toca de manhã, você quer dormir mais um pouco.*

Claudia: *Sim... sim... sim.*

P.: *E então, essas três pessoas te pressionam, como agora, quando estão as três falando de você, e você não fala nada.*

(Claudia acena com a cabeça amargamente.)

P. (para Claudia): *O que você faz de manhã?*

Claudia: *Eu? nada... Enfio a cabeça debaixo do travesseiro... Mas eles me puxam para fora da cama... Até eu me levantar. Eu choro e grito, mas não adianta...*

(Seu pai olha para a psicoterapeuta, que assente.)

P. (para Claudia): *Assim como agora, eles falam de você e você deixa eles irem em frente. O que você gostaria?*

Claudia: *De manhã, eu gostaria de continuar dormindo... aí eu acordo tranquila e faço minhas coisas... fico em casa o dia todo... fico com a mamãe, com minha irmã.*

Mãe: *Em casa, ela é uma boa menina.*

P.: *Você gostaria de paz. Mas não há ninguém em casa.*

Claudia: *É! Mas tenho meus brinquedos, tenho coisas para fazer. Aí eu assisto tv... quer dizer... eu faço um monte de coisas que eu gosto, eu não gosto de ir para a escola.*

P.: *Estou muito curiosa sobre esse... momento específico, quando acontece a tragédia... quando o alarme toca, e Claudia quer continuar dormindo um pouco, enquanto papai, mamãe e Elena insistem...*

Pai: *É porque nós a mimamos demais.*

P.: *Não, não... não estou perguntando por quê... estou curiosa sobre esse momento. O que me impressiona é que todos na família estão muito preocupados com esse problema que surge de manhã, nesse período, que cada um de vocês faz o possível para não ficar muito estressado, respeitando os outros, sem ficar muito agressivo. Eu queria saber se vocês poderiam...*

representar esse momento, para que possamos ver juntos como vocês podem resolver o problema.[10]

Claudia (mais animada): *Praticamente eles chegam, não digo os três juntos, mas quase. Primeiro, a mamãe chega porque está preocupada... está mais preocupada, ela chega, depois chega minha irmã e depois chega meu papai. O alarme dispara... às vezes, eles colocam mesmo debaixo da minha cama para que eu ouça.*

Mãe (para Claudia): *Começamos gentilmente... você tem que admitir, com beijos... então...*

Claudia: *Não... mas eu... eles não deveriam... quer dizer, eu não gosto... de ir à escola, então é inútil me acordar.*

Mãe (para Claudia): *Todas as crianças vão à escola.*

Claudia: *Mas eu... eu não gosto...*

P. (para Claudia): *... se você tivesse que tirar uma foto do que acontece de manhã, como você mostraria?*

Claudia: *Tipo uma batalha.*

P.: *Olha, você pode fazer isso aqui. Coloque todos em suas posições para a batalha.*

Claudia: *Ok, estou deitada na cama.*

P.: *Faça... faça... continue!*

Claudia: *Tenho que me deitar?*

P. (sorri): *Sim.*

Claudia (ri, levanta-se alisando o cabelo): *Ok! Estou deitada, vou me colocar por último. Então, ela chega, mamãe* (ela puxa a mãe para ficar de pé). *Mamãe chega, toda agitada.* (Tira o cachecol, olha em volta)... *a próxima a chegar é...* (pega a mão de Elena e a faz se levantar) *Elena...* (Claudia sacode os braços da irmã impacientemente para mostrar como ela a acorda) ela faz assim. Mamãe me dá beijos primeiro, mas na verdade é melhor se ela não der. Aí, chega Elena, ela me sacode... toda agitada (ela sacode os braços da

[10] A psicoterapeuta convida a família a vivenciar no aqui e agora o que acontece pela manhã; nesse sentido, ela monta um experimento, que, contudo, não é o objetivo da Etapa 3, no qual a psicoterapeuta pede que eles experimentem uma mudança terapêutica.

irmã de novo) *e aí entra papai que... começa com a voz dele: "Você tem que levantar, você tem que levantar... você tem que ir para a escola...".*

P.: *Certo... agora... todo mundo faz o que Claudia disse.*

Claudia (deita de bruços, alisa o cabelo, cerra os punhos): *eu estou assim...*

(Deita a cabeça entre os braços. A mãe chega, debruça-se sobre ela, beija-a várias vezes e chama-a gentilmente, um pouco tensa).

Mãe: *Claudia...* (toca nela), *Claudia... querida, você tem que ir para a escola...*

Claudia: *Vai embora!*

Mãe: *Claudia...*

Claudia (cobre a cabeça com os braços): Vai embora!

Mãe (acariciando seu lado): *Claudia, querida!...*

(Claudia bate o pé direito na "cama")

P. (voltando-se para os outros componentes): *E quando vocês intervêm?*

Mãe (acariciando Claudia): Claudia, querida!

Claudia (empurra-a com o braço direito com impaciência): *Não quero ir hoje... vou amanhã, vou amanhã.*

Elena: *Claudia ...todos os dias é a mesma velha história, vamos lá!* (Suas mãos estão cruzadas sobre a barriga e ela mostra pouca energia.)

Claudia (pega o braço direito da mãe): *Manda ela embora... manda ela embora.*

Mãe (gesticula para Elena ir embora): *Vamos, Claudia!*

Elena: *Vem!... você vai me atrasar...*

Claudia (ficando estressada, levanta a voz, agarra o braço da mãe e balança a cabeça na direção de Elena): *Manda ela embora, mamãe... manda ela embora...*

Elena: *Eu sempre chego atrasada na escola...*

Pai: *Claudia isso já deu, venha! Você me fez ficar irritado agora. Claudia, agora você se levanta, vamos!* (Claudia afasta o braço do pai.)

Pai: *Todas as manhãs é a mesma história...*

Elena (choramingando e apontando para o relógio): *Vou me atrasar!!*

Pai (para Elena): Eu sei que você vai se atrasar... se essa criança...

Elena: *São oito e dez...*

Pai (para Claudia, puxando-a pela mão): *Claudia agora já deu, Claudia!* (enquanto a mãe bate no bumbum de Claudia) *Levanta... Levanta, Claudia!* (mais firme)

Claudia: *Eu vou amanhã...*

Pai: *Levanta, Claudia!*

(Claudia bate o punho e o pé direito no chão.)

Elena: *Papai vamos, vamos! Deixe a mamãe cuidar dela!*

Pai (para a mãe, que parece zangada): *O que devo fazer? Isso é porque você sempre...* (ele gesticula com os punhos no peito, querendo dizer "você a mantém agarrada a você").

Mãe (balança Claudia): *Claudia, já chega, você está me deixando com raiva, hein!*

Claudia: *Hum!*

(Bate duas vezes na "cama" com a mão, desta vez aberta, sem cerrar os punhos, e começa a chorar.)

Nota: A psicoterapeuta responde ao estilo relacional introjetivo da família dando suporte ao que eles fazem bem e aos esforços que já estão fazendo para funcionar melhor; além disso, por meio da dramatização, ela observa quem, na situação difícil, retroflete (Elena e Claudia) e quem não confia na autorregulação e coloca ênfase no controle (os pais).

7.3. Etapa 3 – O Desenvolvimento da Intencionalidade de Contato é o Fundo, o Experimento é a Figura

P.: *Tudo bem... isso é o bastante.* (Abaixa-se e fala com Claudia, tocando seu lado direito) *Este é um ponto de mudança, Claudia, não é? Quando seus punhos* (imita os punhos direcionados para fora com a mão direita)... *se transformam em choro* (imita um punho direcionado para dentro, em direção a si mesma).

Claudia: *Uhum!*

P.: *É assim? É um ponto em que algo muda.*

Claudia: *Porque eles não entendem, então, eu choro.*

P. (mantendo a mão ao lado de Claudia e olhando para ela, mas falando para toda a família) *Acho muito importante que todos vejam esse ponto de mudança... quando Claudia passa de chutar para chorar... porque quando ela começa a chorar, é como se ela estivesse entregando suas forças... e então, para toda a família, há um problema* (ela acaricia o flanco de Claudia e olha para ela). *Eu gosto quando você chuta... você é forte.*

Claudia: *Hum! Eles não entendem quando eu sou educada.*

P.: *Na família, é um pouco difícil confiar na força de cada um, apoiá-la: só se aceita a força coletiva. Podemos mudar um pouco a cena? O que você precisa para continuar chutando e não chorar, Claudia?*

Nota: A psicoterapeuta intervém, "microcirurgicamente", no momento no qual toda a família não está suportando a energia de um membro que está trazendo uma novidade, na medida em que seus membros vivenciam uma necessidade que coloca em dificuldade a estabilidade familiar.

Claudia (senta-se no chão): *Uhmm! Que não cheguem os três juntos.*

P. (tocando o braço dela): *Na verdade, eu estava pensando... talvez Elena pudesse ser uma aliada para você.*

Claudia: *Hum! Mas ela é a que mais me incomoda.*

Elena (olhando para a psicoterapeuta): *Mas ela me atrasa para a escola!* (Depois, passando na frente de Claudia): *Eu a ajudo com o dever de casa. É ótimo na escola... estou com meus amigos... com o professor.*

(A psicoterapeuta, que estava no chão ao lado de Claudia, se levanta e vai se sentar. Em seguida, virando-se para Elena)

P.: *Você viu a mudança de chutar para chorar, não viu?*

(Elena acena com a cabeça sim.)

P.: *O que você sente nesse momento?*

Elena (dá de ombros, parece resignada): *Bem... ela sabe que tem que acordar de manhã...*

P.: *Isso está na sua cabeça... o que você sente no seu corpo?*

Elena (acariciando suas pernas): *Talvez... talvez me incomode um pouco.*

P. (para Claudia): *O que você sente quando olha para ela?*

(Claudia dá de ombros, acaricia a perna direita, olha para os pais com uma espécie de sorrisinho, quase depreciando o que sente.)

Elena: *Bem! Eu... eu... eu a amo, mas... aff! Ela me faz perder tempo. Então, papai está lá, mamãe está lá e eu estou atrasada!*

(A mãe segura a mão de Claudia, acariciando-a.)

P. (para Elena, colocando o braço no encosto da cadeira): *Você já brigou com ela?*

Claudia: *Eu... eu chuto ela.*

Elena: *...então, nos rendemos.*

Claudia: *Às vezes, nos machucamos... eh!*

Elena: *Mamãe chega e dá um tapa em nós duas.*

P. (tira a mão do encosto da cadeira e acaricia o braço de Elena): *Poderíamos fazer a cena de novo, eu gostaria que os chutes fossem entre vocês duas... sem seus pais!*

Elena: *Não, mas ela me machuca...*

Nota: Continuando a falar a linguagem introjetiva da família, a psicoterapeuta focaliza o "gesto que falta" da briga entre as irmãs.

P.: *Poderíamos fazer a cena de novo... mas desta vez, você, Elena, está com Claudia... enquanto papai e mamãe estão se arrumando ou tomando café no outro cômodo.*

(Elena faz um gesto de fechamento, ela está com medo. O pai dá um sorriso forçado, ele está inquieto.)

P. (aos pais): *É possível vocês não interferirem nessa cena? E ir para o outro cômodo se arrumar, se vestir... Tomar seu café da manhã... sem pressa.*

(O pai e a mãe se entreolham, a mãe faz um gesto de assentimento ao marido.)

Pai (baixinho): *Sim.*

(A mãe olha para a psicoterapeuta e acena que sim.)

P. (acenando com a cabeça): *Uhmm! Sim... Então, vamos fazer a cena da manhã novamente.* (A psicoterapeuta olha gentil e encorajadoramente para Claudia, que está sentada no chão, e tranquiliza Elena; depois para Elena) *Papai e mamãe estão lá, você pode vê-los, e eles estão relaxados.* (Para Claudia) *Então, você se deita no chão de novo... e você está... dormindo.*

Elena (para a irmã): *Não me machuque...*

Claudia: *Não me machuque também!*

P. (para Elena): *Certo, hein? Você se subestima... Você não precisa da força do papai e da mamãe para ser forte... Agora, o alarme toca... Vá acordá-la!*

Elena (para Claudia, tocando-a): *Oi...*

Claudia: *Oi* (com os dentes cerrados).

Elena: *Vamos... Vamos!*

Claudia: *Hum!*

Elena: *São oito e vinte... acorde...*

Claudia: *Me deixa em paz...*

Elena: *Ei! Eu ajudo você a se vestir... mas você tem que andar logo, senão eu vou me atrasar.*

Claudia: *Deixe-me em paz...*

Elena: *Vamos, Claudia.*

Claudia: *Me deixa em paz!!*

Elena: *Vamos!*

Claudia: *...eu tenho que dormir!*

Elena: *Vamos lá... papai e mamãe não estão aqui... eu ajudo você...*

Claudia: *Me deixa em paz* (empurra-a com a mão).

Elena: *Vamos, Claudia ...* (toca no lado direito dela) *levanta... vamos... vamos... não, mas... todas as manhãs... aff... eh! Você tem que acordar... você sabe que temos que ir todas as manhãs!*

Claudia: *Você vai embora?*

Elena: *Não...eu não vou...você tem que se levantar...*

Claudia: *Vá embora...*

P. (para Elena que ficou desanimada): *Uhmm! Vai lá... vai lá... continue... continue... continue!* (Ela inclina o corpo para a frente para estimular a energia de Elena) *use sua força!*

Elena (pegando Claudia pelo braço): *Eu sou a mais velha... você tem que fazer o que eu digo!*

P.: *Boa menina... boa menina*

(Claudia dá um tapa na irmã.)

Elena (rindo): Está tarde.

P.: ... *Boa menina... bate nela, Claudia...vai!*

Elena (conseguiu tirá-la da cama): *Já está tarde... venha para o banheiro comigo... se lavar...*

Claudia (dando um tapa): *Eu não vou... não vou... me deixa em paz!*

Elena: *Eu vou com você, vamos!*

Claudia: *Eu não vou...*

Elena: *Não, agora vamos!*

Claudia: *Quem você pensa que é? Vá embora!*

Elena: *Eu sou... eu sou a mais velha! Vamos lá!*

Claudia: *Eu não me importo... vá embora...*

Elena: *Papai...*(desanimada) *Aff!... Ela não entende...*

P. (para Elena, encorajadoramente): *Ela levantou... você fez melhor do que mamãe e papai... ela acordou!*

Elena (para Claudia): *Vamos...vamos!*

(Elena e Claudia continuam brigando.)

Claudia: *Eu não vou para a escola...*

Elena: *Você vem para a escola comigo... vamos...*

Claudia: *Hum!*

Elena: *Vamos... vamos... aff!... vamos... vamos... senão você não vai se lavar!* (Rindo, ela olha para a psicoterapeuta, depois se vira para Claudia) *Vamos!*

Claudia: *Não.*

Elena: *Sim... Claudia...* (olha para o relógio) *olha, são oito horas...*

Claudia: *Você vai... você vai... você vai* (enquanto ela a segue até o banheiro)

P.: *Vocês duas poderiam vir aqui um momento? Muito bem feito, muito bom mesmo! O que vocês sentem?*

Elena (acena com a cabeça e diz suavemente): *Foi... difícil!*

P. (para Claudia): *Você pode dizer a Elena que ela é forte?*

Claudia (para Elena): *Você é forte... você tem muita força.*

P. (para Elena): *E como ela* (Claudia) *é?*

Elena: *Uhmm!.. Ela é danadinha... mas...ela veio...*

P. *Ah! Sim... acho que você se sente mais forte quando consegue convencê-la... (Elena acena com a cabeça) ou seja, se você usar sua força também (como ela) você se sente mais forte... para convencê-la...*

Elena: *Sim.*

P. (para Elena): *Você percebe que conseguiu levá-la ao banheiro... que você fez melhor que seus pais?*

Elena: *Ah! Isso é verdade!*

P. (acena com a cabeça, depois para Claudia): *E como você se sente agora? Melhor ou pior do que quando você chuta e chora?*

Claudia (para Elena): *... com você, eu sinto... vontade de reclamar, mas... de brincar também.*

P.: *Então, no seu corpo, você se sente mais forte... menos... menos...*

Claudia: *É... que eu tenho que reclamar menos.*

P.: *Agora podemos chamar o papai e a mamãe?*

(Os pais voltam ao círculo e se sentam.)

Pai (argumentativo): *Desse jeito, vamos fazê-la fazer isso... se ela é tão boa!* (referindo-se a Elena)

Mãe (ao marido): *Diga o que você me disse antes.*

Pai: *Ei! O que foi que eu disse? Eu disse que você mimava a Claudia, não queria mandá-la para o jardim de infância, enquanto a Elena foi, ela se misturou com outras crianças.* (Para a psicoterapeuta) *Ela estava desempregada naquela época, então, ela disse "vou ficar com minha filha" ... e esses são os resultados...*

A novidade surgiu, e agora a família tem que integrar a mudança. A força dos membros, normalmente sentida como uma novidade ameaçadora do equilíbrio normativo ao qual a família está acostumada, pode ser aceita com confiança, e a capacidade de cuidar/deixar-se ser cuidado pode ser vivenciada com espontaneidade. Quem é forte pode usar essa força para o bem da família, mesmo que isso não pertença ao papel estruturado dos membros.

7.4. Etapa 4 – A Plenitude é o Fundo, a Confiança no Futuro é a Figura

P.: *Eu acho que vocês são pais muito bons, porque vocês deixaram Elena... crescer tão forte.*

Pai: *Não é que a Claudia* não queira estudar... o problema é que ela tem que ir mesmo assim, senão é um desperdício.

Mãe: *Concordamos nisso, mas Claudia não é igual a Elena...*

P. (pensativa e intensa): *Acho que vocês deram força para suas filhas ficarem um pouco por conta própria, se regularem... vocês poderiam delegar alguns problemas para as duas... elas conseguem.*

Pai: *Por que Elena tem que acordar Claudia?*

P.: *Por que não?*

Pai: *Ela tem outras coisas em que pensar... tem que ser ela a pensar em acordar Claudia todas as manhãs?*

P.: *Você é o filho mais velho?*

Pai: *Não.*

P.: *Então, como você entende tão bem os problemas dos mais velhos?*

Mãe: *Porque Elena é a favorita dele, então...*

P. (assente): *Ah! Certo...*

Pai: *Ela é minha favorita...*

P.: *E eu acho que Elena pode assumir as tarefas da filha mais velha, ela até ficaria feliz em fazer isso, senão ela ficaria muito ligada a você, quero dizer, ela ainda seria sua garotinha.*

Pai: *Eu acho que é uma responsabilidade muito grande para ela... ela já... ela já tem tantas coisas para fazer... dar-lhe mais uma preocupação...*

P. (para a mãe): *O que você acha, senhora?*

Mãe: *Eu acho... dá pra fazer... eu tenho uma irmã e eu sei disso... tudo bem ter... brigas, gritar uma com a outra... isso não me assusta.*

P. (acena com a cabeça): *Uhmm!*

Pai: *Eu era o caçula da família e meu irmão e minha irmã, com certeza,* não vinham me acordar!... *Meu pai costumava me acordar, sem muita delicadeza.*

(Eles riem.)

Pai: *Não é que... eu...* (ele se interrompe) *tudo bem!...tudo bem!*

P. (para todos): *Como vocês se sentem agora?... tentem respirar profundamente por um tempo. O que vocês sentem?*

Claudia: *Está demorando... a gente tem que ficar muito tempo aqui?*

P. (sorri): *Eu queria saber se você gostou de vir aqui?*

Claudia: *Sim... Melhor do que ir para a escola.*

Elena (risos): Sim...

P.: *Bem... talvez nos encontremos de novo algumas vezes... há muitas outras coisas sobre as quais podemos conversar... mas provavelmente, amanhã de manhã... será menos traumático para Claudia ir à escola... para Elena, será um prazer exercer o poder dela e para vocês, pais, será fantástico deixar as irmãs se autorregularem enquanto vocês tomam o café da manhã em paz e dizem um ao outro todas as coisas que os casais querem dizer pela manhã.*

A psicoterapeuta se despede estendendo a mão para cada membro da família, começando pelo pai e seguindo por ordem de posição.

Nota: a família conseguiu confiar na psicoterapeuta e, graças ao desenvolvimento do gesto ausente de Elena, redescobriu uma dimensão mais descontraída da fé na agressividade positiva, sentimento que, na infância deles, havia sido "engolido" na dinâmica da família da origem. O campo fenomenológico foi redefinido, possibilitando a fé na autorregulação e na harmonia. Tudo isso aconteceu dando suporte ao processo de contato espontâneo, não por meio da compreensão analítica.

8. Comentário Final

A abordagem específica da Gestalt-terapia com famílias consiste em uma espécie de "microcirurgia" dos contatos entre os membros. O olhar terapêutico é dirigido onde há um sofrimento da excitação do contato (onde o desejo de estar com o outro se torna angústia, retrofletida ou representada) na qual a fronteira do contato é dessensibilizada. Nesse ponto, no sentido de espaço e de tempo, o psicoterapeuta oferece suporte para que as intencionalidades de contato possam se desenvolver de forma espontânea, para que as ansiedades voltem a ser excitações a serem contidas e permitirem o desenvolvimento em direção ao outro. Esse suporte do contato é necessário para nós, a fim de que o processo de autorregulação da família como um todo possa ser instaurado.

Gostaria de concluir estas considerações sobre a família ressaltando a importância que o apoio "microcirúrgico" entre os membros, aqui descrito, tem no caso das experiências de *famílias recompostas (ou reconstruídas)*; experiências que às vezes são atormentadoras, tanto para os pais quanto para os filhos. Pais que têm que frear sua livre expressão de amor pelos filhos para proteger o ciúme de parceiros inseguros, filhos que devem abrir mão dolorosamente de sua centralidade afetiva para dar lugar às necessidades da afetividade conjugal de seus pais, e que muitas vezes desempenham o papel de psicoterapeutas (desenvolvendo ansiedades narcísicas) ou de cordeiros para sacrifício (desenvolvendo sintomas) ou ambos.

É claro que devemos nos questionar sobre muitos fatores, tanto diacrônicos quanto sincrônicos, para diagnosticar e intervir sobre o sofrimento particular experienciado nesses casos, tanto pelos filhos quanto por seus pais, assim como pelos parceiros em situação de recasamento. Sabemos o quanto é importante para uma criança de tenra idade, que passa pelo trauma da separação dos afetos primários, reconstruir o sentimento de confiança, de segurança, de intimidade na nova família na qual se encontra e nas relações entre o pai e a mãe separados.

Do ponto de vista clínico, mas também prático, seria importante identificar ferramentas concretas com as quais pais e adultos próximos possam ajudar as crianças a recuperar e/ou reconstruir o indispensável senso de intimidade familiar. Na intervenção no sofrimento infantil, é sempre importante dar aos adultos significativos, para além do apoio fundamental que se pode construir na sessão, referências para compreensão e ferramentas concretas de apoio às intencionalidades de contato das crianças nas relações familiares, dar força ao fundo sobre o qual repousa a sensação de segurança familiar.

O *Do-agora-para-o-que-está-por-vir* na Psicoterapia de Grupo. A Magia de Estar Junto

9

Sortudo é o homem que pode se unir
com o suficiente daqueles que pensam como ele
– é preciso apenas algumas centenas –
para tranquilizá-lo de que ele está são,
– mesmo que outros oito milhões sejam malucos.
(The Empire City, 1942, I, 19)

Se alguém se conforma com a nossa sociedade,
ele fica doente de certas maneiras.
(Eu admito, quem pode negar?)
Mas, se ele não se conformar, torna-se louco,
porque a nossa é a única sociedade que existe. Esse é o dilema.
(The Empire City – Livro III.
The Dead of Spring, p. 387)

1. Intervenção Gestáltica com Grupos

Tendo surgido como uma intervenção individual em um grupo, foi apenas nos últimos vinte anos que a Gestalt-terapia desenvolveu uma abordagem verdadeiramente grupal, com aprofundamento da teoria de campo e da fronteira de contato (Robine, 1977; Hodges, 2003).

A perspectiva gestáltica moderna caracteriza-se por considerar os processos grupais em termos fenomenológico-experienciais, diferenciando-se claramente das abordagens que consideram esses processos em termos de transferência ou como simbólicos. Referimo-nos, genericamente, a grupos de formação ou grupos terapêuticos, caracterizados por um tempo, um espaço e um objetivo partilhados por um número fixo de pessoas.

No entanto, alguns autores (em particular Polster, 1987; 2006) ampliaram o estudo para grupos espontâneos, reunidos em torno de um assunto de interesse comum. Em todos os casos, consideramos o grupo como um campo fenomenológico (um conceito bastante diferente tanto daquele de sistema quanto do da perspectiva analítica), no qual emergem estímulos para a diferenciação. Estes estímulos evoluem em direção à demarcação das fronteiras de contato, as quais permitem a individuação dos membros do grupo (Philippson, 2001).

Falar de um grupo é referir-se a uma unidade complexa, a *Gestalt* de todas as experiências dos membros do grupo no ato de cocriação de seu *estar-com* em um processo autorregulador. A consequência é que o líder não deve impor um curso particular, mas deve simplesmente favorecer a espontaneidade dos processos. A lógica do Superego é superada por um conceito ético que surge da relação (Lee, 2004). A hermenêutica da autorregulação do contato entre os membros do grupo permite que os Gestalt-terapeutas cheguem a uma verdade minimalista: a cocriação da fronteira de contato (Spagnuolo Lobb, 2003b), que acontece no *setting* individual entre psicoterapeuta e cliente, pode acontecer também entre os membros de um grupo, desde que o líder consiga facilitar os processos de autorregulação dos contatos entre eles.

Os processos grupais são, aliás, dirigidos pelas intencionalidades de contato dos membros, que se agrupam em torno das lógicas do desenvolvimento do grupo, de modo que toda experiência é situada pelo líder no contexto situacional a qual ela pertence. Assim, a mesma frase (ou qualquer outra figura) expressa por um membro do grupo pode variar de sentido conforme é dita no início, no meio ou no final do processo grupal (Spagnuolo Lobb, 1991).

Por exemplo, durante o último seminário de um programa de formação bienal, uma aluna diz: “Sinto que o que tenho a dizer não interessa ao grupo”. O líder destaca o quão interessante é ela não se sentir interessante para seus colegas ao final de um curso de formação no qual todos passaram por momentos de profunda proximidade humana. “Na verdade”, ela diz, “sei que sou interessante para eles. É só que eu gostaria de ouvi-los me dizer isso". Essa especificação esclarece o sentido do desenvolvimento da frase e a coloca no contexto de uma intencionalidade de encerramento: "Quero ir embora ouvindo vocês dizerem o quanto fui interessante para vocês". Se a mesma frase tivesse sido pronunciada no primeiro ano, teria o sentido de: "Eu tenho medo de não ser aceita e vista como interessante para este grupo".

Em suma, a perspectiva gestáltica contemporânea sobre grupos é caracterizada por: 1) os conceitos de fronteira de contato, intencionalidade específica no processo de contato e estilo pessoal do indivíduo no campo; 2) a lente teórica do campo/situação (diferente da perspectiva sistêmica); 3) a teoria da experiência do contato (que envolve distanciar-se da análise das relações transferenciais); 4) a autorregulação do contato e, portanto, a ética que emerge da relação, a qual redefine o papel do superego e das regras sociais externas.

Veremos, no decorrer deste capítulo, como todo evento grupal pode ser visto de acordo com duas dimensões: em suas *qualidades estéticas emergentes* (sincrônicas) e em suas *qualidades de desenvolvimento/intencionais* (diacrônicas).

Desenvolverei minha argumentação partindo da contribuição de Frederick Perls e prosseguindo para o desenvolvimento subsequente do trabalho gestáltico em grupos. Em seguida, apresentarei um modelo de minha autoria e concluirei com uma menção às várias possibilidades de aplicação do modelo gestáltico com grupos.

2. O Trabalho de Perls em Grupos

Uma das inovações trazidas por Fritz Perls para a prática terapêutica foi a de trabalhar com indivíduos em grupos: ele criticava abertamente a psicoterapia individual. Na introdução à edição de 1969 de *Ego, Fome e Agressão*, ele escreveu:

> A probabilidade de que a terapia individual e de longa duração possam, ambas, ser obsoletas ainda não se revelou para a vasta maioria de terapeutas e pacientes. Na verdade, grupos e *workshops* encontram crescente aceitação [...] a sessão individual deveria ser a exceção mais do que a regra (pp. 35-36).

E, novamente, em *Gestalt-Terapia Explicada* (no original, *Gestalt Therapy Verbatim*), também publicado em 1969: "Eu acredito que no *workshop* você aprende muito, compreendendo o que se passa com a outra pessoa; percebendo que muitos dos conflitos dela são também os da gente, e aprendendo por identificação" (p. 106).

Nas palavras de Perls, podemos ler seu entusiasmo pela experimentação de uma inovação clínica, mas ainda não uma definição teórica correspondente. Por trás de seu entusiasmo clínico havia uma base teórica rica e nova, em comparação com o que estava em voga no mundo da psicologia clínica. Se sua formação psicanalítica lhe permitiu trabalhar profundamente com indivíduos, sua familiaridade com a teoria gestáltica lhe possibilitou olhar mais para o processo do que para o conteúdo, ter fé na tendência inata do organismo de criar figuras unitárias e harmônicas (em vez de se centrar na análise das experiências neuróticas) e considerar a situação do grupo, fazendo referência à teoria de campo, nas formulações de Köhler (1975) e Lewin (1951).

A inovação residia no uso do *setting* grupal, em vez do individual, e na confiança implícita na autorregulação da presença dos indivíduos no grupo. Tratava-se de uma psicoterapia "socializadora". Essa descoberta resolveu o cansaço de um analista que estava em desacordo com o modelo analítico diádico (Spagnuolo Lobb; Zerbetto, 2007). Segundo a análise de Perls, em vez de restaurar o bem-estar espontâneo no indivíduo, ele congelava sua vitalidade (Perls; Hefferline; Goodman, 1994, p. 236)[1]. O fundador da Gestalt-terapia nunca, porém, considerou o processo grupal como um "fundo" experiencial atual que – de acordo com a teorização contemporânea – dá sentido aos acontecimentos do grupo, por ser o fundo de onde eles emergem. A sua fé na autorregulação do contato implicava, sobretudo, a passagem da lógica dicotômica do superego – e, portanto, da suposta incompatibilidade entre necessidades individuais e necessidades sociais (Spagnuolo Lobb; Salonia; Sichera, 1996) – à lógica da natureza

[1] Veja, no Capítulo 2 deste volume, a crítica à psicanálise que deu origem ao conceito de egotismo.

unitária do organismo/ambiente e da continuidade entre regulação individual e social.

Entusiasta das inovações trazidas pela teoria de Moreno (1985), ele sabia que a capacidade dos membros do grupo de se identificarem com a história do cliente que estava sendo trabalhado produzia uma repercussão terapêutica em ondas concêntricas em todo o grupo, como se os efeitos da psicoterapia em uma única pessoa pudessem ser multiplicados em todo o grupo, em virtude dos processos de ajustamento criativo de que cada membro do grupo é capaz. Como afirmam os Polsters (1973, p. 310), "uma teia sem idade se forma na inter-relação entre as necessidades do indivíduo e as necessidades do grupo e entre dois atos dissonantes da mesma pessoa".

Outra novidade fundamental no trabalho de Perls com grupos foi a consideração da *experiência,* em vez da análise. Ao ensinar, ele dizia que não é o *porquê* que importa, mas o *como*, assumindo assim a centralidade da abordagem fenomenológica e processual no lugar da analítica. O *como* descreve o processo da experiência, e Perls entendeu que é aí, não no *porquê* ou, em outras palavras, na compreensão da causa, que reside a energia da cura. Assim, apoiar o *como* é a chave para o sucesso da intervenção terapêutica. A atenção à experiência do contato foi oposta à análise das relações transferenciais. Deixar desenvolver o que há de espontâneo na experiência do *aqui-e-agora* (apoiando o *Do-agora-para-o-que-está-por-vir*) é, decididamente, mais terapêutico do que a análise das projeções sobre o líder e sobre os demais membros.

Além disso, o trabalho em grupo de Perls implicou a novidade do conceito de *campo organismo/ambiente*: essa ideia, essencial na formulação original do texto base, *Gestalt Therapy: Excitement and Growth in the Human Personality* (Perls; Hefferline; Goodman, 1951), encontrou uma aplicação muito mais ampla e variada em grupos. De fato, o conceito de contato e de "fronteira de contato dentro do campo organismo/ambiente" poderia ser colocado em prática com sucesso no grupo. O indivíduo é, a qualquer momento, inevitavelmente, parte de um campo, que o inclui, bem como seu ambiente. A natureza dessa relação entre ele e seu ambiente determina seu comportamento (Perls; Hefferline; Goodman, 1997). A perspectiva do grupo como campo distingue-se da perspectiva sistêmica: um sistema é observado como uma realidade separada, "outra", enquanto o campo implica a perspectiva fenomenológica, que responde à pergunta: "Qual é a minha experiência nesta dada situação?" O que nos interessa na perspectiva de campo é a experiência atual, e isso só pode acontecer na fronteira de contato entre os membros e o grupo.

Embora Perls – no período de maior difusão de sua abordagem na Califórnia – nunca tenha se dado ao trabalho de definir teoricamente o que estava fazendo (Rosenfeld, 1978b) e de qualquer forma nunca tenha se referido ao trabalho em grupo nesses termos, notamos como em seu trabalho (hoje facilmente disponível na internet) ele trouxe de volta ao contato todas as retroflexões importantes do cliente. Muitas vezes, ele pedia ao paciente com quem estava trabalhando para usar outros membros do grupo (ou ele, o próprio psicoterapeuta) para efetivar a dissolução da retroflexão e trazer a energia da pessoa de volta ao contato (por exemplo: agarrar o braço de outro participante – ou do Perls, em vez de cerrar os próprios punhos). Perls usava a fronteira de contato entre os membros do grupo, e entre os membros e ele próprio para garantir que permanecessem ancorados na concretude dos sentidos.

Para Perls, os grupos eram o lugar para demonstrar e difundir seu método, em vez de um estudo sistemático. Neles pôde desenvolver sua genialidade clínica, caracterizada pela consideração da profunda dinâmica individual no quadro de referência das leis da Gestalt da escola de Berlim: ele enxergava tudo o que acontecia no grupo em termos de figura e fundo e observava mais os processos (individuais) do que o conteúdo, vendo esses processos como determinados por forças e, por outro lado, por restrições que operam sobre essas forças. O trabalho em grupo era, para ele, um processo contínuo de formação e destruição de *gestalten* (Hodges, 2003).

Assim, Perls marcou o nascimento de uma contribuição original para a psicoterapia de grupo. Foi Paul Goodman, no entanto, quem se direcionou para o grupo como uma realidade fenomenológica e política. A partir de suas teses anárquicas, ele tentou desenvolver uma comunidade real de clientes e, com sua criatividade, sua habilidade e sua erudição, deu uma contribuição gestáltica para o progresso da sociologia, da cultura e da educação (Goodman, 1942; 1956; 1962; 1966; 1972; 1994).

3. A Evolução Cultural do Estar-em-Grupo e a Literatura Gestáltica

As intuições de Perls e de Goodman sobre psicoterapia em e com grupos foram desenvolvidas por vários expoentes da abordagem que, ao longo das décadas, reduziram-nas, consistentemente, com o desenvolvimento de tendências culturais. O estar em grupo e a psicoterapia de grupo são, de fato, vivenciados de formas diferentes de acordo com o momento cultural. Se, a princípio (na década de 1950), o grupo era um "contêiner" e uma força motriz para a independência dos membros singulares que nele encontravam a permissão para ter aquelas experiências de autorrealização dificultadas pelas normas sociais em detrimento dos vínculos afetivos e da responsabilidade do papel, hoje, o grupo é o lugar onde a pessoa pode descobrir o pertencimento, mais do que a independência, o senso de *self* por meio do contato com o outro, o valor esquecido pela mentalidade da eficiência da sociedade contemporâena.

Existem vários tipos de intervenções com grupos e eles não se limitam ao estritamente clínico (grupos terapêuticos) ou formativos (grupos de formação), mas se entrelaçam com intervenções pedagógicas, sociopolíticas ou mesmo de autoajuda. É óbvio que por detrás de uma intervenção em grupo existe sempre um pensamento e uma paixão pela comunidade, e uma fé antropológica na autorregulação social. Trabalhar com grupos é, para o psicoterapeuta, um mergulho na complexidade social e sempre abre amplos horizontes humanos e sociais.

Nos últimos anos, os modelos gestálticos de trabalho com grupos se desenvolveram ao longo das linhas expostas acima. Sem pretender ser exaustiva, cito aqui as correntes mais conhecidas.

Até a década de 1980, a contribuição mais importante foi dada pelo **Cleveland Institute**.

Elaine Kepner (Feder; Ronall, 1980) distingue no trabalho com grupos os estágios de dependência, de contradependência e de independência. Pioneira da perspectiva humanista no círculo universitário de Cleveland, Elaine enfatizou o papel da agressão nas interações humanas.

Joseph Zinker (Feder; Ronall, 1980), centrando-se na perspectiva estética da Gestalt-terapia, distingue quatro etapas do que chama de "ciclo grupal" (que hoje preferimos chamar de "sequência de contato do grupo"): exploração, identidade, isolamento e alta coesão.

Erving e Miriam Polster (1973) desenvolveram os aspectos de criatividade e harmonia dos grupos, concebendo o grupo como um coro grego, no qual as vozes individuais trazem harmonia ao movimento de todo o grupo, justamente por sua diversidade de conteúdos e de energia. O grupo é o lugar onde há espaço para todos e onde é possível fazer sua própria contribuição individual e ser apreciado por isso. Essa ideia do grupo como um microcosmo no qual se formam as bases da sociedade foi retomada recentemente por Erving Polster (2006) em seu livro *Uncommon Ground: Creating a System of Lifetime Guidance*. Nele, o autor afirma com veemência que a psicoterapia é boa demais para ficar confinada aos doentes: uma espécie de socialização em grupos espontâneos dos princípios da psicoterapia. Esse desenvolvimento "iluminado" do pensamento de E. Polster lembra o aviso de Perls sobre a importância da psicoterapia de grupo em comparação com a psicoterapia individual.

Ed Nevis (1987; 2003) desenvolveu modelos gestálticos para consultoria em empresas e organizações. Sua escola também favoreceu o desenvolvimento dos aspectos da intercultura em grupos (Levine Bar-Yoseph, 2008; Gaffney, 2006). O modelo de Ed Nevis sustenta que a chave para o bom funcionamento de um grupo organizacional é fornecida pelas objeções dos indivíduos que dele participam. Ele desenvolve, portanto, referências para a compreensão e uma metodologia para lidar com bloqueios nos processos produtivos e organizacionais, a partir das objeções – mais ou menos conscientes – dos indivíduos singulares inseridos naquele contexto organizacional. Trata-se de um método para ajudar as organizações a liberar a energia e a imaginação necessárias para serem criativas. Este trabalho exige confiança em "ficar" com as objeções, tolerando a pressão – típica do contexto empresarial – e a demanda por soluções e resultados imediatos.

A partir da década de 1990, após a morte de Laura Perls, o *Instituto de Gestalt-Terapia de Nova York*, onde foi fundada a Gestalt-terapia, direcionou deliberadamente seus interesses científicos para os grupos, como alternativa válida ao interesse pela dinâmica diádica (Lay; Kitzler, 1999). A escolha do campo foi baseada no conceito gestáltico da natureza unitária do organismo/ambiente, que enfatiza como as dicotomias entre indivíduo/sociedade, íntimo/social, privado/político não são realistas (Perls; Hefferline; Goodman, 1997) e como a psicoterapia tem uma tarefa ao mesmo tempo privada e política, no sentido de que as duas dimensões não podem ser separadas (Lichtenberg, 2009). O compromisso do *Instituto de Gestalt-Terapia de Nova York* em desenvolver a teoria e a prática do trabalho em grupos se baseia tanto em uma tentativa hermenêutica de aprofundar as fontes americanas do nascimento da Gestalt-terapia (no pragmatismo americano de James, 1980, e no internacionalismo simbólico de G.H. Mead, ver JOAS, 1985), quanto na necessidade de uma consistência epistemológica, já fartamente demonstrada por Paul Goodman, que nos impôs a superação da mentalidade dicotômica.

O decano desse grupo de trabalho (do qual faço parte) foi Richard Kitzler (1999a; 2003; 2007; 2008), que efetuou o reexame das bases teóricas a partir da própria experiência do grupo do *Instituto de Gestalt-Terapia de Nova York*, uma vez que o Instituto é uma comunidade de ensino/aprendizagem. A coerência com os princípios teóricos deve, de fato, ser mantida, sobretudo, na forma como experienciamos os grupos dos quais fazemos parte. É sabido que fazer parte do *Instituto de Gestalt-Terapia de Nova York* implica estar plenamente presente na fronteira de contato, ter fé na crítica construtiva como geradora de boas formas e na liderança livremente flutuante no grupo.

Há muitos testemunhos deste grupo sobre o assunto. Menciono os de Carl Hodges e de Bud Feder.

Carl Hodges (2003) aplicou ao grupo os conceitos da teoria de campo da Psicologia da Gestalt – figura/fundo, todo/partes, processos/eventos, forças/restrições e formação/destruição de *Gestalten*. Quanto mais livremente se desenvolvem as forças no campo, mais o grupo está em *equilíbrio dinâmico*, um estado de bem-estar que permite a formação de figuras claras dotadas de uma forma, de uma estrutura e de uma organização. Essas *Gestalten* podem ser fortes apenas na medida em que as condições do campo permitem. Voltando, posteriormente, ao modelo de grupos de Yvonne Agazarian (1997), Hodges usa como um experimento, considerando-os a figura emergente do processo do grupo como um todo, os pequenos grupos, os quais depois vão se dissolvendo no processo geral, enquanto seu trabalho se torna o fundo para a figura subsequente. Os subgrupos possibilitam a exploração das partes em conflito e das separações e, assim, a consideração de vários aspectos ao mesmo tempo. Hodges considera cinco *Gestalten* ou configurações do processo grupal: I. Orientação; II. Poder e controle; III. Intimidade; IV. Diferenciação; V. Conclusão (Hodges, 2003, p. 256).

Feder (2006), em seu livro *Gestalt Group Therapy: A Practical Guide*, resume os princípios básicos da abordagem grupal gestáltica, com leituras interessantes de organizações políticas (como a de Abraham Lincoln) em termos de processo de grupo e de liderança.

Se olharmos para os estudos europeus, vemos que também aqui há um interesse crescente de pares pelos modelos de grupos gestálticos, tanto porque nossa formação se dá, fundamentalmente, em grupos (sem excluir a importância da psicoterapia individual), quanto pela evolução das tendências culturais que, do ponto de vista individualista, de cima para baixo, estão se tornando cada vez mais focadas na dimensão horizontal e grupal da sociedade.

Robine (1977) critica a tendência de alguns colegas de transpor o conceito de organismo-humano-animal para o de organismo-grupo-animal. Ele ressalta que o conceito de campo organismo/ambiente, o qual é a base do livro *Gestalt-Terapia* (Perls; Hefferline; Goodman, 1997), já é uma definição do grupo, um espaço-tempo em que ocorrem os contatos.

Mencionarei outras contribuições europeias na seção de aplicações, pois tratam da expansão da epistemologia gestáltica para a vida social, mais do que tentativas de arranjo teórico da intervenção clínica com grupos.

Embora haja uma série de contribuições sérias para uma organização teórica do trabalho terapêutico com grupos, um modelo compartilhado ainda não surgiu[2]. Falar de grupos é falar de muitas coisas. Devemos, portanto, distinguir entre um trabalho de *definição*

[2] Veja edição 2009/1 da revista *Studies in Gestalt Therapy. Dialogical Bridges*, dedicada ao tema "Processo de Grupo e o Campo Fenomenal", a partir do qual vemos que ainda não temos uma teoria unívoca do trabalho com grupos e que seria útil um intercâmbio científico mais amplo sobre esse aspecto.

dos princípios epistemológicos de intervenção em grupo gestáltico (que será o tema da próxima seção) e a *aplicação* desses princípios em modelos específicos para vários *settings* e contextos (novamente, a próxima seção), dentre os quais o terapêutico é apenas um de muitos.

4. Um Modelo de Intervenção Gestáltica em Grupos

4.1. Premissa

Como Hodges (2003, p. 253) escreve,

> O protótipo não é a família, com pai e filho (ou professor/aluno, médico/paciente, líder/seguidor). O protótipo para o grupo gestáltico é a *polis*, à medida que os membros assumem sua "cidadania" (de Mare, Piper e Thomson, 1991, pp. 1-74), seus papéis flexíveis e transitórios em uma comunidade de iguais, e retomam também a sua criatividade: "[O *self*] é o artista da vida" (Perls; Hefferline; Goodman, 1997, p. 49).

O grupo é uma "situação dada", a qual, do ponto de vista gestáltico, podemos definir como uma criação contínua das fronteiras de contato que se diferenciam de um fundo. Assim, podemos afirmar que a vida do grupo acontece, flui, no fundo, e as figuras que emergem sempre se relacionam com o desenvolvimento do fundo. O fundo do grupo dá sentido aos acontecimentos/figuras. Ao mesmo tempo, o modo de ser dos membros do grupo cria a vitalidade, a qualidade de sua presença e, portanto, a espontaneidade ou não com que a vida do grupo passa por suas várias etapas. O processo grupal é como uma corrente subterrânea que dá sentido aos acontecimentos, que representam as figuras, a forma específica como os membros narram sua identificação com as intencionalidades que sustentam o fundo.

Esse é o olhar fenomenológico do contato com o qual a Gestalt-terapia apreende a realidade do grupo. No mesmo período em que nasce a Gestalt-terapia, Bion (1952) considerava o objetivo de manter o grupo quase como uma motivação superior das pessoas e ainda via o conflito como uma técnica adotada por seus membros para mantê-lo (*ivi*, p. 63). Ele considerava o grupo como um aparelho psíquico em si, com mentalidade e cultura próprias. Ainda que, sob alguns pontos de vista, sejam semelhantes, a Gestalt-terapia afirma a singularidade e a independência do processo grupal em relação ao individual. Além disso, em virtude da perspectiva fenomenológica e do contato, considera a emergência das figuras grupais como a contribuição individual que cria a "música" do grupo. *Indivíduo e grupo não são duas realidades distintas.*

Segundo os psicólogos da Gestalt (Lewin, 1951), o grupo é definido por seu *propósito* (porquê estamos juntos), por sua *estrutura* (existência ou não de hierarquias, presença de um líder ou autogestão, por exemplo) e por seus *limites* (quão claros são os papéis, por exemplo, quem paga e quem não paga, quem assiste e quem participa, quem coordena e quem participa, etc.).

O líder do grupo deve ser capaz de encontrar sua direção tanto nos movimentos do fundo quanto na presença figurativa dos indivíduos. Há, de fato, *qualidades* do "contato grupal" que o orientam em relação à presença dos indivíduos, e *direções* tomadas pela energia do grupo (intencionalidade de contato) em seu desenvolvimento, constituindo o fundo a partir do qual as figuras emergem.

4.2. O Conceito Gestáltico de Liderança

Certamente, a novidade que caracteriza a abordagem gestáltica com grupos tem a ver com o conceito de *liderança como função natural do grupo*. A notória oposição do grupo de fundadores – e, sobretudo, de Paul Goodman (1960) – ao pressuposto autoritário do modelo cultural ocidental dos anos 50, baseado em um modelo de personalidade autoritária/dependente, levou à busca de um modelo de abordagem para além da estruturação edipiana da família (ver Capítulo 6). A ideia de que a liderança não está ligada ao papel institucional do líder, mas expressa uma capacidade natural de todos os indivíduos de um grupo, é inovadora. A liderança deve flutuar livremente entre os membros do grupo, em vez de ficar confinada ao líder. Com efeito, o papel do líder consiste precisamente na capacidade de apoiar a aquisição espontânea da liderança pelos membros do grupo.

Para a Gestalt-terapia, um grupo que funciona não é aquele que obedece às regras "sociais", mas o que consegue permitir que a liderança flua entre seus membros. Mas o que é liderança para a Gestalt-terapia? Ela é concebida como capacidade de abordagem e de união do grupo, é o pressuposto de um poder agregador, é dar voz a um tema percebido pelo grupo, apoiando, assim, o desenvolvimento das relações entre os membros ou, possivelmente, a superação dos obstáculos que se interpõem entre eles. Um grupo funcional leva à individuação de seus membros por meio de um processo de espelhamento mútuo, de compartilhamento de demandas, de desejos e de respeito à diversidade do outro.

Este conceito de liderança "anti-edipiana" é crucial para o desenvolvimento de qualquer modelo de intervenção grupal que queira receber o nome de "gestáltico".

4.3. O Diagnóstico e a Psicoterapia de Grupo Gestáltica

Para o Gestalt-terapeuta, o processo diagnóstico coincide com o processo terapêutico. Em um referencial fenomenológico e processual, de fato, o diagnóstico é psicoterapia e a psicoterapia é diagnóstico (Kitzler, 2003; 2007).

Então, para onde olha o Gestalt-terapeuta de grupo a que ele dá suporte? Os critérios que utiliza são estéticos (ligados à concretude dos sentidos) e processuais (relativos ao desenvolvimento da experiência do contato). Esses dois aspectos, um sincrônico e outro diacrônico, são o guia para o trabalho gestáltico com grupos, como veremos em detalhes a seguir.

4.4. As Qualidades do Contato: Diagnóstico Sincrônico Estético do Grupo

As qualidades do contato grupal constituem os *critérios sincrônicos* com os quais o líder gestáltico observa o grupo. Tratam-se de sinais de bem-estar referidos ao grupo, não aos membros isolados. Mesmo que o clima grupal seja reduzido nas individualidades, esses critérios devem ser vinculados ao grupo como uma realidade unitária.

O líder gestáltico observa o grupo de acordo com três critérios:

- a vitalidade e a presença dos membros do grupo;
- a flexibilidade da liderança;
- a capacidade de aceitar a novidade e a diversidade dos membros do grupo.

4.4.1 A Vitalidade e a Presença dos Membros do Grupo

> O processo de formação figura/fundo é um processo dinâmico no qual as urgências e os recursos do campo progressivamente emprestam suas forças ao interesse, brilho e potência da figura dominante [...] (que) é especificamente psicológica: tem propriedades específicas observáveis de brilho, limpidez, unidade, fascinação, graça, vigor, desprendimento, etc. (Perls; Hefferline; Goodman, 1997, pp. 45-46)

A vitalidade do grupo é o fenômeno observável da permissão que o grupo como eco-nicho (Goodman, 1972, pp. 5, 7, 9) dá a seus membros para serem espontâneos e para realizarem, de forma fluida, as intencionalidades de contato. A evidência desta permissão é a presença aos sentidos de cada membro do grupo (escutam uns aos outros, reagem prontamente aos acontecimentos, estão atentos e focados) e a consequente espontaneidade com que cada um permanece no grupo (respiração relaxada, segurança básica, etc.). Embora a vitalidade se manifeste de formas diferentes nos vários membros (a presença é também uma questão de estilo pessoal, mais ou menos agressivo, mais ou menos desajeitado, mais ou menos conciliador, etc.), exprime também uma qualidade *do* grupo, que responde à lógica do processo grupal. As pessoas singulares estão sentadas rigidamente no grupo, por exemplo, e toda a atmosfera parece dificultar a respiração. Nesta situação, o participante que se senta relaxado é insensível ou provocativo.

Nota-se como a presença vital dos membros do grupo se manifesta nos diversos estágios de desenvolvimento e como ela se entrelaça com as intencionalidades desses estágios no processo de contato (por exemplo: um grupo que imediatamente estabelece relações íntimas mostra ansiedade em se defrontar com a fase de pré-contato).

A presença vital dos membros é nosso *critério independente*, que dá uma indicação sobre a "profundidade e realidade" da experiência e sobre até que ponto "a necessidade e energia do organismo e as possibilidades plausíveis do ambiente são incorporadas e unificadas na figura" (Perls; Hefferline; Goodman, 1997, p. 45).

4.4.2. A Flexibilidade da Liderança

A flexibilidade dos papéis assumidos pelos diversos membros do grupo é um critério fundamental para a "saúde" do grupo na Gestalt-terapia. Como já foi dito, não há líder absoluto. Neste ponto, deve ser feita uma distinção entre a liderança institucional (aquela da pessoa que conduz a sessão) e a liderança assumida espontaneamente pelos vários membros do grupo.

Um grupo que funciona permite aos vários membros intervir com comportamentos que unem o grupo, aprofundam as relações do grupo, etc. A liderança é vista como uma função espontânea e positiva do nosso ser um grupo (Feder; Frew, 2008). O fato de a liderança se expressar com a espontaneidade que caracteriza estar totalmente presente na fronteira de contato, como um ajustamento criativo à situação do grupo, e de que a flexibilidade da assunção desse papel constitui um critério de saúde é um importante princípio antropológico e político-social da abordagem.

A liderança não é vista como um papel, mas como um processo no qual qualquer um pode entrar. Por exemplo, um membro do grupo diz: "Sinto-me vulnerável". E todo o grupo dirige sua atenção para ele com uma sensação de alívio: a respiração dos indivíduos fica mais relaxada e o clima fica mais leve. Essa vulnerabilidade expressa é um exemplo de liderança: a afirmação daquele indivíduo expressa um tema significativo do campo fenomenológico, e – por sua ressonância ali – o modifica. Uma parte maior do fundo torna-se figura; e outros membros do grupo se identificam com ela. Assim se desenvolve o processo grupal, a dinâmica figura/fundo.

4.4.3. A Capacidade de Aceitar a Novidade e a Diversidade dos Membros do Grupo

A capacidade de aceitar a novidade, a diversidade, é outro elemento diagnóstico importante. Aceitar a diversidade é necessário para o crescimento. Esse gesto de abertura ao desconhecido implica a experiência do enraizamento em um fundo de certezas tomadas como certas.

A novidade pode ser representada de várias maneiras em um grupo: a mudança de líder, um membro do grupo fazendo uma declaração que revela algo importante (por exemplo, uma identidade gay ou um relacionamento extraconjugal, etc.), um membro do grupo ter uma crise psicótica, uma mudança de local, o fim do grupo se aproximando, passar por emoções de agressividade, etc. A tolerância do grupo à novidade é um fenômeno unitário, seja a reação unânime (por exemplo, todos os membros do grupo apoiam a pessoa que revelou um aspecto seu do qual se envergonha) ou equilibrada (uma parte expressa intolerância, mas o restante do grupo corre para defender a dignidade de quem fez a revelação). O momento mais delicado em que o grupo expressa essa capacidade de tolerar a novidade é a fase de desestruturação (ver seção seguinte), mas de qualquer forma, ela se expressa, sempre de formas diferentes, em todas as etapas do processo de desenvolvimento do grupo.

A coragem dos integrantes de fazer emergir algo novo do fundo está ligada à segurança do fundo: quanto mais segurança este proporciona, mais os indivíduos assumem o risco de se expor ao desconhecido. Assim, além de prestar atenção em como o grupo aceita a novidade, o líder deve se atentar a esse aspecto também no caso em que nenhuma novidade surja: os membros do grupo não trazem à tona aspectos "secretos" de si mesmos. Isso também é um sinal de dificuldade em aceitar a novidade.

Por exemplo: no terceiro ano de um grupo terapêutico, uma participante revela que é homossexual. Sempre foi um grande problema revelar isso aos outros, e agora é um grande alívio compartilhá-lo. Não por acaso, essa revelação acontece após um encontro no qual o grupo teve a coragem de dizer coisas muito agressivas uns aos outros, coisas que antes eram retrofletidas. A capacidade do grupo de aceitar a raiva dá à moça o suporte necessário para a revelação.

Quanto mais claros os objetivos e os métodos, a possibilidade de ser diferente sem ser "doente" ou "mau", quanto mais tranquilamente esses aspectos forem vivenciados, menos confusão haverá do tipo que leva à psicopatologia do grupo.

4.5. O Desenvolvimento da Intencionalidade de Contato dos Membros: Diagnóstico Diacrônico do Processo Grupal[3]

O fundo do grupo é constituído por seu processo, o fundo atual de experiências relacionais desenvolvidas ao longo do tempo, dando forma às intencionalidades de contato típicas de cada fase. A razão de estar junto é revelada em experiências individuais compartilhadas. O tempo marca a vida do grupo direcionando suas energias de contato.

Eis uma maneira de descrever *o desenvolvimento das intencionalidades do grupo*: a partir do desejo inicial de serem aceitos, os membros do grupo buscam a segurança de se definirem, a força de *estarem-aí* como pessoas-em-contato. Daí o interesse do grupo centra-se no risco da crítica, da desconstrução das certezas adquiridas, condição necessária para ser autêntico: basicamente, quando arriscamos dizer ao outro "não confio em você", fazemos isso na esperança de compreendê-lo a ponto de podermos confiar nele. Na fase seguinte, então, o grupo passa pela experiência de abandonar-se ao outro, de se revelar mutuamente com o sentimento de intimidade. Após este momento, o grupo está pronto para se desfazer; os membros estão prontos para irem ao mundo levando consigo o que aprenderam.

A história do grupo é uma história de intencionalidades de contato e de suporte que recebem nos diversos momentos do desenvolvimento.

O fundo do processo grupal permite ao líder compreender as figuras que emergem, situando-as no *continuum* da intencionalidade de contato. Por exemplo: os momentos de silêncio no início de um grupo têm um valor relacional muito diferente em comparação com aqueles nos momentos finais, quando o grupo se despede para sempre. Um silêncio inicial pode ser considerado um desejo básico de ser aceito e, portanto, pode expressar medo de se apresentar ao grupo, enquanto um silêncio no final do grupo pode significar respeito à presença de todos

[3] Para a compreensão dos processos grupais como fundo, agradeço aos Formadores de Alunos da Escola de Especialização em Psicoterapia do *Istituto di Gestalt HCC* Itália que, em seu papel de observadores do processo grupal das aulas, inspiraram-me com suas reflexões aguçadas e iluminadas.

e sensibilidade às experiências íntimas que cada um sabe dos outros, a fé na autorregulação que acontecerá ao final do grupo e o desejo de saborear a sensação de profunda intimidade alcançada.

Apresentarei as etapas do processo grupal e, para cada uma delas, distinguirei entre a intencionalidade de contato do grupo e a tarefa do líder. Essas etapas são identificadas de forma semelhante à sequência de contato-retirada e à teoria da experiência do contato (Perls; Hefferline; Goodman, 1997).

4.5.1. Etapa 1 – Tornando-se um Grupo

A *intencionalidade* de contato do grupo e as energias dos membros estão focadas em:

- conhecer os outros e se fazerem conhecidas por eles;
- serem aceitas, encontrarem espaço, serem ouvidas;
- conhecer o contexto e o líder para confirmarem a escolha de estarem no grupo.

A *tarefa do líder* é apoiar essa intencionalidade:

- contextualizando as intervenções individuais como parte do movimento de constituição do grupo;
- definindo o contrato, as regras do *setting* e dos pressupostos e tudo o que possa dar contenção e direção a ser um grupo;
- apoiando as interações do grupo.

Um dos objetivos do líder nesta fase é chegar ao *conhecimento e à coesão do grupo*. Se o líder tem um estilo incisivo, deve direcionar suas forças em prol do desenvolvimento do fundo, em vez de emergir como figura, de modo que os participantes possam ter a experiência da presença dos demais membros como um fundo seguro e familiar.

Outro objetivo é *"firmar" a vitalidade do grupo*. O líder deve favorecer a interação na plenitude dos sentidos entre os membros, atentando para a forma como respiram, como se olham um para o outro e se escutam quando interagem.

A empatia do líder deve se concentrar na fronteira de contato, e não nas experiências individuais de cada um. Em vez de se fazer perguntas como: "O que essa pessoa está sentindo neste momento?", ele pergunta: "O que essa pessoa está percebendo dos outros neste momento?" Em vez de pensar em termos de análise das experiências (o participante que faz um comentário invejoso está revivendo a competição com seu irmão, por exemplo), o líder gestáltico pensa em termos de experiência na fronteira de contato e, portanto, pode pensar: "Como está respirando a pessoa que faz a observação invejosa?"; "Com que parte do campo ela está em contato?"; "Que segurança percebida no campo/grupo pode permitir que ela respire mais plenamente e esteja mais plenamente presente?"

Além disso, nesta, como em todas as outras etapas, o líder *remete todas as intervenções dos membros singulares de volta ao sentimento pelo grupo*: como a experiência invejosa daquele membro contém o desejo de ser aceito, ouvido? Que partes de si mesmo ele gostaria que o grupo visse?

Exercícios que focam na aceitação do outro e no conhecimento mútuo são adequados para sustentar as intencionalidades de contato nesta etapa.

4.5.2. Etapa 2 – A Identidade do Grupo

A *intencionalidade* do grupo é direcionada para a aquisição da segurança de estar junto. Nesta etapa, as energias do grupo são direcionadas para:

- "dar um nome a si";
- encontrar uma identidade compartilhada;
- consolidar seu estar em grupo.

Isso geralmente acontece por meio do desenvolvimento de uma linguagem compartilhada, que se torna uma identidade de grupo. Por exemplo: "Somos um grupo unido", ou "sério", ou "amante do prazer", etc. Os membros do grupo identificam-se facilmente com comportamentos ou atitudes que desfrutam de um *status* no grupo (por exemplo: ir ao cinema juntos, falar sobre homens ou mulheres, sobre viagens, compartilhar valores como ajudar os outros, etc.). Tudo isso – a linguagem, valores e interesses compartilhados – dá força e direção à energia do grupo.

A *liderança* nessa etapa se dá por meio de ações que favorecem a identidade do grupo. O líder:

– dá "nomes" ao que acontece;
– define os eventos em termos de grupo.

Por exemplo, no estágio inicial de um grupo de treinamento sobre relacionamentos de ajuda, uma mulher conta como conseguiu ouvir uma amiga que a procurou sobre um problema e como teve que deixá-la para ficar com sua filha que estava fazendo sua lição de casa. No grupo, ela se pergunta como deve ser difícil, mas fascinante, ajudar as pessoas como profissão. O líder diz: "Você está agradavelmente surpresa por ser capaz de ouvir sua amiga; para você, este é um bom comentário sobre o trabalho que você está fazendo aqui. Você se pergunta, porém, e pergunta ao grupo também, se ouvir as pessoas como profissão significa abrir mão de muitas coisas na vida, até mesmo do tempo que você dedica aos seus filhos. Alguém quer dizer algo sobre isso?" A mulher não está apenas expressando uma experiência pessoal, ela está expressando, sobretudo, uma experiência do grupo: "Qual é a identidade de uma pessoa que cuida dos outros?"; "O que quero mudar em mim e o que me tornarei se participar plenamente desse grupo?"

A liderança é assumida por qualquer membro que ajude a trazer essas questões de volta à identidade do grupo: é o grupo que deve gerar uma resposta como fruto de seu trabalho de desenvolvimento. É por isso que a verbalização do líder citada é um exemplo de liderança: ela sustenta as interações grupais que contribuem para o tema compartilhado.

A aquisição de uma identidade de grupo espelha a aquisição das identidades individuais dos vários membros. Uma das consequências da definição de sua identidade é a percepção de suas diferenças em relação aos demais. Assim, nesta etapa, passamos pelo tema da identidade do grupo, mas também pelo tema da diferença individual. "Se meu nome é Giuseppe, meu nome não é Carlo". Começar a perceber as diferenças é consequência do reforço da própria identidade. Quanto mais nos sentimos nós mesmos, mais apreciamos as diferenças nos outros.

4.5.3. Etapa 3 – A Desconstrução das Certezas do Grupo e a Fé na Novidade

A *intencionalidade* do grupo aborda a desconstrução[4], a curiosidade interessada em conhecer o outro profundamente. Nesta etapa, a energia do grupo, bem definida na etapa anterior, adquire força suficiente para atacar o ambiente, para desconstruir as certezas anteriormente adquiridas.

Na etapa anterior, o interesse era voltado para o reforço da própria identidade, agora a identidade é tão sólida que é possível criticar, desconstruir o outro. A agressividade e a desconstrução expressam um grande amor pelo outro e o desejo de contatá-lo, como a criança que despedaça um brinquedo para conhecê-lo a fundo, como Michelangelo, com raiva, jogando o martelo no joelho de seu Moisés e dizendo: "Por que você não pode falar?" É impossível amar o outro se não o contatarmos primeiro com nossa curiosidade em desconstruir (ver Capítulo 5).

A *liderança* favorece e apoia o movimento dos membros em se confiarem à energia do grupo arriscando-se à desconstrução e confiando na autorregulação.

Essa é a fase em que o grupo, por um lado, lança-se na "loucura coletiva", como passar dias juntos se divertindo, embriagando-se com a vida, correndo o risco de experimentar partes desconhecidas de si mesmo e aceitando o risco do outro e, por outro, acatando momentos de crítica, de ataque feroz entre os membros e contra o líder. Há a sensação de desafiar as regras para testar as próprias potencialidades e, sobretudo, a fé de que o grupo pode ser mais inclusivo do que outros grupos importantes para sua história, rígidos e normativos diante da "loucura" entendida como força desconstrutiva.

O líder tem fé na capacidade dos membros de alcançarem uns aos outros e de ler a agressividade, não como uma força destrutiva, mas como uma força necessária para se chegar ao amor pelo outro.

4 Agradeço aos alunos do 15º Curso de Siracusa e aos do 14º Curso da Escola de Especialização em Psicoterapia de Siracusa e de Palermo (ano letivo 2009-10) pela análise dos termos "destruição" e "desconstrução" à luz da epistemologia gestáltica. O termo "desconstrução" parece mais adequado na medida em que é consistente com o processo perceptivo (como na decomposição e recomposição de um quebra-cabeça).

Só ao contar um ao outro aquelas coisas que são profundas, as quais, muitas vezes, são críticas (se não consigo entrar em contato com você fico com raiva), ou ao correr o risco de estar com o outro "além dos limites usuais", podemos desenvolver o senso de estar lá com "conforto existencial", de "sentir-se em casa numa terra estrangeira" (ver Spagnuolo Lobb, 2009e). O líder deve favorecer nos membros o risco do contato pleno e deve cuidar para que o contato desconstrutivo entre os membros do grupo seja sustentado pela respiração e pelo fundo de certezas dadas como verdadeiras.

Exemplo. Em um grupo de treinamento, em seu terceiro (penúltimo) ano, o clima ainda está "travado", há momentos de abertura por parte de alguns membros seguidos de silêncios e de fechamentos, em vez de partilhas explícitas. Os membros do grupo reconhecem sua contínua incapacidade de confiar em todos (alguns são percebidos como frágeis ou incapazes de se expor) e dizem que nos intervalos conseguem ser mais espontâneos do que nos momentos grupais. Esta declaração expressa um mal-estar, mas, sobretudo, uma vontade de ir além das "convenções" que o grupo se deu. O líder sabe que deve apoiar as formas que esse desejo tomará. Uma moça pede para trabalhar um sentimento de ansiedade experimentado ao fazer um exercício em grupo que envolvia experiências corporais. Ao trabalhar, ela nos conta sobre o parto traumático que teve alguns meses antes. Esta é a primeira vez que ela se permite contar ao grupo (e a alguém, em geral) sobre as experiências poderosas, traumáticas e mortais pelas quais passou durante o parto. Há outra moça no grupo que está prestes a dar à luz. O líder sente o risco para o grupo, mas deixa esse rio de medos, raiva, desejo, amor, inveja fluir da história e passar pela experiência de cada indivíduo do grupo. Muitos deles choram e todo o grupo está extremamente presente na história. É claro que o grupo está entrando em uma fase de maior confiança na capacidade de cada um de ouvir as experiências mais profundas do outro, e que a rigidez percebida anteriormente em alguns membros que não se expuseram pode se tornar o fundo de uma capacidade de tolerar e de conter todas as experiências, mesmo as mais dolorosas. A moça que está prestes a dar à luz testemunha essa passagem, expressando sua proximidade com a moça que contou sua história e assegurando-lhe que isso não influenciará em nada sua experiência atual do parto, mas, pelo contrário, isso pode ajudá-la a escolher a equipe médica que irá atendê-la. Este episódio é seguido por uma série de trabalhos individuais em grupo, nos quais os participantes que ainda não se expuseram contam suas histórias mais íntimas, consistindo em experiências familiares de loucura, de abusos, de separações. A essa altura, o grupo já chegou à capacidade de ser íntimo.

4.5.4. Etapa 4 – Intimidade do Grupo

A *intencionalidade* do grupo tende ao contato pleno. Nesta fase, a energia do grupo é livre e forte o suficiente para entrar em contato com o outro em profundidade, correndo o risco de frustração, de rejeição ou de crítica (antes temida).

É *tarefa do líder* favorecer esse movimento, esperando até que, do vazio fértil (Frambach, 2003), do encontro entre os membros do grupo, as declarações fluam espontaneamente de partes do *self* nunca antes reveladas e de sentimentos de contato nunca mencionados. Como esse movimento deve surgir espontaneamente nos membros, ele não pode ser induzido pelo líder. Trata-se de uma criação única de cada indivíduo. O líder deve suportar pacientemente os silêncios da gestação de cada "parto" individual e acolher o novo nascimento de si de cada membro quando isso acontecer. Se, na etapa anterior, o risco estava em revelar ao outro os desejos intrusivos, superando os medos adquiridos com as feridas dos relacionamentos anteriores, aqui o risco está em deixar o afeto chegar ao outro, modificando o padrão relacional retroflexivo habitual. Todas as expressões de sentimento de afeto, de proximidade, até de sofrimento, de feridas – tudo isso sustenta a intencionalidade do grupo.

4.5.5. Etapa 5 – Separação e Irradiação da Magia do Grupo

A intencionalidade do grupo é em direção à separação. Esta é a fase em que a energia do grupo, apesar do bem-estar que os indivíduos adquiriram no contato, tende a se separar, não para fugir, mas por necessidade de desenvolvimento.

A magia de estar junto em grupo está sempre ativa e presente, mas agora não é mais necessária. Surge a ideia de mergulhar de novo na sociedade com uma novidade adquirida: a capacidade de estar em um grupo de maneira pura, como se nunca tivesse sido ferido. A fala de Clark e Leigh (ver Capítulo 7), "Ame como se você nunca tivesse se magoado", expressa bem essa conquista.

A liderança apoia o desenvolvimento dessa tensão na retirada do contato, como uma separação natural e enriquecedora. Muitas vezes, assume a forma de agradecimento, figura fundamental nesta fase (Borino; Polizzi, 2005). Ao dizer "obrigado", os participantes podem expressar tanto o sentido de sua força quanto a percepção diferenciada do outro; podem revelar-se com a assimilação da novidade aprendida no grupo: é possível estar com o outro superando as próprias feridas. Neste ponto, a retirada do contato coincide com a independência.

5. A Aplicação do Modelo Gestáltico de Grupo

Este modelo de diagnóstico e de intervenção em grupos é concebido como um mapa para direcionar o líder, não apenas em grupos de treinamento ou em grupos de psicoterapia, mas também em muitos outros *settings* grupais. Os princípios epistemológicos tornam o modelo gestáltico rico em potencialidades de aplicação para grupos.

De fato, há muitos exemplos na literatura de *settings* específicos. Basta citar trabalhos em consultoria empresarial (Nevis, 2003; Baalen, 2009; Spagnuolo Lobb, 2012), em aulas na escola (Cavaleri; Lombardo, 2001), com adolescentes (Fabbrini; Melucci, 2000), com clientes afetados por patologias específicas (Mirone, 2009; Cannella 2004; Pintus, 2011), com grupos religiosos (Salonia, 1994), em modelos de comunidade psiquiátrica (Spagnuolo Lobb, 2002a; 2002b; 2003a; Sampognaro, 2003) e com grupos de formação para psicoterapia (Spagnuolo Lobb, 1991).

Para além destas aplicações, cada uma das quais abrange um interesse específico que merece a nossa atenção, gostaria também de fazer referência às contribuições que lançam os princípios epistemológicos gestálticos ao nível da *pòlis*, apresentando propostas originais em apoio a determinados aspectos da vida em sociedade.

Malcolm Parlett (2003), por exemplo, apresenta uma leitura gestáltica dos recursos relacionais sustentáveis em nossa sociedade. Ele lista cinco "habilidades": *responder, relacionar-se, reconhecer-se, incorporar, experimentar.* Estas expressam qualidades humanas de convivência social, desde a capacidade de responder e se relacionar até a capacidade de reconhecer-se e sentir-se encarnado, até a curiosidade que nos leva a experimentar novas possibilidades (ver Spagnuolo Lobb, 2006c).

Schulthess e Anger (2009), em seu recente livro *Gestalt und Politik,* apresentam várias leituras gestálticas sobre a ligação entre psicoterapia, sociedade, cultura e política.

6. Conclusões

É minha esperança que as várias contribuições para o trabalho da Gestalt-terapia com grupos sejam aceitas pela comunidade científica como tendo o significado que merecem e que possam ter influência em nossa sociedade. Não é por acaso que escolhi este assunto como o penúltimo capítulo deste livro.

O Gestalt-terapeuta nunca pode permanecer um operário privado (Lichtenberg, 2009): seu trabalho também é político e seu engajamento em grupos é o suporte mais incisivo que ele pode dar às realidades que movem os mecanismos de bem-estar social.

Como este capítulo ainda é uma contribuição clínica, não política, gostaria de encerrar com um exemplo de trabalho em grupo, onde a respiração social e política representa o *Do-agora-para-o-que-está-por-vir* do impasse individual.

Em um grupo de especialização para psicoterapeutas russos experientes, uma participante de 47 anos pede para trabalhar. Sua mãe está morrendo de câncer; o problema não é se despedir dela, ela sabe muito bem como fazer isso. Ela escolhe fazer um trabalho pessoal no grupo porque se sente solitária, muito solitária. Ela é filha única, mas tem uma família com marido e quatro filhos. Ela tem olhos calorosos e calmos; ela é uma adorável primogênita (e filha única). Ela nos conta que mora em um prédio antigo em Moscou e seus olhos se iluminam quando fala sobre sua casa. Ela tem um bom relacionamento com suas raízes e mantém tudo o que é "fundo" em harmonia, ciente de sua posição no fluxo da história da qual faz parte. Digo-lhe que posso imaginar o encanto de morar em um prédio antigo em Moscou, de onde, durante a Revolução, os aristocratas foram banidos pelos proletários que vieram em massa para dividir aqueles cômodos maravilhosos. Ela se ilumina com o pensamento dessas imagens, seu rosto e seu corpo inteiro ficam quentes. Digo-lhe que ela faz parte do fluxo da história que repousa solidamente sobre esse fundo, guardando-o bem, ao mesmo tempo. É óbvio que essa cliente está passando por uma mudança em sua *função personalidade*: a perda de sua mãe, em vez de um vazio criado pela separação, implica uma mudança na definição de si mesma. Pergunto-lhe o que sua mãe lhe diria se ela se definisse como parte do fluxo da história de seu país. Ela responde que sua mãe não diria nada. Digo que ela pode se permitir apresentar-se ao mundo com essa função de pertencer ao fluxo da história. Lembro-lhe a imagem do filme *O Rei Leão*, na qual o pai apresenta seu único filho ao mundo, levantando-o para mostrá-lo a todos. Ela diz ser esta uma cena patética, então, imediatamente, diz que, ao falar isso, arruinou um momento importante. Digo-lhe que ele pode ser consertado, ela se emociona com a ideia de que pode ser consertado e diz estar pronta para se apresentar ao grupo como alguém que faz parte do fluxo da história da Rússia. Ela vivencia isso apresentando-se ao grupo com uma postura bem enraizada e feliz, aberta ao grupo e ao mundo.

Este é um exemplo de como um fato privado (a morte preanunciada da mãe) pode, de fato, ter uma ressonância social e política para pessoas singulares e de como o grupo pode proporcionar ao indivíduo a possibilidade de vivenciar em um microcosmo, um eco-nicho que garante o bem-estar social.

Eu gosto de pensar no grupo como o que acontece
quando você olha para um caleidoscópio enquanto o agita,
onde toda vez o padrão muda de acordo com muitos fatores
(sobre os quais não sei absolutamente nada!)
e a magia permanece intacta.

MARIA MIONE[5]

[5] Psicóloga, Gestalt-terapeuta e Formadora. Não publicado.

Formação em Gestalt-terapia Novidade, Excitação e Crescimento no Grupo[1]

10

Dedico este capítulo aos meus alunos
e a todos aqueles que,
em um momento mágico das suas vidas,
decidiram tornar-se profissionais da alma...
ou depois de ver...
sua mãe – uma mulher de pedra – chorar
ou depois de presenciar, impotente,
a morte prematura de um familiar
ou depois de vivenciar o desespero da solidão
ou... acrescente sua própria peça ao quebra-cabeça!

Até aqui, percorremos a prática clínica gestáltica, observando e apreendendo-a a partir de vários pontos de vista e *settings* possíveis. Na conclusão deste livro, gostaria de oferecer uma reflexão sobre a formação em Gestalt-terapia.

Este é um assunto vasto e complexo, do qual não pretendo tratar exaustivamente aqui. A Gestalt-terapia passou de uma metodologia de prática formativa "ingênua", que considerava basicamente as metodologias experienciais (trabalho pessoal em grupo) e demonstrativas (observação "ao vivo" do trabalho clínico dos "mestres"), para uma prática definida e variada. Na Itália, o reconhecimento legal da profissão de psicoterapeuta (dentro do estatuto n. 56/89 sobre a organização da profissão de psicólogo) levou a uma regulamentação oficial da formação por parte do Ministério das Universidades. Paralelamente, a Fundação

[1] Eu sou grata a Maria Mione e ao Gianni Francesetti por contribuírem com suas ideias para este capítulo, cujo ponto de partida foi o trabalho que publicamos no *Quaderni di Gestalt* (SPAGNUOLO LOBB; MIONE; FRANCESETTI, 2010).

das Ordens dos Psicólogos possibilitou a instituição de um código de ética da psicoterapia. A comparação com as definições estabelecidas pela lei levou as Escolas de Especialização em Psicoterapia a oferecer programas de formação com padrões altamente qualificados.

Hoje, sabemos que a formação implica:

- **aspectos legais**: o reconhecimento formal da profissão;
- **aspectos administrativos e gerenciais**: os alunos têm o direito de encontrar uma estrutura organizacional capaz de facilitar suas vidas no importante compromisso com a formação: desde facilitações administrativas até a possibilidade de localizar material didático, até a consideração de seu ponto de vista sobre a qualidade, etc.;
- **aspectos metodológicos e didáticos**.

A formação em Gestalt-terapia certamente se tornou mais complexa e estruturada, e manter a fé na epistemologia gestáltica, baseada na espontaneidade dos processos relacionais, torna-se um desafio muito interessante. A prática do treinamento em grupo – em contraste com os primórdios históricos da abordagem – tornou-se uma história de longo prazo e foi enriquecida pela consideração dos processos grupais. O que foi originalmente considerado como base para o crescimento individual (especificamente novidade, excitação e crescimento, como no título do texto fundador de Perls; Hefferline; Goodman) é hoje apontado como o pilar para o processo de crescimento do grupo.

O aspecto metodológico-didático da formação gestáltica inclui, por sua vez, três grandes categorias: a programação didática (que deve ser capaz de transmitir a abordagem de forma fluida e harmoniosa), a qualidade do ambiente didático humano (que diz respeito tanto à qualidade dos formadores quanto ao clima entre eles e ao sentimento de pertencimento à abordagem e à Escola) e um mapa para observar o processo grupal da turma, como desenvolvimento da intencionalidade de contato dos alunos.

Mas, para além de todos estes aspectos, é necessário situar a ética da ação formativa como definição superior a que se deve referir tudo o que diz respeito à formação, desde as dinâmicas relacionais que emergem no campo formativo fenomenológico até as práticas administrativas e didáticas. A ética garante que o objetivo "contratado" entre os dois lados será alcançado, ou seja, o cumprimento do objetivo formativo, o "dar forma" à intenção do aluno de se tornar psicoterapeuta e aquela do formador de transmitir uma abordagem privilegiando sua "encarnação" em pessoas concretas.

Desconsidero aqui uma discussão sobre a programação do ensino, assunto vasto que merece publicação à parte. Neste ponto, é necessário relembrar as normas de formação da Associação Europeia de Gestalt-terapia (1ª versão 2003 – revisão 2005)[2] e os estudos de Joe Melnick (2007) sobre a comparação dos vários programas de formação no âmbito internacional.

Depois de introduzir temas relativos à ética da formação em Gestalt-terapia, neste capítulo, apresentarei algumas reflexões sobre o ambiente didático humano e sobre as fases do *self* na formação.

1. A Ética da Formação Gestáltica

1.1. O Princípio Ético Básico

Quando nos tornamos estudantes, aceitamos o risco de entrar em um ambiente modificador para poder cumprir uma decisão vocacional. Há uma abertura para a novidade e uma escolha vocacional. É isso que deve ser respeitado antes de tudo quando nos preocupamos em criar um ambiente de formação, o suporte para o *Do-agora-para-o--que-está-por-vir* do aluno.

A opção da abordagem psicoterapêutica é como escolher qual roupa usar, o que implica um código mental com o qual olhar as relações humanas. Mas a escolha não tem nada a ver com quão boa é a abordagem: não existem abordagens melhores que outras, todas são válidas, existem simplesmente aquelas que são preferidas a outras.

Mas é preciso mergulhar no mar da abordagem escolhida, nas profundezas, identificando-se plenamente com ela, para aprender uma

[2] Veja o *site* <www.eagt.org>.

linguagem consistente. É como ter um mapa claro e aberto para ler as relações, como ser capaz de ler uma partitura para tocar uma melodia. Somente quando a própria linguagem é assimilada, a ponto de compreender profundamente o significado, é possível dialogar com colegas que usam outras linguagens, abrindo-se para a escuta e para a compreensão de diferentes melodias, tocadas por diferentes abordagens.

Isso deve ser dito aos alunos, é um ato inicial de honestidade e de precisão em relação ao trabalho do psicoterapeuta. Eles devem aprender, não um fundamentalismo, mas a capacidade de trabalhar dentro dos limites próprios e da abordagem, bem como os limites da situação. Assim, cabe ao formador dirigir-se aos alunos fundamentando e contextualizando o método, pois isso evitará uma guinada "grandiosa" no seu compromisso clínico.

Uma aluna do terceiro ano descreve bem a metáfora da roupa:

Eu (estudante) gosto da roupa, porque ao vê-la/tocá-la/vesti-la (em uma palavra, tendo uma experiência perceptiva e fenomenal dela) respondo ao que, em meus pensamentos e desejos, eu achava que era bom em mim (a ideia de que sou eu que decido, eu escolho); posteriormente, a roupa é ajustada ao meu corpo sob a orientação de mãos sábias (os formadores) que conhecem (a teoria) e a realizam (ou seja, traduzem-na em um trabalho) em mim e comigo (ainda a ideia de sujeito "ativo" e de coconstrução, pertinente com o que a formação é para mim: um processo dialógico, o qual, um pouco como a narração, é necessário dois para criar), tentando juntos avaliar os pontos fortes e "intervir" sobre os pontos fracos, os defeitos. O resultado final é uma peça que uso (vou usar!) com tanta segurança, justamente por ser do meu tamanho, porque nem a percebo mais como objeto externo, pois passou a fazer parte também do meu jeito de ser (Anna Milio, XIV Curso realizado em Palermo).

Este princípio outrora afirmado deveria caracterizar a ética de todas as escolas, mas na Gestalt-terapia temos uma ética específica, nomeadamente, a estética.

1.2. Estética como Ética

Às vezes, vendo a Gestalt-terapia "funcionando", podemos nos apaixonar por ela assim como podemos nos apaixonar pela *Alegoria da Primavera* de Botticelli: poderíamos passar horas simplesmente olhando para ela, totalmente absorvidos pela sensação de completude e de integridade que evoca, ao mesmo tempo em que perguntamos o que é, especificamente, que provoca essas sensações cativantes. Talvez o seu sorriso, talvez a cor particular da sua pele, talvez a forma como a figura se destaca no fundo... afinal, devemos nos render à impossibilidade de desmembrar em partes o que tem seu sentido existencial apenas na totalidade orgânica.

Participar de uma "boa" sessão de Gestalt-terapia é, muitas vezes, uma experiência semelhante, carregada de muitos estímulos à reflexão, sobretudo, uma reflexão plena dessas vibrações, e daquela fascinação típica da flecha que voa direto para o alvo da totalidade da pessoa (SPAGNUOLO LOBB, 1991, p. 7).

É justamente esse fascínio, essa atração evocativa, a despertar os sentidos de quem assiste a Gestalt-terapia em ação, e a qual, imediatamente, comunica a preocupação da Gestalt-terapia com a integração do *self*-em-contato, da harmonia que existe em qualquer contato entre organismo e ambiente, em cada movimento do campo fenomenológico e do potencial de cura que nele reside.

Como percebeu Rank (1932), ensinar psicoterapia significa dar ao aluno a possibilidade de se tornar um artista, ou seja, de usar suas qualidades pessoais – mesmo, ou sobretudo, aquelas que ele julgava negativas e na base de sua neurose – como recursos fundamentais de *awareness* e de contato terapêutico (SPAGNUOLO LOBB, 1991, p. 7). O recurso fundamental para a realização desta possibilidade é a *awareness*, ou seja, a capacidade de estar constantemente presente aos sentidos e atualizado na percepção de si e do outro (SPAGNUOLO LOBB, 2004a), de aceitar o fluxo da dinâmica perceptiva figura/fundo sem bloquear o processo atual de contato com o ambiente (POLSTER; POLSTER, 1973). A arte terapêutica implica a habilidade de viver cada momento do encontro entre psicoterapeuta e cliente, permanecendo constantemente na fronteira de contato, trazendo-a de volta ao contexto dos contatos que o cliente faz com o mundo.

Essa qualidade do trabalho gestáltico, que deve ser transmitida na formação, ainda hoje envolve uma visão revolucionária da relação entre o indivíduo e a sociedade.

A ética estética resolve o dilema freudiano entre as necessidades do indivíduo e aquelas da sociedade (SPAGNUOLO LOBB, SALONIA;

SICHERA, 1996). A ética do superego encontrada na teoria estrutural freudiana (MIGONE, 2005) implica uma representação interna do que se deve fazer e do que não se deve fazer, é um pedaço da sociedade que deve ser "engolido" e que deve fazer o próprio indivíduo, a ponto de trazer um sentimento de culpa no caso de o comportamento contradizer os valores internalizados.

A ética tradicional é, portanto, a regulação interna dos valores da sociedade. A crítica de Perls sobre isso é clara: "A cultura herdada pode tornar-se um peso morto que aprendemos penosamente, que os anciães zelosos nos forçam a aprender e que, ainda assim, provavelmente, nunca usaremos individualmente" (PERLS; HEFFERLINE; GOODMAN, 1997, p. 123).

A ética estética, ao contrário, pressupõe que é a autorregulação da relação que faz emergir os valores. O menino percebe que não deseja sua mãe, não como reação ao sentimento de culpa, por meio de uma negação, mas quando, em plena presença dos sentidos, vê que ela deseja seu pai (ou outro homem), não ele. Ele vê que sua mãe sente ternura e orgulho por ele, mas não desejo sexual. A ética estética garante a plenitude da presença com o outro: não há nada a evitar. De fato, é precisamente evitar a percepção clara na fronteira de contato que leva à falta de ética. Como diz um colega inglês, você não pode matar seu inimigo se olhá-lo nos olhos. A empatia leva a uma autorregulação do contato que não deixa espaço para o ódio na medida em que sustenta a intencionalidade de contato que move até os comportamentos mais agressivos do ser humano.

Assim, a ética estética resolve a cisão deixada pela teoria freudiana entre as necessidades individuais e sociais e confia à empatia encarnada, aos sentidos, a regulação das relações humanas: uma perspectiva oposta à freudiana. Se enxergarmos a divisão, precisamos de um superego. Se considerarmos a harmonia que há em cada coisa, precisamos estar mais em contato com os sentidos.

Voltando aos processos de formação, os valores são "descobertos" nas relações, não dados *a priori*. A atenção dos formadores estará direcionada para a prontidão dos alunos para perceber o que há de novo e de se deixarem conduzir pela excitação resultante voltada para a criação de modos de ser mais sintonizados com as condições atuais do grupo. O seu critério de avaliação dos processos formativos não será a aquisição por parte do aluno de modelos teóricos e metodológicos (sempre um passo necessário, mas não suficiente em si), mas a presença mais ou menos *aware* pela qual o aluno passa pelos momentos formativos (tanto teóricos quanto experienciais) no grupo. O risco inerente em confiar ao sensorial a ética da relação terapêutica é, obviamente, o risco típico de qualquer regulação intrínseca: Como evitar o risco de sedução ou de manipulação por parte do psicoterapeuta? O que garante a qualidade ética da relação é a definição desta: toda emoção – embora tratada com dignidade – deve ser reconduzida à intencionalidade que levou o cliente a entrar em terapia (ou o aluno a entrar na formação), e é uma responsabilidade de cuidado manter o psicoterapeuta (ou o formador) nesse papel (de um profissional que presta ajuda). Este é o "contrato ético" com o qual o êxtase, tanto do psicoterapeuta quanto do cliente, do aluno e do formador, encontra significado terapêutico (ver Capítulo 6).

1.3. Como a Perspectiva da Agressão Dentária Modifica o Conceito Tradicional de Formação[3]

O fato de a teoria da Gestalt-terapia (Perls; Hefferline; Goodman, 1997) se basear numa intuição do casal Perls relativa à importância, em termos antropológicos e relacionais, da capacidade agressiva que acompanha o desenvolvimento dos dentes na criança (Perls, 2002), dá-nos a possibilidade – original e extremamente produtiva – de transmitir um modelo profissional de forma não introjetiva nem acrítica.

Perls (2002) destaca que a agressão dentária antecipa, na fase de introjeção, o componente agressivo do psiquismo da criança (Abraham, 1985). Essa diferença fundamental da teoria do desenvolvimento freudiana deu aos fundadores da Gestalt-terapia material suficiente para exigir a criação de um novo modelo psicoterapêutico.

> [...] a qualidade própria dos processos de formação, segundo a abordagem da Gestalt-terapia, reside no fato de se configurarem

[3] O que vem a seguir é um desenvolvimento do artigo de Spagnuolo Lobb (1991).

> como um percurso que não se detém na introjeção, mas acolhe e exige uma fase de agressão, de desconstrução do introjeto e, portanto, da diferenciação (rebelião, crítica, etc.) da pessoa que a fornece (líder) (Spagnuolo Lobb, 1991, p. 6).

Como Perls *et al.* descrevem tão bem:

> Todo organismo dentro de um campo cresce incorporando, digerindo e assimilando substâncias novas, e isto exige a destruição da forma existente para obter seus elementos assimiláveis, seja uma comida, uma palestra, a influência de um pai, a diferença entre os hábitos domésticos de um companheiro e os nossos. [...] Se a forma anterior não for totalmente destruída ou digerida, ocorre, em lugar de assimilação, ou a introjeção ou áreas sem contato. (Perls; Hefferline; Goodman, 1997, p. 149)

O crescimento pessoal deve passar por uma fase de desconstrução, na qual a novidade é atacada e o que era certeza é desafiado. Sem esse processo ativo e agressivo, não pode haver assimilação dos conteúdos formativos. O que é ensinado permanecerá um corpo desconhecido, introjetado, mas não assimilado.

A Gestalt-terapia critica a falta de fé da sociedade em relação à força inovadora e autorreguladora implícita no conflito relacional. O conceito de agressão dentária está ligado – como vimos no Capítulo 5 – à confiança na novidade e no crescimento inerentes à passagem pelo conflito. "A interrupção prematura do conflito, pelo desespero, medo da perda ou evitação do sofrimento inibe a criatividade do *self*, seu poder de assimilar o conflito e formar um novo todo" (Perls; Hefferline; Goodman, 1997, p. 173). A força agressiva[4] e o conflito são um estímulo para a mudança, que nunca é apenas individual: representam a possibilidade de autorrealização na comunidade social e, ao mesmo tempo, a possibilidade de renovação da sociedade. Se o conflito for evitado, não se pode crescer/aprender nem fazer a sociedade crescer.

Agressividade (ou excitação), novidade, assimilação, crescimento são os conceitos-chave no processo de formação gestáltica.

[4] Veja no Capítulo 5 a necessidade de uma definição contemporânea do conceito perlsiano de agressividade.

Podemos transferir para o processo de formação o que Perls disse sobre a atitude do psicoterapeuta em relação ao cliente, e do cliente em relação à psicoterapia:

> Contudo, ao contrário, se a *awareness* de si próprio é uma força integrativa, então desde o começo o paciente é um parceiro ativo no trabalho, como um treinando em psicoterapia. E a ênfase desloca-se do ponto de vista bastante cômodo de que ele está doente para o ponto de vista de que ele está aprendendo alguma coisa, porque a psicoterapia é obviamente uma disciplina humana, um desenvolvimento da dialética socrática. (Perls; Hefferline; Goodman, 1997, p. 61)

Assim, como o cliente é um parceiro ativo no processo terapêutico, o aluno é um parceiro ativo no processo de formação.

Uma consequência desta visão ativa e criativa do crescimento é a evidência de que o processo de formação é um processo de contato entre o aluno/grupo de alunos e o formador/corpo docente. Na Gestalt-terapia, o processo de formação sai totalmente de uma consideração intrapsíquica para entrar na perspectiva de um processo cocriado na fronteira de contato, o que acontece em um campo fenomenológico. Para que o modelo seja assimilado, no processo de aprendizagem, devem existir "assinaturas": a assinatura do aluno com a sua energia adaptativa, mas também desconstrutiva, a assinatura do formador e aquela do grupo, do ambiente humano no qual ocorre o aprendizado.

Como escreve Francesetti (2006), há uma diferença substancial entre um aluno que *aprendeu* a abordagem psicoterapêutica e um aluno que a *assimilou*.

> O primeiro pode fazer uso da abordagem, possuindo-a, pode aplicá-la, mas não necessariamente o faz criativamente; o segundo fez a abordagem como ele mesmo, nutriu-se dela, converteu-a em substância viva, e assim a aplicará criativamente (p. 156).

Aprender a abordagem não implica, por si só, sua assimilação; isso só acontece se houver a inclusão de um processo de desconstrução dos conteúdos aprendidos e de diferenciação do formador que os propõe.

A assimilação implica que o aluno se coloque à prova, mas também à disposição do ambiente formativo em acolher o risco que o aluno corre ao se colocar à prova. Para que as certezas e os introjetos sejam desconstruídos, o aluno deve confiar no ambiente. Não se trata de fé cega, mas de percepção atenta: o aluno percebe que o formador em questão aceita a sua ideia crítica como uma tentativa de se definir com uma nova percepção, quase uma leve pincelada feita pela pessoa que está aprendendo a pintar uma nova forma, a qual merece atenção e apoio devido ao frescor de um movimento autêntico. É possível que o formador se torne rígido diante da divergência desajeitada do aluno ou não a valorize como uma tentativa de integrar algo aprendido. Em ambos os casos, o aluno não cresce: ele congela o desejo de chegar ao formador com a crítica (com algo seu), volta a se relacionar com base nas introjeções, ou então, adia a crítica para depois do contato, desenvolvendo-a de forma oculta, e talvez deixando emergir num momento menos oportuno, fora do contato com o formador.

Assim, pode acontecer que haja silêncio em um grupo nos momentos em que os formadores pedem a opinião de seus alunos, enquanto no intervalo, no café ou apenas do lado de fora da porta, todos estarão ansiosos para conversar. Casos desse tipo devem nos fazer refletir sobre a energia que não confia em si mesma para sair à tona nos momentos em grupo, mas espera para se abrir nos momentos em que não há "adultos" por perto. Nestes casos, pode facilmente acontecer que haja uma crítica não declarada a algo relativo ao instituto de formação ou a um determinado formador ou a um elemento do grupo. Há uma cisão entre o grupo em formação e o ambiente formativo. Portanto, a questão deve ser colocada: de que forma o formador/corpo docente não está oferecendo o apoio necessário para que a energia desconstrutiva do grupo venha à tona? O impulso para a diferenciação indica um desejo de crescer, que cabe ao formador acolher, favorecendo o desenvolvimento das capacidades criativas inerentes à divergência.

O conceito de agressão dentária nos coloca em uma perspectiva de campo (o *ad-gredere* está sempre voltado para alguém e pode ser mais ou menos apoiado no campo fenomenológico que se cria) e nos convida a avaliar o comportamento dos alunos, não com base em sua adesão ou não a uma regra, mas à qualidade que ele mostra: se ele é bloqueado (eles retrofletem emoções divergentes importantes) ou espontâneo (interagem de forma fluida, com fé na capacidade do ambiente de aceitar até mesmo suas heresias ou estupidez).

Todo comportamento do grupo deve, em qualquer caso, ser colocado no referencial de desenvolvimento que, como explicado no Capítulo 9, dá sentido relacional às intencionalidades de contato que acompanham as várias fases do ciclo vital do grupo em formação. Portanto, toda crítica deve, antes de tudo, ser considerada em termos do tempo do grupo em que ocorre: se o aluno começa a criticar no primeiro dia de aula, talvez ele tenha uma ansiedade de permanecer no grupo, de ficar em um ambiente no qual ele pode temer e isso seja um bloqueio. Se o aluno critica ao final do curso, talvez não tenha falado o suficiente no momento certo ou não queira se separar dos demais.

1.4. Ética da Formação e Sociedade

A formação de psicoterapeutas é uma dádiva para a sociedade: e é por isso que a formação deve levar em conta as condições sociais, não apenas para formar psicoterapeutas "adequados" para curar o mal-estar psíquico contemporâneo, mas também para usar uma linguagem formativa adequada para os jovens aspirantes a psicoterapeutas.

A formação deve ser passível de renovação: para isso, deve basear-se em uma abordagem bem definida, mas também adaptável aos tempos.

Por exemplo: o cerne da abordagem gestáltica é o suporte à espontaneidade do *estar-com*. Se na década de 1970 esse princípio foi declinado no apoio à independência, hoje é reduzido na contenção da presença relacional (ver Introdução). O aluno deve sentir-se "contido" pelo ambiente formativo para desenvolver, antes de tudo, um senso de pertencimento, graças ao qual poderá enfrentar a incerteza que reina supremamente em nossa sociedade atual, desenvolver um senso de si mesmo bem definido e identificar a diversidade a qual pode se abrir.

A ética do pertencimento é, portanto, necessária para chegar a uma ética da abertura ao "diferente", ao "estrangeiro".

Pertencer a um grupo, a um instituto de formação (como a uma família, a uma sociedade, a uma nação) implica a definição de si mesmo, a certeza advinda de saber quem você é, mas também a limitação de ter que aceitar o que você não é.

Na sociedade contemporânea, esse valor simples assume conotações complexas.

Passamos da rejeição do pertencimento, típica da sociedade narcisista, para a evitação de uma limitação da existência (se você pertence a algo, você não pertence a mais nada), para a rejeição do pertencimento a fim de evitar um perigo, típico da sociedade "borderline" dos anos 1980 (pertencer à família ou ao próprio grupo implica a possibilidade de ser enganado pelas mentiras dos pais, pelos paraísos artificiais que levam à morte, por exemplo), até a rejeição atual, que não é voluntária, mas antes devido a uma incapacidade de sentir a presença, sobretudo a presença corporal, de si e do outro.

A reflexão sobre como privilegiar a ética do pertencimento hoje torna-se fundamental para qualquer curso de formação em psicoterapia, e em particular para as de tendência gestáltica, as quais, por tradição, privilegiam uma ética da independência.

Como afirma Maria Mione (em Spagnuolo Lobb; Mione; Francesetti, 2010, pp. 32-33):

> A assimilação da abordagem psicoterapêutica permite (e envolve) o desenvolvimento de uma "rede de lealdades" genuína: ao referencial teórico, aos formadores e ao curso de formação, à própria história e escolhas existenciais, à sua singularidade e aos seus limites. O percurso que torna estas várias lealdades compatíveis e gradualmente consistentes (um caminho em contínuo desenvolvimento e que nunca deixa de se renovar pelas novas experiências de vida) apoia a definição e o amadurecimento da identidade pessoal e profissional do aluno. O suporte à assimilação da abordagem deve, finalmente, levar em conta essas lealdades com as filiações mais amplas nas quais o aluno passa a viver: o âmbito mais amplo da *polis* em que está inserido. Ele deve, de fato, poder ser colocado em um horizonte "político" de pertencimentos, entre os quais estão o local de sua formação, a comunidade de psicoterapeutas, as diversas possibilidades profissionais e os demais trabalhadores do contexto, os desafios intelectuais e pragmáticos do seu tempo. Só assim a abordagem será uma "substância viva" em

sua existência e ele não estará sozinho com a "bolsa de ferramentas" que aprendeu.

1.4.1. Formação em Gestalt-terapia em Tempos de Corrupção Social: Ensinando a Passar pelo Conflito

Não é fácil transmitir valores éticos em uma época de corrupção social como a nossa. Não é uma questão de qual mensagem transmitir, mas sim de qual coragem apoiar no aluno, qual *Do-agora-para-o-que-está-por-vir*, para que o aspirante à psicoterapeuta se torne um cidadão sólido, por sua vez, um defensor da integridade pessoal daqueles de quem ele cuida.

É minha opinião que todos aqueles que têm a ver com relações de cuidado, da família aos professores e psicoterapeutas, podem fazer uma contribuição fundamental para combater a corrupção de valores, por meio do suporte à capacidade dos filhos (ou do aluno ou do cliente) para se autorregular, sobretudo em conflito. A formação em psicoterapia, se a referência for em uma abordagem experiencial, também tem esse "poder" de gerar integridade pessoal. Esse tipo de suporte íntimo que o cuidador deve oferecer não diz respeito a uma confiança acrítica, mas ao apoio à capacidade independente e espontânea da pessoa de levar adiante, plenamente, o contato com o outro, ainda que conflituoso, atravessando a diferença com coragem. A atitude oposta é o cuidador fornecer a norma para resolver o conflito, seja pacificando-o ou negando a necessidade do outro.

As pesquisas realizadas no meu Instituto se valeram da observação de situações familiares em que os pais eram chamados a administrar um conflito entre seus filhos, ou entre uma criança e seus pares. Quando os pais deixam o conflito para ser administrado pela criança, sorriem diante do conflito e não abandonam o campo, os filhos são mais cooperativos, têm fé em pessoas externas à família, toleram situações de estresse, expõem suas ideias com maior convicção e se mostram altruístas. Existe uma correlação positiva entre a não normatividade dos pais, associada à presença física, e a tolerância ao estresse dos filhos. Além disso, vimos que os pais só podem difundir esse tipo de valor positivo se estiverem em contato com suas próprias sensações corporais e se viverem o conflito como uma possibilidade de contato, e não como um aspecto negativo nas relações humanas.

O respeito cívico e o engajamento pessoal e social são aprendidos nas primeiras relações da infância, aquelas em que se constrói o senso de *self* no mundo. Por exemplo: quando uma criança briga com outra pela posse de um brinquedo, o adulto enfrenta um problema dramático: devo ajudá-la a ter o brinquedo pelo qual está lutando ou ensiná-la a respeitar o outro, talvez convencê-la a desistir do brinquedo? Você não acha que o problema já está no adulto que não encontrou a resposta? De fato, a Gestalt-terapia afirma que a resposta certa será aquela cocriada pelas duas crianças *aware* de estarem em contato uma com a outra, com seus sentidos abertos, capazes de "dançar" sua resposta, mantendo uma presença plena do *self*-em-contato com o outro.

A contribuição específica que a Gestalt-terapia oferece à sociedade em relação ao problema da corrupção é, justamente, o fato de ressaltar a importância de colocar confiança no conflito, como experiência de *contato-com-o-diferente* que tem em si o potencial de autorregulação.

Assim, em vez de ensinar aos alunos uma lógica de possivelmente renunciar as partes do *self* em conflito, a Gestalt-terapia ensina a lógica de estar em contato sem renúncias predeterminadas, mas permitindo que uma nova solução emerja dessa situação. É claramente uma posição difícil – que implica o esforço de ser si mesmo (Ehrenberg, 1998) – mas também a única garantia de ter um senso de si intacto em uma sociedade sem deuses.

1.4.2. Formação em Gestalt-terapia em Tempos de Dessensibilização e de Vazio Emocional: Ensinando a Coragem de Estar com o Outro

Um formador de Gestalt-terapia hoje deve pensar em objetivos opostos aos da década de 50: a necessidade do aluno não é tanto a de ter a liberdade para se expressar, mas se redescobrir em um relacionamento importante. O formador deve ter a coragem de se colocar no "espaço" do aluno e olhá-lo com carinho e confiança, mas também com o deslumbramento e a curiosidade de quem sabe ver a estética das coisas, a beleza de quem procura estar lá pelo outro.

Os alunos trazem para a sala de aula a sensação de estranhamento ao corpo e de analfabetismo emocional, típicos de nossa sociedade. A tarefa da formação é criar a experiência de uma relação que contém, e o respeito pela independência deve ser entendido sem assumir que é uma competência já adquirida, mas construindo-a no contato, dando suporte às modalidades que o aluno pode desenvolver para se revelar no grupo com uma individualidade própria. Às vezes, a resposta dos jovens estudantes é a recusa, ou se refugiam na indiferença (não preciso sentir emoções) ou na grandiosidade (se eu não estivesse no controle, seria loucura geral). Todas essas expressões encobrem uma incapacidade de lidar com o constrangimento da emoção e do acolhimento e, certamente, também o desejo de ser independente, às vezes até uma sensação de angústia e vazio.

A tarefa do formador em Gestalt-terapia na época contemporânea é mais difícil, mais delicada, porque pode acontecer que o aluno não saiba como orientar-se de modo independente para o que quer. Um exemplo: uma aluna do segundo ano não se decide a se abrir no grupo. Ela está sempre grudada em um colega, tal como Lino[5] se agarra ao seu cobertor e se esconde atrás dele. Ela não fala, nunca diz o que pensa quando é perguntada (diz que está tudo bem e que não quer falar), sorri, envergonhada, quando alguém lhe dirige a palavra. O grupo a tolera, não é agressivo com ela. Este é um sinal positivo para o formador que, durante um seminário, decide "pegar o touro pelos chifres" e convida a moça a participar num pequeno grupo, dentro do grande grupo (um aquário), para envolvê-la. Depois, durante a discussão que o grupo interno tem sobre o exercício que realizaram, o formador aproxima-se da moça (que obviamente não disse uma palavra no pequeno grupo) e, de improviso, quase como se fosse óbvio, começa a acariciá-la, enquanto continua a falar com o grupo. A moça assume uma expressão perturbada, ainda sorrindo, e o grupo ri, satisfeito por, finalmente, alguém estar ajudando a moça sem respeitar sua reserva. O líder pergunta a ela: "Como vai?", a moça responde: "Bem", não acrescentando mais nada, e fica visivelmente tensa, mas também intrigada. O formador não diz mais nada. Após este episódio, a moça se desbloqueia, solta o "cobertor do Lino" (ao mesmo tempo, fica contente por poder respirar

[5] Lino é um personagem da história em quadrinhos *Peanuts*, criada por Charles Schulz, que sempre está acompanhado por seu cobertor. Charlie Brown e seu cão Snoopy são outros famosos personagens dessas tirinhas (Nota da tradutora).

mais livremente) e começa a interagir mais com os outros colegas, até que se joga no trabalho pessoal no grupo e nos exercícios vivenciais e, finalmente, inicia uma psicoterapia pessoal. Esse desenvolvimento coincide com uma abertura de todo o grupo, o qual, em vez de ficar calado e reticente, se torna aberto e fluido, revelando seus sofrimentos mais "vergonhosos" no trabalho em grupo e criando um clima de aceitação e de afetividade no lugar do congelamento inicial.

Para que a formação de hoje produza essa revolução, os formadores devem estar preparados, voltando-se eles próprios para o sentido de seus próprios corpos. Só sentindo o próprio corpo é possível sentir o corpo do outro e perceber as potencialidades de abertura para o outro. E este é o melhor investimento que a sociedade pode fazer para o seu futuro próximo.

2. A Comunidade de Ensino-Aprendizagem: Ensinando a dar forma em meio à liquidez

O self não sabe de antemão o que inventará, porque o conhecimento é a forma do que já ocorreu
(Perls; Hefferline; Goodman, 1997, p. 173).

Na Gestalt-terapia, falamos de formação em termos de *processo de contato formador*, portanto, de um processo relacional "em construção" dirigido pela necessidade do aluno e do formador de se sentirem eficazes, satisfeitos e criativos na sua aprendizagem/ensino da arte terapêutica (Spagnuolo Lobb; Mione; Francesetti, 2010). As dificuldades e recursos de aprendizagem/ensino são uma função do campo relacional.

O clima que o corpo docente e a instituição da formação como um todo transmitem é fundamental para garantir um ensino da abordagem coerente com os princípios epistemológicos que a constituem. Ela é a alma da instituição da formação. Não é um único formador, nem um diretor que faz uma instituição da formação: é a comunidade dos formadores que deve criar o fundo de segurança sobre o qual o aluno pode apoiar-se, alimentar-se da teoria e confiar-se a ponto de questionar profundamente seu *estar-com*. O clima entre os formadores é responsável pelo fato de o aluno poder experimentar a consistência dos ensinamentos e, ao mesmo tempo, a liberdade de ser diferente, identificado, criativo. Desta forma, ele aprende a abordagem como um corpo integrado que inclui vários estilos para serem considerados, nos quais o contrário seria a criação de uma percepção rígida da abordagem. O "ar" respirado entre os formadores transmite o reconhecimento mútuo em uma hermenêutica comum, a partir da qual é possível, tanto para o formador como para o aluno, desenvolver o seu estilo pessoal.

Os encontros na comunidade de formadores tornam-se a ferramenta básica no desenvolvimento do fundo de onde emerge a figura do seu ensino. A base experiencial do grupo de formadores é constituída pelas suas questões e valores pessoais, pela forma como se entrelaçam com o modelo gestáltico assimilado e com as relações entre os colaboradores, os seus desejos de crescer profissionalmente e de contribuir significativamente para a comunidade gestáltica e para a comunidade psicoterapêutica em geral. Ela permite a eles se sentirem pertencentes à instituição da formação e se nutrirem pelo apoio mútuo, a fim de poder transmitir esta abordagem aos futuros jovens psicoterapeutas. Cada formador traz para o grupo a sua singularidade e competência específica, tanto a nível técnico como pessoal que, passando pelo fogo da comparação, pode harmonizar-se com as demais singularidades, criando a força de um grupo promotor de pertencimento e de criatividade.

O encontro entre o corpo docente e o grupo de alunos é sempre uma grande aventura. Nenhum grupo é exatamente igual a outro e, a cada ano, os novos grupos trazem um desdobramento da sociedade, cada grupo vê os novos fatos clínicos e sociais do campo e da cultura mais amplos. Por exemplo: ao longo de alguns anos, os grupos passaram do encontro no restaurante para o encontro no Facebook, com modalidades que são, por um lado, mais íntimas e, por outro, menos envolvidas a nível corporal. Se o formador não dá uma "resposta" gestáltica própria a este desdobramento (por exemplo: encontrando a sua própria forma de ser gestáltico no Facebook), como pode transmitir a abordagem completa e profundamente?

A formação é, portanto, um processo em contínuo desenvolvimento também para os formadores, que são chamados a comparar periodicamente observações sobre a evolução da abordagem, mas também sobre a evolução da sociedade e sobre possíveis "respostas" a problemas clínicos. Em tudo isto, certamente, o crescimento pessoal do formador e a relação com o grupo de colegas e com a instituição de formação são fundamentais. A formação é um *Do-agora-para-o-que--está-por-vir* mesmo para o grupo de formadores, que é sempre uma comunidade de ensino-aprendizagem.

Precisamente porque o *processo de contato formador* é parte integrante do contexto social mais amplo da *pólis*, ele deve responder, *re-agir* às dificuldades relacionais da sociedade e ser capaz de reunir seus recursos. Como disse na seção anterior, a corrupção e a dessensibilização corporal/emocional são as duas características do mal-estar relacional contemporâneo. A consequência para aqueles que precisam ser treinados e aprender um ofício é uma sensação de instabilidade, de incerteza. Não há certeza de encontrar trabalho, não há certeza de permanecer em um relacionamento, não há certeza de permanecer vivo!

Todos os aspectos da vida em sociedade são permeados por esse valor gerado pela sociedade contemporânea, que destruiu os valores seguros (aos quais as gerações anteriores estavam acostumadas), e pela cultura da globalização, que despojou o mundo de limites, fez dele um container pelo qual todos podem passar, no qual ninguém está a salvo de nada. Viver na incerteza é o desafio que atinge indiretamente todas as pessoas e todos os papéis da sociedade, não apenas as instituições de formação.

Hoje, portanto, é particularmente importante ter uma teoria, uma metodologia psicoterapêutica e uma abordagem de formação apropriadas ao manejo da fluidez da experiência, para permitir a construção de um fundo sobre o qual o contato possa se sustentar.

A psicoterapia está examinando novas formas de tratar o transtorno psíquico, formas que – para além das codificações preestabelecidas – devem se adequar ao sentimento social de incerteza. O diálogo terapêutico é, assim, chamado a percorrer os códigos processuais, mais do que o código verbal, e à melodia que o psicoterapeuta e o cliente criam, no modo como podem regular mutuamente suas linguagens, mais do que a compreensão do inconsciente. A análise das experiências não é mais suficiente: o cliente deve "encenar" seu sofrimento em uma relação real e o psicoterapeuta deve ser capaz de apreender o processo, sustentando a forma dinâmica que está contida nesse "movimento em direção a". Nesse ponto, já que não são mais blindados pela neutralidade, fazer a coisa certa no momento certo torna-se o desafio para os psicoterapeutas (Stern, 2004; Spagnuolo Lobb, 2006a): captar o momento-chave que permite enxertar a experiência do cliente como um broto relacional saudável, coerente com a realidade do que é sentido, é o novo "must" da psicoterapia.

A comunidade de formadores deve passar pelo desenvolvimento da psicoterapia contemporânea. É importante transmitir um estilo, uma modalidade e também um conteúdo, de modo que cada aula seja percebida como parte de uma composição didática estruturada e de um fundo experiencial compartilhado, caracterizando tanto a comunidade de formadores como o modelo formativo da instituição de formação.

O fundo partilhado torna-se, então, a resposta gestáltica à liquidez que caracteriza o nosso convívio social e à proposta formativa para os aspirantes a psicoterapeutas. Basicamente, para nós, Gestalt-terapeutas, a liquidez não é problemática, pois consideramos o *self* como um processo em desenvolvimento contínuo, "a realização do contato" entre organismo e ambiente (ver Capítulo 2). O que é problemático é antes a falta de solidez do fundo experiencial, no qual essa liquidez é percebida e se funda a experiência do contato. Como já salientado, o que falta na evidência clínica hoje é o senso de contenção experienciado nas relações significativas e – consequentemente – a sensação corporal (que se mostra embotada, dessensibilizada). A atenção de quem oferece a formação em psicoterapia deve, portanto, ser direcionada para favorecer nos alunos a sensação corporal e a identificação de experiências emocionais, mas, sobretudo, para oferecer sua própria presença consciente, de forma a garantir a contenção relacional aos alunos, seja qual for o modo como a relação se concretize: da transmissão do conteúdo teórico à formulação de uma pesquisa, ao trabalho clínico, à revelação de si no grupo.

Para que nossos alunos se tornem psicoterapeutas eficazes na sociedade contemporânea, capazes de sustentar as formas possíveis na liquidez incerta que nos é dada, devemos ajudá-los a construir coordenadas experienciais sólidas, ou seja, um fundo sólido e claro (Spagnuolo Lobb, 2009a). Assim, sua intencionalidade em aprender o método pode ser transformada na arte do suporte terapêutico (Spagnuolo Lobb, 1991).

A seguir, em resumo, há um relato de como a formação em Gestalt-terapia pode dar aos alunos uma forma terapêutica em meio à liquidez (Spagnuolo Lobb; Mione; Francesetti, 2010):

- conhecimento das raízes teóricas da abordagem para criar uma linguagem teórica compartilhada;
- cuidado dos processos corporais como autossuporte e confiança na autorregulação do contato;
- conhecimento de uma linguagem emocional enraizada na corporalidade e capaz de alcançar e ser alcançada pelo outro;
- cuidado com o sentido de pertencimento ao próprio grupo de formação, para permitir o enraizamento e favorecer a diferenciação;
- acompanhamento da assimilação do que é aprendido e de como se aprende na relação de formação e no tempo dessa relação;
- respeito pelos estilos individuais e pela originalidade de cada grupo;
- atenção ao *porvir* de cada situação de aprendizagem (o limite, o bloqueio podem ser transformados em um recurso);
- avaliação da valiosa contribuição que cada aluno pode dar à comunidade de psicoterapeutas da qual fará parte.

3. O Desenvolvimento do *Self*-em-Formação

Uma característica da formação em Gestalt-terapia é o fato desta acontecer predominantemente no ambiente grupal. A aprendizagem da abordagem é adequada a um grupo específico, composto por pessoas específicas, e acontece gradativamente à medida que as fases de desenvolvimento do grupo vão evoluindo. O aluno é formado dentro de um grupo que passa por um trabalho de desenvolvimento (ver Capítulo 9) e, ao mesmo tempo, é confrontado com as tarefas de aprendizagem[6].

[6] Considero aqui o caso de turmas e de grupos de alunos da Escola de Especialização que se reúnem um final de semana por mês (11 finais de semana por ano) durante quatro anos.

Conforme descrito no capítulo anterior, a história do grupo é a história das intencionalidades de contato e do suporte que recebem nos diversos momentos do desenvolvimento. A partir do desejo inicial de serem aceitos, os membros do grupo buscam a segurança de se definirem, o poder de *estar-aí* como pessoas-em-contato. Logo, o interesse do grupo está focado no risco da crítica, da desconstrução das certezas adquiridas, condição necessária para ser autêntico. Então, o grupo pode passar pela experiência de autoabandono para outra: a de se revelar a um outro com a sensação de intimidade. Após esse momento, o grupo está pronto para se separar, para sair pelo mundo levando a ele o que aprendeu. O fundo deste processo permite ao formador compreender as figuras que emergem, colocando-as no *continuum* de intencionalidades de contato. Por exemplo: os momentos de silêncio no início de um grupo têm uma valência relacional muito diferente em comparação com os silêncios nos momentos finais, quando o grupo está se despedindo para sempre. Um silêncio inicial é para ser colocado no desejo básico de ser aceito e, portanto, pode expressar o medo de se apresentar ao grupo, enquanto um silêncio no final do curso pode significar respeito pela presença de todos e sensibilidade para as experiências íntimas que cada um conhece do outro, bem como a confiança na autorregulação que acontecerá no final do grupo, e um desejo de saborear a sensação de profunda intimidade alcançada. Em conjunto com o processo de formação, então, para o formador, o tempo do ciclo vital no qual o grupo enquanto tal se encontra será a figura, para que possa dar o suporte específico para essa fase do seu desenvolvimento.

No capítulo anterior (Capítulo 9, seção 4.2.2.), além desse nível de diagnóstico diacrônico, lidei em termos gestálticos com os critérios de diagnóstico no nível sincrônico: vitalidade na fronteira, liderança flutuante e tolerância social. Este capítulo permite a inserção em um quadro de referência relacional do que acontece nos grupos de formação e fornece ferramentas para favorecer a plenitude da presença dos membros no grupo, condição necessária para que o processo de transformação neles aconteça.

Cada grupo de alunos tem sua própria história que, em todos os casos, recria para os membros individuais a possibilidade de viver plenamente (ou de reviver) as modalidades que efetivam a experiência de contato, não apenas nas ocasiões de terapia didática nas quais são analisadas, mas também numa perspectiva ampliada, diacrônica, que abarca os vários âmbitos da vida do aluno e permite uma profundidade e, consequentemente, um maior discernimento da experiência.

Como se desenvolve o *self*-em-formação no ambiente gestáltico? Aqui citarei algumas frases com as quais os próprios alunos descrevem o que é formação em Gestalt-terapia para eles[7]. Longe de querer generalizar estas frases como experiências emblemáticas para todos os alunos, gosto de relatar aqui o seu entusiasmo e a confiança com que se expressam.

Deixando que eles, nossa alegria e nossa responsabilidade, falem por si mesmos, estou concluindo este livro.

3.1. Etapa 1 – Tornar-se um Grupo

Acredito que a atração que um aluno em potencial sente pela Gestalt-terapia já reflete uma prontidão para conceber a relação de ajuda como suporte para a beleza e disposição em ver harmonia em si e nos outros. A atração que o trabalho gestáltico exerce já evoca um contato com os sentidos. Assim, a primeira modalidade, com a qual se modifica o *self*-em-formação, é o despertar dos sentidos. É sobre essa base que se constrói o seu tornar-se um grupo. Veja o que alguns alunos do primeiro ano escreveram:

> *Até agora, a formação em Gestalt-terapia me deu a sensação de um novelo de fio mágico: até que você comece a desenrolar o fio, não há novelo. Você parece não ter quase nada na mão, exceto talvez um pequeno pedaço de linha. Você mal sabe o que fazer com isso. Mas então, quando o fio começa a passar de uma mão para a outra, de uma maneira muito natural ele se alonga, se desenrola, se desfia: surge um novelo de fio multicolorido, como uma corrente luminosa que ao fluir se acende e está entrelaçada em formas mutáveis, fluidas, que só adquirem sentido através*

[7] As respostas foram dadas nos mesmos dias por alunos pertencentes às várias turmas do Instituto, constituindo, assim, um recorte das suas vivências em um código do desenvolvimento.

do trabalho realizado em conjunto, no aqui-agora (Leonora Cupane, 16º Curso, Palermo).

A formação em Gestalt-terapia para mim é como o umbigo do mundo na música de Jovanotti[8]*: um pequenino ponto de onde começa a imensidão do meu crescimento e da minha revolução. "Questo è l'ombelico del mondo, è da qui che nasce l'energia, centro nevralgico del nuovo mondo, è da qui che parte ogni nuova via" (Este é o umbigo do mundo, é daqui que vem a energia, o centro nevrálgico do novo mundo, todo novo caminho começa a partir daqui): é neste curso que cada aluno aprende a ouvir a voz do seu corpo, uma lição muito importante, porque é a profundidade do sentimento que marca o caminho para uma existência mais autêntica, mais descontraída* (Vincenza Macaluso, 16º Curso, Palermo).

Mas a novidade também é representada pelo apoio percebido no corpo docente:

Uma dança imprevisível e sempre nova entre teoria e prática. A emoção de um salto no escuro, mas com a descoberta de muitos braços se estendendo para me segurar! (Floriana Romano, 16º Curso, Palermo).

Tornar-se um grupo também inclui a *awareness* do compromisso necessário:

Para fazer o seu caminho, você deve, antes de tudo, querer começá-lo; estar preparado para enfrentar perigos e surpresas; é preciso ter a capacidade de ir avançando as milhas, uma a uma, com a consciência de quem só poderá descobrir a beleza da jornada na chegada ao cume (Maria Lucia Lucà Trombetta, 16º Curso, Siracusa).

3.2. Etapa 2 – A Identidade do Grupo

Nesta fase, o *self*-em-formação é orientado para o conhecimento dos bloqueios relacionais e, portanto, da dor, das feridas que

[8] Lorenzo Cherubini, cujo nome profissional é Jovanotti, é um rapper italiano autor da música *L'ombelico del mondo.*

retornam no presente das relações. Essas descobertas, vivenciadas no grupo, permitem que os alunos se conheçam ao nível de uma profunda humanidade, que constitui a identidade do grupo em formação. Os alunos adquirem uma consciência por vezes difícil, que necessita de muito apoio por parte do grupo e dos formadores, para poder reviver questões dolorosas em um fundo de segurança reconhecida, oferecido pelo ambiente humano de formação.

> *Conheci meu grupo quando ainda sabia pouco sobre a abordagem... Acreditava que pouco mudaria na minha vida. Talvez eu tivesse acrescentado mais alguns livros na minha mesinha de cabeceira, teria me especializado e enfrentado tudo com responsabilidade e dedicação.*
>
> *Hoje, posso dizer que no grupo me encontrei como filha, irmã, órfã, às vezes amparada, na rivalidade e na afinidade, reconhecida, escutada, fechada e dobrada como um origami por mãos experientes. Descobrindo minha feminilidade e meu lado totalmente masculino. Entregue à vida mais uma vez, com novas possibilidades de recontar e reescrever sobre mim. Cheia de voz, lágrimas, fervor, desânimo, falta de ar, medo de não conseguir. Em busca de novas formas.*
>
> *Estou descobrindo que juntar pedaços conflitantes de mim mesma pode me proporcionar grandes surpresas. Acolhi o Instituto tentando ter mais fé em mim como ser humano, no tempo e nas escolhas que fiz.*
>
> *Sinto que estou diante de um quadro lindo, em completa admiração e contemplação, mas certa de que não sou capaz nem mesmo de segurar um pincel.*
>
> *É como se ainda não soubesse onde colocar todas as emoções acumuladas até agora. Refiro-me àquelas que foram desalojadas pelo encontro com os meus formadores e com os meus colegas.*
>
> *Cada um deles despertou em mim fantasmas, fendas e formas de me apresentar ao mundo* (Marilena Senatore, 15º Curso, Palermo).

> *É a possibilidade de participar da dor alheia para sentir a sua própria e não ter medo dela... trabalhar com espelhos, em que as emoções são identificadas e diferenciadas, são "vistas", ou seja, pensadas. Uma oficina de emoções mútuas, janelas quebradas e gemas coloridas lançadas como num círculo sagrado* (Salvatore Greco, 15º Curso, Siracusa).

E, por fim, a integração entre o conhecimento da própria dor e a função terapêutica constituem a identidade do grupo em formação:

> *Ser treinada em Gestalt-terapia significa descobrir, pouco a pouco, que você está totalmente lá com seu corpo, mente e coração. Significa descobrir e aceitar totalmente a sua própria humanidade, feita de forças, fraquezas, desejos e instintos, a ponto de compreender melhor a humanidade dos outros para ajudá-la a se revelar sem medo* (Rosalinda Traina, 15º Curso, Palermo).

3.3. Etapa 3 – A Desconstrução das Certezas do Grupo e a Fé na Novidade

Nesta etapa, o aluno traça uma história: tem a sensação de ter completado uma jornada importante e transformadora para chegar ao presente, que ele define de várias maneiras. Há uma percepção claramente identificada em relação ao ambiente e à percepção dos diversas trechos do desenvolvimento.

> *A formação em Gestalt-terapia é como o processo criativo que leva a lagarta a se transformar em borboleta: as dificuldades do pré-contato em tecer o casulo, o bloqueio e a imobilidade do contato na crisálida, aproximando-se de um novo estilo de vida e de pensamento depois de se despir das várias peles (contato pleno) e, por fim, tornando-se aware dos lados mais profundos do eu, harmonizando os seus limites com as suas capacidades para se transformar com criatividade em uma borboleta livre para voar* (Emanuela Barretta, 14º Curso, Palermo).

A sensação de, finalmente, conhecer algo que sempre esteve ali, a surpresa do óbvio. E a surpresa pela intensidade com a qual é possível viver:

> *Eu penso na formação em Gestalt-terapia como um caminho pelo qual você se sente atraído e cujo ponto final você não conhece. A sua singularidade é a intensidade com que você o percorre* (Valeria Spada, 15º Curso, Siracusa).

Ser individualizado, reconhecer-se na sua própria diversidade e ser aceito pelo grupo é o que caracteriza esta etapa do curso de formação em Gestalt-terapia. Essa individuação só é possível se os formadores permitirem a emergência das experiências desconstrutivas dos alunos e colocarem suas críticas e divergências na intencionalidade de *estar-aí* plenamente no grupo, dando também uma contribuição pessoal. Essas sentenças emergem de um fundo de aceitação do desenvolvimento da agressão dos alunos.

3.4. Etapa 4 – Intimidade do Grupo e Etapa 5 – Separação e Irradiação da Magia do Grupo

Por fim, a magia que se manifesta ao observar um trabalho gestáltico torna-se a magia experienciada no grupo, no microcosmo do próprio grupo de formação, que nos ensina a percorrer as emoções, diferenciando-as das emoções dos outros e, portanto, a fazer a coisa certa na hora certa.

> *Descobrir, no contato com o outro, que sou um corpo, permitindo-me respirar, surpreendendo-me com o poder que tem um corpo que respira. Só entre nós: "sentir-se em casa..."* (Raffaella Beninati, 13º Curso, Palermo).
>
> *Se tenho que colocar palavras nas imagens, o que quero dizer é que minha experiência da formação me permitiu ser eu mesma no encontro com a pessoa que mostra uma necessidade do meu trabalho terapêutico... e o que eu vi no meu grupo é que cada um de nós está adquirindo um modo absolutamente pessoal de ser Gestalt-terapeuta, um modelo vivenciado na própria pele que, em nome da confiança na relação, permitiu a cada um de nós, no grupo, trazer à tona nossas próprias limitações, que agora, "milagrosamente", estão sendo transformadas em recursos, naqueles recursos terapêuticos que, mesmo em nossa absoluta diversidade, identificam o Gestalt-terapeuta* (Maria Paola Meda, 13º Curso, Palermo).
>
> *O Instituto, o grupo, vocês, os formadores e alunos me deram uma grande oportunidade de vida... sem este Instituto eu não teria conhecido a beleza, a verdadeira beleza do relacionamento (com suas dores e suas alegrias); você abriu um mundo relacional imensamente valioso para mim.*

> Pois nossa situação atual, qualquer que seja a esfera da vida que examinemos, deve ser considerada como um campo de possibilidades criativas, caso contrário é francamente intolerável (Perls; Hefferline; Goodman, 1997, p. 63).

> *Crescendo, sentindo, vivendo e experimentando a "liberdade do vínculo" no meu grupo, descobri um grande campo de possibilidades profissionais e pessoais* (Nunzia Sgadari, 13º Curso, Palermo).

A formação em Gestalt-terapia me mostrou o segredo do pertencimento, a maneira de ser indivíduos livres e sair para o mundo.

> *Uma expansão luminosa das minhas possibilidades de ser no mundo; o crescimento gradual da minha capacidade de respirar a vida que está em cada coisa e em cada lugar; o espanto de perceber quanta força pode haver na fragilidade do ser humano e o poder emocional de descobrir quanta fragilidade pode haver em sua força.*
>
> *Foi uma luz, um insight que me permitiu apresentar-me autenticamente a mim mesma e aos outros* (Annalisa Molfese, 13º Curso, Siracusa).

4. A Independência de Pertencer: a Permissão para Criar Bem-estar na Sociedade

O objetivo da formação em Gestalt-terapia é, portanto, duplo: apoiar o desejo do aluno de se tornar um profissional no cuidado da alma e a intencionalidade de contato inerente ao mal-estar relacional atual.

Pertencer ao grupo de formação e a uma instituição de formação, que permitem a percepção da solidez do eu e a tolerância à diferença, é o conceito-chave que quis aqui destacar: a formação em psicoterapia deve garantir uma abertura individualizada e criativa à sociedade. *Independência de pertencer* é a expressão que me parece mais adequada para descrever tanto o sentido das *raízes sólidas* quanto, ao mesmo tempo, a *permissão para criar* novas formas capazes de resolver problemas concretos da sociedade.

Esse banho no mar da desconstrução de si, sob o olhar atento de quem cuida (formadores, estagiários e psicoterapeutas), garante a transformação do aluno de portador de uma vocação para operador de bem-estar social. É identificar-se em sua existência difícil e criativa que permite re-sensibilizar a fronteira de contato e abrir-se as *awarenesses* que lhe foram negadas. É a confiança de que esse sentimento, embora às vezes doloroso, levará a novas formas de percepção mais esclarecidas, que tornam o aluno portador de bem-estar social, ou seja, de tolerância e sensibilidade, e da capacidade de discriminar o eu do outro, de tornar-se independente das expectativas de dependência, a ponto de ver a si mesmo e ao outro com "amor" (ver Capítulo 5).

Termino este livro juntando as palmas das mãos e me curvando, em sinal do respeito que tenho pela profissão de psicoterapeuta e do meu amor pelas pessoas que decidem dedicar suas vidas ao cuidado da alma.

Aprender psicoterapia significa aprender a arte de poder ver a beleza de nosso amor ao outro, apesar do risco de sermos feridos por ele, e poder ver a profundidade da existência tanto em nós mesmos quanto nas pessoas a quem nosso trabalho é dirigido.

Referências

ABRAHAM, K. *Opere, Voll. 1 and 2*. Bollati Boringhieri, 1975-1985.

ACKERMAN, N.W. *Treating the Troubled Family*. Basic Books, 1966.

ADLER, A. *The Practice and Theory of Individual Psychology*. Harcourt, Brace & Co., 1924

AGAZARIAN, Y. *Systems-Centered Therapy for Groups*. Guilford Press, 1997.

AMMANITI, M. (ed.). *La Gravidanza Tra Fantasia E realtà*. Il pensiero scientifico, 1992.

AMMANITI, M.; CANDELORI, C.; POLA, M.; TAMBELLI, R. *Maternità e gravidanza*. Raffaello Cortina Editore, 1995.

ANDOLFI, M. *La terapia con la famiglia*. Astrolabio, 1977.

ANDOLFI, M. *Manuale di psicologia relazionale*. Accademia, 2003.

ANDREOLI, V. *Capire il dolore. Perché la sofferenza lasci spazio alla gioia*. Rizzoli, 2008.

BATESON, G. *Steps to An Ecology of Mind*. Paladin Books, 1973.

BAUMAN, Z. *Liquid Modernity*. Polity Press, 2000.

BAUMAN, Z. *Paura liquida*. Laterza, 2008.

BEEBE, B.; JAFFE, J.; LACHMANN, F. M. A Dyadic Systems View of Communication. In: N. Skolnick; S. Warshaw S. (eds.). *Relational Perspectives in Psychoanalysis*. Hillsdale, The Analytic Press, pp. 61-81, 1992.

BEEBE, B.; LACHMANN, F. M. *Infant Research and Adult Treatment: Co-constructing Interactions*. The Analytic Press, 2002.

BEISSER, A. The Paradoxical Theory of Change. *In*: J. Fagan; I. Shepherd (eds.). *Gestalt Therapy Now*. Harper Colophon Books, 1971.

BEISSER, A. Teacher, Collaborator, Friend: Fritz. *Gestalt Review 1*(1), 9-15, 1977.

BERTALANFFY, L. V. General System Theory. *General Systems Yearbook 1*, pp. 1-10, 1956.

BERTRANDO, P.; ARCELLONI, T. Veleni. Rabbia e noia nella terapia sistemica. *Terapia Familiare 89*, pp. 5-28, 2009.

BION, W. R. *Experiences in Groups*. Tavistock, 1952.

BLANKENBURG, W. *Der Verlust der naturlichen Selbstverstandlichkeit. Ein Beitrag zur Psychopathologie symptomarmer Schizophrenien*. Enke, 1971.

BLANKENBURG W. *La perdita dell'evidenza naturale,* Raffaello Cortina Editore, 1998.

BLOOM, D. J. Celebrating Laura Perls: The Aesthetic of Commitment. *The British Gestalt Journal 14*(2), 2005. pp. 81-90.

BLOOM, D. J. *Self: Structuring/Functioning.* Unpublished manuscript presented at New York Institute for Gestalt Therapy, 8th January, 1997.

BLOOM, D. J. 'Tiger! Tiger! Burning Bright' – Aesthetic Values as Clinical Values in Gestalt Therapy. *In*: M. Spagnuolo Lobb; N. Amendt-Lyon (eds.). *Creative License. The Art of Gestalt Therapy.* Springer, 2003. pp. 63-77.

BLOOM, D. J. The Phenomenological Method of Gestalt Therapy: Revisiting Husserl to Find the 'Essence' of Gestalt Therapy. *Gestalt Review 3*(9), 2009. pp. 277-295.

BORINO, T.; POLIZZI, V. Il sentimento di gratitudine alla fine di un percorso psicoterapico. Tra analisi kleiniana e psicoterapia della Gestalt. *Quaderni di Gestalt* 36-41, 2005. pp. 25-37.

BOWEN, M. *Dalla famiglia all'individuo. La differenziazione del sé nel sistema familiare.* Astrolabio, 1980.

BRONFENBRENNER, U. (1979). *The ecology of human development: Experiments by nature and design.* Harvard University Press.

BRUNER, J. *Actual Minds, Possible Worlds.* Harvard University Press, 1986.

CANNELLA, G. *Psicoterapie umanistiche, gruppo e Gestalt. L'esperienza anoressica e bulimica in gruppo: dalla bocca alla persona.* Psychotherapy Postgraduate dissertation, Siracusa: Istituto di Gestalt HCC, 2004.

CAVALERI, P. A. Dal campo al confine di contatto. Contributo per una riconsiderazione del confine di contatto in psicoterapia della Gestalt. *In*:

M. Spagnuolo Lobb (ed.). *Psicoterapia della Gestalt. Ermeneutica e clinica.* FrancoAngeli, 2001. pp. 42-64.

CAVALERI, P. A. *La profondità della superficie. Percorsi introduttivi alla psicoterapia della Gestalt.* FrancoAngeli, 2003.

CAVALERI, P. A. *Psicoterapia della Gestalt e Neuroscienze. Dall'isomorfismo alla simulazione incarnata.* FrancoAngeli, 2013.

CAVALERI, P. A.; LOMBARDO, G. *La comunicazione come competenza strategica. Manuale introduttivo per insegnanti ed educatori.* Sciascia Editore, 2001.

CLEMMENS M. The Interactive Field: Gestalt therapy as an embodied dialogue. *In*: *Gestalt Therapy: Advances in Theory and Practice.* Levine Bar Yoseph, T. (ed). London: Routledge, 2011. pp. 39-48.

CLEMMENS, M.; FRANK, R.; SMITH, E. Somatic Experience and Emergent Dysfunction: Gestalt therapists in Dialogue and In: Response to Questions from the Editors and from Eugene Gendlin. *Studies in Gestalt Therapy. 2* (2), 2008. pp. 11-39.

DAMASIO, A. R. *Descartes' Error: Emotion, Reason and the Human Brain.* Putnam, 1994.

DAZZI, N. Introduzione. *In*: M. D. S. Ainsworth. *Modelli di attaccamento e sviluppo della personalità.* Raffaello Cortina Editore, 2006.

DE MARE, P.; PIPER, R.; THOMPSON, S. *Koinonia: from Hate, Through Dialogue, to Culture in the Large Group.* Karnac Books, 1991.

DE SAINT-EXUPÉRY, A. *The Little Prince.* Wordsworth Editions, 2003.

DEWEY, J. *Art as Experience.* Perigee Books, 1934.

EAGLE, M. N. (1984). *Recent Developments in Psychoanalysis. A Critical Evaluation.* McGraw-Hill (reprinted by Harvard University Press, Cambridge, MA, 1987).

EAGLE, M. N. *From Classical to Contemporary Psychoanalysis. A Critique and Integration.* Routledge, 2011.

EAGLE, M. N.; WAKEFIELD, J. C. Gestalt Psychology and the Mirror Neuron Discovery. Gestalt Theory. *An International Multidisciplinary Journal 29*(1), 2007. 59-64 (trans: Die Gestalt-Psychologie und die Entdeckung der Spiegelneuronen. Phänomenal. *Zeitschrift für Gestalttheoretische Psychotherapie,* 2010, *2*(1), pp. 3-8).

EAGLE, M. N.; GALLESE, V.; MIGONE, P. Mirror Neurons and Mind: Commentary on Vivona. *Journal of the American Psychoanalytic Association 57*(3), 2009. pp. 559-568.

EBISCH, S. J.; SALONE, A.; FERRI, F.; DE BERARDIS, D. *et al.* Out of touch with reality? social perception in first-episode schizophrenia. *Social Cognitive and Affective Neuroscience, 8*(4), 2012. pp. 394-403.

EHRENBERG A. *La fatigue d'être soi. Dépression et societé.* Odile Jacob, 1998.

ERIKSON E. H. *I cicli della vita. Continuità e mutamenti.* Armando, 1982.

ERIKSON, E. H. *The Life Cycle Completed, a Review.* Norton, 1984.

ERICKSON, M. *La mia voce ti accompagnerà. I racconti didattici.* Astrolabio, 1983.

EVANS, K. Vivere con il morire. *Quaderni di Gestalt XXI* (36-41), 2005. pp. 67-79.

FABBRINI, A.; MELUCCI, A. *L'età dell'oro. Adolescenti tra sogno ed esperienza.* Feltrinelli, 2000.

FEDER, B. *Gestalt Group Therapy: a Practical Guide.* Gestalt Institute Press, 2006.

FEDER, B.; Ronall, R. (eds.). *Beyond the Hot Seat.* Gestalt Journal Press, 1980.

FEDER, B.; FREW, J. (eds.). *Beyond the Hot Seat Revisited: Gestalt Approaches to Group.* Gestalt Institute Press, 2008.

FIVAZ-DEPEURSINGE, E.; CORBOZ-WARNERY, A. *The Primary Triangle.* Basic Books, 1998.

FOGEL, A. Co-regulation, Perception and Action. *Human Movement Science 11*, 1992. pp. 505-523.

FOGEL, A. *Developing Through Relationships.* University of Chicago Press, 1993.

FRAMBACH, L. The Weighty World of Nothingness: Salomo Friedlaender's "Creative Indifference". *In*: M. Spagnuolo Lobb; N. Amendt-Lyon (eds.). *Creative License. The Art of Gestalt Therapy.* Springer, 2003.

FRANCESETTI, G. La formazione in psicoterapia della Gestalt: il ruolo dell'aggressività e la dimensione temporale. *In*: M. Spagnuolo Lobb (ed.). *L'implicito e l'esplicito in psicoterapia.* Atti del Secondo Congresso della Psicoterapia Italiana. FrancoAngeli, 2006.

FRANCESETTI, G. *Panic Attacks and Postmodernity. Gestalt Therapy Between Clinical and Social Perspectives*. FrancoAngeli, 2007. (or. ed: *Attacchi di panico e post-modernità. La psicoterapia della Gestalt tra clinica e società*. FrancoAngeli, 2005).

FRANCESETTI, G.; GECELE, M. A Gestalt Therapy Perspective on Psychopathology and Diagnosis. *British Gestalt Journal 18*(2), 2009. pp. 5-20.

FRANCESETTI G.; GECELE M. Psicopatologia e diagnosi in psicoterapia della Gestalt, in: *Quaderni di Gestalt, XXIII,* n. 1/2010, 2010. pp. 51-78.

FRANCESETTI, G.; GECELE, M. (eds.). *L'altro irraggiungibile. La psicoterapia della Gestalt con le esperienze depressive*. FrancoAngeli, 2011.

FRANCESETTI, G.; GECELE, M.; ROUBAL, J. (eds.). *Gestalt Therapy in Clinical Practice. From Psychopathology to the Aesthetics of Contact*. FrancoAngeli, 2013.

FRANK, R. *Body of Awareness: a Somatic and Developmental Approach to Psychotherapy*. Gestalt Press, 2011.

FRIE, R.; ORANGE, D. (eds.). *Beyond Postmodernism: New Dimensions in Clinical Theory and Practice*. Routledge (Taylor & Francis Group), 2009.

GAFFNEY, S. Gestalt with Groups. A Cross-Cultural Perspective. *Gestalt Review 10*(3), 2006. pp. 205-219.

GALIMBERTI, U. *Psiche e techne. L'uomo nell'età della tecnica*. Feltrinelli, 1999.

GALIMBERTI, U. *L'uso della ragione*. La Repubblica delle D 499: 274, 2006a.

GALIMBERTI, U. *L'uomo, un animale troppo libero e molto precario*. La Repubblica May 5th: 61, 2006b.

GALLESE, V. Dai neuroni specchio alla consonanza intenzionale. Meccanismi neurofisiologici dell'intersoggettività. *Rivista di Psicoanalisi, LIII*(1), 2007. pp. 197-208.

GALLESE, V.; MIGONE, P.; EAGLE, M. N. La simulazione incarnata: i neuroni specchio, le basi neurofisiologiche dell'intersoggettività e alcune implicazioni per la psicoanalisi. *Psicoterapia e Scienze Umane, XL*(3), 2006. pp. 543-580.

GALLESE, V.; EAGLE, M. N.; MIGONE, P. Intentional Attunement: Mirror Neurons and the Neural Underpinnings of Interpersonal Relations. *Journal of the American Psychoanalytic Association 55*(1), 2007. pp. 131-176.

GARDNER, H. *Frames of Mind: The Theory of Multiple Intelligences.* BasicBooks, 1985.

GECELE, M. Fenomenologia e clinica dell'esperienza maniacale. *In*: G. Francesetti; M. Gecele (eds.). *L'altro irraggiungibile. La psicoterapia della Gestalt con le esperienze depressive.* FrancoAngeli, 2011. pp. 179-252.

GOLDSTEIN, K. *The Organism: A Holistic Approach to Biology Derived from Pathological Data in Man.* American Book Company, 1939.

GOODMAN, P. *Compulsory Mis-education/The Community of Scholars.* Knop and Random House,1962/1964.

GOODMAN, P. *Crazy Hope and Finite Experience: Final Essays of Paul Goodman.* T. Stoeher (ed.). Free Life Editions, 1994.

GOODMAN, P. *Growing Up Absurd.* Vintage Books, 1956/1960.

GOODMAN, P. *Individuo e comunità* (tr. it. 1995). Eleuthera, 1966.

GOODMAN, P. *Little Prayers and Finite Experience.* Harper & Row, 1972.

GOODMAN, P. *The Empire City.* Vintage Books, 1942/1959/1977.

GURMAN, A.; KNISKERN, D. (eds.). *Manuale di psicoterapia della famiglia.* Bollati Boringhieri, 1995.

HARRIS M. *Thinking About Infants and Young Children.* Karnac Books, 2011.

HESSE, H. *Il viandante.* Oscar Mondadori, 1993.

HILLMAN, J. *Hearing fiction.* Station Hill Press, 1983.

HODGES, C. W. Commentary V: Gestalt with groups: A Cross-Cultural Comparison. *Gestalt Review, 10*(3), 2006. pp. 229-230.

HODGES, C. W. Creative Processes in Gestalt Group Therapy. *In*: M. Spagnuolo Lobb; N. Amendt-Lyon (eds.). *Creative License: The Art of Gestalt Therapy.* Springer, 2003. pp. 249-260.

HODGES, C. W. *Field Theory.* Unpublished manuscript presented at New York Institute for Gestalt Therapy, 1997.

HUSSERL, E. *Philosofie als strenge Wissenschaft.* V. Klostermann, 1965.

IACULO, G. *Le identità gay. Conversazioni con noti uomini gay ed un saggio introduttivo sul processo di coming out.* Edizioni Libreria Fabio Croce, 2002.

JACOBS, L. Dialogue in Gestalt Theory and Therapy. *In*: R. Hycner; L. Jacobs (eds.). The Healing Relationship in Gestalt Therapy: A Dialogic/Self Psychology Approach. *The Gestalt Journal Press,* 1995. pp. 51-84.

JAMES, W. *The Principles of Psychology*. Harvard University Press, 1980.

JOAS, H. *G.H. Mead: A Contemporary Re-examination of His Thought*. MIT Press, 1985.

KEPNER, J. I. *Body Process. Working with the Body in Psychotherapy*. Jossey-Bass Inc, 1993.

KITZLER, R. Developmental Theory in the Light of Pragmatism and Interruptions of Contact: An Integration. *Studies in Gestalt Therapy 8*, 1999a. pp. 182-197.

KITZLER, R. *Theoretical Wondering*. Unpublished e-mail conversation, 1999b.

KITZLER, R. Creativity as Gestalt Therapy. *In*: M. Spagnuolo Lobb; N. Amendt-Lyon (eds.). *Creative License. The Art of Gestalt Therapy*. Springer, 2003. pp. 101-111.

KITZLER, R. The Ambiguities of Origins: Pragmatism, the University of Chicago, and Paul Goodman's Self. *Studies in Gestalt Therapy. Dialogical Bridges 1*(1), 2007. pp. 41-63.

KITZLER, R. *The Eccentric Genius. An Anthology of the Writings of Richard Kitzler, Master Gestalt Therapist*. Gestalt Institute of New Orleans Press, 2008.

KOFFKA, K. *Principles of Gestalt Psychology*. Harcourt, Brace & Co., 1935.

KÖHLER, W. *Dynamics in Psychology*. Liveright, 1940.

KÖHLER, W. *Gestalt Psychology*. New American Library, 1975.

KUHN, T. *The Structure of Scientific Revolutions*. University of Chicago Press, 1962.

LASCH, C. *The Culture of Narcissism: American Life in an Age of Diminishing Expectations*. Norton, 1978.

LAY, J.; KITZLER, R. Working with Group Process. The Model of the New York Institute for Gestalt Therapy. *Studies in Gestalt Therapy 8*, 1999. pp. 318-320.

LEE, R. G. (ed.) *The Secret Language of Intimacy: Releasing the Hidden Power in Couple Relationships*. Routledge, Taylor & Francis, 2008.

LEE, R. G. (ed.). *The Values of Connections. A Relational Approach to Ethics*. The Analytic Press for the Gestalt Press, 2004.

LEVINE BAR-YOSEPH, T. The Organization as Social-Microcosm: Gestalt Therapy Oriented Organizational Practice. *Studies in Gestalt Therapy. Dialogical Bridges 2*(1), 2008. pp. 69-79.

LEWIN, K. *Field Theory in Social Science*. Harper & Brothers, 1951.

LICHTENBERG, P. La psicoterapia della Gestalt come rinnovamento della psicoanalisi radicale. *Quaderni di Gestalt XII*(2), 2009. pp. 45-68.

LICHTENBERG J.; LACHMANN F.; FOSSHAGE J. *Il sé e i sistemi motivazionali* (ed. or. 1992). Astrolabio, 2000.

LICHTENBERG, J.; LACHMANN, F.; FOSSHAGE, J. *The Clinical Exchange: Technique Derived from Self and Motivational Systems*. The Analytic Press, 1996.

LOEWALD, H. W. On the Therapeutic Action of Psycho-Analysis. *International Journal of Psycho-Analysis 41*, 1960. pp. 16-33.

LYNCH, B.; LYNCH, J. E. Creativity in Family Therapy. *In*: M. Spagnuolo Lobb; N. Amendt-Lyon (eds.). *Creative License: The Art of Gestalt Therapy*. Springer, 2003. pp. 239-247.

LYNCH, B.; LYNCH, J. E. *Principles and Practices of Structural Family Therapy*. The Gestalt Journal Press, 2000.

LYNCH, B.; ZINKER, J. Couples: How They Develop and Change. *Gestalt Newsletter GIC, 2*, 1982. pp. 1-4.

MAHLER, M. (1968). *Infantile Psychosis*. International Universities Press.

MAHLER, M.; PINE, F.; BERGMAN, A. *The Psychological Birth of the Human Infant. Symbiosis and Individuation*. Basic Books, 1975.

MAHONEY, M.; SPAGNUOLO LOBB, M.; CLEMMENS, M.; MARQUIS, A. Self-Regulation of the Therapeutic Meeting. From Constructivist and Gestalt Therapy Perspectives: A Transcribed Experiment. *Studies in Gestalt Therapy. Dialogical Bridges 1*(1), 2007. pp. 67-90.

MALAGOLI Togliatti, M.; LUBRANO LAVADERA, A. *Dinamiche relazionali e ciclo di vita della famiglia*. Il Mulino, 2002.

MATURANA H. R.; VARELA F. J. *The tree of knowledge⊠:*

MCCONVILLE, M. *Adolescence. Psychotherapy and the Emergent Self.* A Gestalt Institute of Cleveland Publication, Jossey-Bass Publishers, 1995.

MEAD, G. H. *Mind, Self and Society*. Charles Morris (ed.). University of Chicago Press, 1934.

MELNICK, J. Editorial. *Gestalt Review 11*(1), 2007. pp. 2-5.

MELNICK, J.; MARCH NEVIS, S. Creativity in Long-Term Intimate Relationships. *In*: M. Spagnuolo Lobb; N. Amendt-Lyon (eds.). *Creative License. The Art of Gestalt Therapy*. Springer, 2003. pp. 227-238.

MELNICK, J.; MARCH NEVIS, S. Gestalt Family Therapy. *British Gestalt Journal 1*, 1987a. pp. 47-54.

MELNICK, J.; MARCH NEVIS, S. Power, Choice and Surprise. *Gestalt Journal 9*, 1987b. pp. 43-51.

MERLEAU-PONTY, M. *Il corpo vissuto*. Il Saggiatore, 1979.

MERLEAU-PONTY, M. *The Phenomenology of Perception*. Routledge and Keegan Paul,1965; 1967.

MIGONE, P. Amore tra paziente e terapeuta. *Il Ruolo Terapeutico 99*, 2005. pp. 55-61.

MIONE, M.; CONTE, E. Postmodernità e relazione educativa: l'età della fanciullezza. *In*: R. G. Romano (ed.). *Ciclo di vita e dinamiche educative nella società postmoderna*. FrancoAngeli, 2004. pp. 93-125.

MIRONE, G. *La gestione dello stress secondo la psicoterapia della Gestalt: applicazione del modello di preparazione al parto di Margherita Spagnuolo Lobb*. Psychotherapy Postgraduate Dissertation. Istituto di Gestalt HCC, 2009.

MITCHELL, S. *Relationality: From Attachment to Intersubjectivity*. Analytic Press, 2000.

MORENO, J. *Manuale di psicodramma*. Astrolabio, 1985.

MORTOLA, P. *Windowframes: Learning the Art of Gestalt Play Therapy the Oaklander Way*. Gestalt Press, 2006.

MÜLLER, B. Una fonte dimenticata. Il pensiero di Otto Rank. *Quaderni di Gestalt* 7(12), 1991. pp. 41-47.

MÜLLER, B. Isadore From's Contribution to the Theory and Practice of Gestalt Therapy. *Studies in Gestalt Therapy 2*, 1993. pp. 7-21.

NARANJO, C. *The Techniques of Gestalt Therapy*. The Gestalt Journal, 1980.

NEVIS, E. C. *Organizational Consulting: a Gestalt Approach*. Gestalt Press, 1987.

NEVIS, E. C. Blocks to Creativity in Organizations. *In*: M. Spagnuolo Lobb; Amendt-Lyon (eds.). *Creative License. The Art of Gestalt Therapy*. Springer, 2003. pp. 291-302.

NIETZSCHE F. V. *Also sprach Zarathustra. Ein Buch für Alle und Keinen*. Chemmitz, 1883.

OAKLANDER V. *Descobrindo Crianças: A Abordagem Gestáltica com Crianças e Adolescentes*. Summus Editorial, 1980.

OGDEN, T. H. *The Primitive Edge of Experience.* Jason Aronson, 1989.

OGDEN, T. H. What's True and Whose Idea Was It? *International Journal of Psycho-Analysis 84*, 2003. pp. 593-606.

OLDS, D. D. Leap Carefully from Brain to Mind – But It Can be Done: Commentary on Vivona. *Journal of the American Psychoanalytic Association 57*(3), 2009. pp. 551-558.

ORANGE, D. *The Suffering Stranger: Hermeneutics for Everyday Clinical Practice.* Routledge-Taylor & Francis Group, 2011.

ORANGE, D.; ATWOOD, G.; STOLOROW, R. *Working Intersubjectively: Contextualism in Psychoanalytic Practice.* The Analytic Press, 1997.

PARLETT, M. Creative Abilities and the Art of Living Well. *In*: M. Spagnuolo Lobb; N. Amendt-Lyon (eds.). *Creative License. The Art of Gestalt Therapy.* Springer, 2003. pp. 51-62.

PARLETT, M. Contemporary Gestalt Therapy: Field Theory. *In*: A. L. Woldt; S. M. Toman (eds.). *Gestalt therapy: History, Theory and Practice.* Sage Publications, 2005. pp. 41-63.

PERLITZ, D. *Beyond Kohut: From Empathy to Affection.* (in press), 2014.

PERLS, F. S. *Ego, Fome E Agressão: Uma Revisão da Teoria E Do Método de Freud.* Summus Editorial, 2002.

PERLS, F.; HEFFERLINE, R.; GOODMAN, P. *Gestalt-terapia* (3a ed). Summus Editorial, 1997.

PERLS, F.; HEFFERLINE, R.; GOODMAN, P. *Gestalt Therapy: Excitement and Growth in the Human Personality.* The Gestalt Journal Press, 1951.

PERLS, L. Comments on New Directions. *In*: E. Smith (ed.). *The Growing Edge of Gestalt Therapy.* Brunner/Mazel, 1976.

PERLS, L. *Leben an der Grenze. Essays und Anmerkungen zur Gestalt-Therapie.* Edition Humanistische Psychologie, 1989.

PESESCHKIAN, N. *Der Kaufmann und der Papagei orientalischen Geschichten als Medien in der Psychotherapie.* Fischer Taschenbuch Verlag, 1979.

PHILIPPSON, P. *Self in Relation.* Gestalt Journal Press, 2001.

PIAGET, J. *La construction du réel chez l'enfant.* Delachaux et Niestlé, 1937.

PIAGET, J. *The Psychology of Intelligence.* Harcourt, Brace & Co., 1950.

PIERCY, F.; SPRENKLE, D. *Family Therapy Sourcebook.* Guilford Press, 1986.

PINTUS, G. Tempo e relazione nel vissuto dipendente. Percorsi ermeneutici e clinici. *In*: M. Menditto (ed.). *Psicoterapia della Gestalt contemporanea. Esperienze e strumenti a confronto*. FrancoAngeli, 2011. pp. 203-210.

POLSTER, E. *Every Person's Life Is Worth a Novel*. W.W. Norton & Co., 1987.

POLSTER M. *Eve's Daughters: the Forbidden Heroism of Women*. Jossey-Bass Publishers, 1992.

POLSTER, E. *Uncommon Ground. Creating a System of Lifetime Guidance*. Tucker & Theisen, Inc., 2006.

POLSTER, E.; POLSTER, M. (1973). *Gestalt Therapy Integrated*. Vintage Books, 1973.

PRIGOGINE, I. *La fin des certitudes*. Jacob, 1996.

R, O. *The Trauma of Birth*. Kegan Paul, Trench, Trubner, 1929.

RANK, O. *Art and Artist*. Agathon Press, 1932.

RANK, O. *Beyond Psychology*. Hauser, 1941.

REICH, W. *The Function of the Orgasm*. Simon & Schuster, 1945/1972.

RICOEUR, P. *Temps et récit III. Le temps raconté*. Editions du Seuil, 1985.

RIGHETTI, P. L. *Ogni bambino merita un romanzo. Lo sviluppo del sé dall'esperienza prenatale ai primi tre anni di vita*. Carocci, 2005.

RIGHETTI, P. L.; MIONE, M. Per un concetto di sviluppo del sé prenatale in psicoterapia della Gestalt. *Quaderni di Gestalt 30/31*, 2000. pp. 120-126.

ROBINE, J.-M. Come pensare la psicopatologia in terapia della Gestalt? *Quaderni di Gestalt 8/9*, 1989. pp. 65-76.

ROBINE, J.-M. *Plis et deplis du Self*. Institut Français de Gestalt-thérapie, 1977; 2004.

ROBINE, J.-M. (ed.). *Contact and Relationship in a Field Perspective*. L'Exprimerie, 2001.

ROBINE, J.-M. Intentionality in Flesh and Blood: Toward a Psychopathology of Fore-Contacting. *International Gestalt Journal XXVI*(2), 2003. pp. 85-110.

ROSENFELD, E. An Oral History of Gestalt Therapy: Part I: A Conversation with Laura Perls. *The Gestalt Journal 1*, 1978a. pp. 8-31.

ROSENFELD, E. An Oral History of Gestalt Therapy: Part II: A Conversation with Isadore From. *The Gestalt Journal 1*(2), 1978b. pp. 7-27.

SALONIA, G. *Kairòs. Direzione spirituale e animazione comunitaria*. Edizioni Dehoniane, 1994.

SALONIA, G. L'innamoramento come terapia e la terapia come innamoramento. *Quaderni di Gestalt 4*, 1987. pp. 74-99.

SAMPOGNARO, G. The Psychoportrait: A Technique for Working Creatively in Psychiatric Institutions. *In*: M. Spagnuolo Lobb; N. Amendt-Lyon (eds.). *Creative License. The Art of Gestalt Therapy*. Springer, 2003. pp. 279-290.

SAMPOGNARO, G. *Scrivere l'indicibile. La scrittura creativa in psicoterapia della Gestalt*. FrancoAngeli, 2008.

SANDER, L.; TRONICK, E. Non-Interpretive Mechanisms in Psychoanalytic Therapy. The 'Something More' than Interpretation. *International Journal of Psycho-Analysis 79*, 1998a. pp. 903-921.

SARTRE, J.-P. *L'être et le néant*. Gallimard, 1943.

SATIR, V. Il cambiamento nella coppia. *In*: M. Andolfi (ed.). *La crisi della coppia: una prospettiva sistemico-relazionale*. Raffaello Cortina Editore, 1999. pp. 13-21.

SCABINI, E.; IAFRATE, R. *Psicologia dei legami familiari*. Il Mulino, 2003.

SCHULTHESS, P.; ANGER, H. (eds.). *Gestalt und Politik. Gesellschaftspolitische Implikationen der Gestalttherapie*. Edition Humanistische Psychologie, 2009.

SEARLES, H. F. *The Non-Human Environment*. International Universities Press, 1960.

SHAW, D. *Traumatic Narcissism: Relational Systems of Subjugation*. Routledge, 2014.

SHORT, D.; CASULA, C. C. *Speranza e resilienza. Cinque strategie psicoterapeutiche di Milton H. Erickson*. FrancoAngeli, 2004.

SICHERA, A. A confronto con Gadamer: per una epistemologia ermeneutica della

Gestalt. *In*: M. Spagnuolo Lobb (ed.). *Psicoterapia della Gestalt. Ermeneutica e clinica*. FrancoAngeli, 2001. pp. 17-41.

SICHERA, A. Therapy as an Aesthetic Issue: Creativity, Dreams, and Art in Gestalt Therapy. *In*: M. Spagnuolo Lobb; N. Amendt-Lyon (eds.). *Creative License. The Art of Gestalt Therapy*. Springer, 2003. pp. 93-100.

SIEGEL, D. J. *The Developing Mind: How Relationships and the Brain Interact to Shape Who We Are*. Guilford Press, 1999.

SMITH, E. W. L. *The Body in Psychotherapy.* McFarlan, 1985.

SPAGNUOLO LOBB, M. *Adolescenti assassini.* La Sicilia March 26th., 2009c.

SPAGNUOLO LOBB, M. A Gestalt Approach to Juvenile Experience: Valuing and Accepting "Different-ness" in Our Children, in: *Australian Gestalt Journal, 6*(1), 2002a. pp. 33-38.

SPAGNUOLO LOBB, M. A Gestalt Therapy Model for Addressing Psychosis. *British Gestalt Journal 11*(1), 2002b. pp. 5-15.

SPAGNUOLO LOBB, M.; Salonia, G. Al di là della sedia vuota: un modello di coterapia. *Quaderni di Gestalt 3*,11-35, 1986 (paper presented at the 8th International Gestalt Therapy Conference, Cape Cod, Massachusetts, 1986).

SPAGNUOLO LOBB, M. Being at the Contact Boundary with the Other: The Challenge of Every Couple. *British Gestalt Journal 16*(1), 2007a. pp. 44-52 (it. trans: Essere al confine di contatto con l'altro: la sfida di ogni coppia. *Terapia Familiare 86*, pp. 55-73, 2008; *In*: R.G. Lee (ed.). *Il linguaggio segreto dell'intimità.* FrancoAngeli, pp. 78-96, 2009).

SPAGNUOLO LOBB, M. Co-creation and the Contact Boundary in the Therapeutic Situation. *In*: D. Ullman; G. Wheeler (eds.). *Cocreating the Field: Intention and Practise in the Age of Complexity. The Evolution of Gestalt Series, vol. 1*, Routledge, Taylor and Francis for Gestalt Press, 2009d. pp. 101-134.

SPAGNUOLO LOBB, M. Creative Adjustment in Madness: A Gestalt Therapy Model for Seriously Disturbed Patients. *In*: M. Spagnuolo Lobb; N. Amendt-Lyon (eds.). *Creative License. The Art of Gestalt Therapy.* Springer, 2003a. pp. 261-277.

SPAGNUOLO LOBB, M.; AMENDT-LYON, N. (eds.). *Creative License. The Art of Gestalt Therapy.* Springer, 2003.

SPAGNUOLO LOBB, M. Dalla psicologia della Gestalt alla psicoterapia della Gestalt. *In*: P. L. Righetti; M. Spagnuolo Lobb (eds.). Psicoterapia della Gestalt. Percorsi teorico-clinici. Rassegna di articoli dai. *Quaderni di Gestalt.* Upsel Domeneghini Editore, 2005a. pp. 19-27.

SPAGNUOLO LOBB, M. Dall'here-and-now al now-for-next. Un esempio clinico. *Quaderni di Gestalt 1*, 2009h. pp. 75-95.

SPAGNUOLO LOBB, M. From Daughter to Mother. *Studies in Gestalt Therapy 3*, 1994. pp. 39-48.

SPAGNUOLO LOBB, M.; Salonia G.; Sichera, A. From the 'Discomfort of Civilization' to 'Creative Adjustment': the Relationship Between Individual and Community in Psychotherapy in the Third Millennium. *International Journal of Psychotherapy 1*(1), pp. 45-53 (it. trans: *Quaderni di Gestalt 24/25*, pp. 95-105, 1997. *In*: Spagnuolo Lobb M. (ed.). *Psicoterapia della Gestalt. Ermeneutica e clinica*. FrancoAngeli, 2001, pp. 180-190; sp. trans: *Psicoterapia della Gestalt. Ermeneutica y clinica*. Gesida, 2002, pp. 209-219).

SPAGNUOLO LOBB, M. From the Epistemology of Self to Clinical Specificity of Gestalt Therapy. *In*: J.-M. Robine (ed.). *Contact and Relationship in a Field Perspective*. L'Exprimerie, 2001e. pp. 49-65.

SPAGNUOLO LOBB, M. Gestalt. *In*: J. M. Prellezo; G. Malizia; C. Nanni (eds.). *Dizionario di Scienze dell'Educazione*. LAS, 2008a. pp. 511-514.

SPAGNUOLO LOBB, M. Gestalt Therapy as Narrative: A Commentary on Peter Mortola's Paper 'Narrative Formation and Gestalt Closure'. *Gestalt Review 3*(4), 1999a. pp. 325-334.

SPAGNUOLO LOBB, M. (ed.). *Gestalt-thérapie avec des patients sévèrement perturbés*. L'Exprimerie. 2005d

SPAGNUOLO LOBB, M.; CONTE, E.; MIONE, M. Gli errori co-creati al confine di contatto. La prospettiva della psicoterapia della Gestalt. *Idee in Psicoterapia 2* (in print), 2013.

SPAGNUOLO LOBB, M. Il lavoro gestaltico con le coppie e le famiglie: il Ciclo Vitale e l'integrazione delle polarità. *Quaderni di Gestalt 4*, 1987. pp. 131-143.

SPAGNUOLO LOBB, M.; MIONE, M.; FRANCESETTI, G. Il processo di contatto formativo in psicoterapia della Gestalt. *Quaderni di Gestalt XXIII*(2), 2010. pp. 27-45.

SPAGNUOLO LOBB, M. *Il trauma di scoprirsi genitori di assassini*. La Sicilia July 12th., 2008d.

SPAGNUOLO LOBB, M.; CAVALERI, P. A. (2013). Intenzionalità. In: G. Nardone & A. Salvini, *Dizionario Internazionale di Psicoterapia*. Garzanti.

SPAGNUOLO LOBB, M. Is Oedipus Still Necessary in the Therapeutic Room? Sexuality and Love as Emerging at the Contact Boundary. *Gestalt Review 13*(1), 2009f. pp. 47-61.

SPAGNUOLO LOBB, M. Isomorfismo: un ponte concettuale tra psicoterapia della Gestalt, psicologia della Gestalt e neuroscienze. *In*: P. A.

Cavaleri (ed.). *Psicoterapia della Gestalt e Neuroscienze. Dall'isomorfismo alla simulazione incarnata.* FrancoAngeli, 2013. pp. 87-113.

SPAGNUOLO LOBB, M. La co-creazione dell'esperienza terapeutica nel qui-e-ora. *In*: C. Loriedo; F. Acri (eds.). *Il setting in psicoterapia. Lo scenario dell'incontro terapeutico nei differenti modelli clinici di intervento.* FrancoAngeli, 2009b. pp. 306-336.

SPAGNUOLO LOBB, M.; STERN, D. N.; CAVALERI, P.; SICHERA, A. Key-moments in psicoterapia: confronto tra le prospettive gestaltica e intersoggettiva. *Quaderni di Gestalt XII*(2), 2009. pp. 11-29.

SPAGNUOLO LOBB, M. L'adattamento creativo come compito terapeutico nella società liquida. *In*: G. Francesetti; M. Gecele; F. Gnudi; M. Pizzimenti (eds.). *La creatività come identità terapeutica. Atti del II convegno della Società Italiana Psicoterapia Gestalt.* FrancoAngeli, 2011a. pp. 23-43.

SPAGNUOLO LOBB, M. La formazione in Gestalt terapia. Come la prospettiva dell'aggressione dentale modifica il concetto tradizionale di formazione. *Quaderni di Gestalt 13*, 1991. pp. 5-15.

SPAGNUOLO LOBB, M.; ZERBETTO, R. La psicoterapia della Gestalt. *In*: R. Zerbetto (ed.). *Fondamenti comuni e diversità di approccio in psicoterapia.* FrancoAngeli, 2007. pp. 171-195.

SPAGNUOLO LOBB, M. La psicoterapia della Gestalt nelle strutture psichiatriche. *Quaderni di Gestalt XVII*, 32/33, 2001d. pp. 34-48.

SPAGNUOLO LOBB, M. La psicoterapia della Gestalt con le esperienze depressive (intervista di Gianni Francesetti). *In*: G. Francesetti; M. Gecele (eds.). *L'altro irraggiungibile. La psicoterapia della Gestalt con le esperienze depressive.* FrancoAngeli, 2011b. pp. 25-45.

SPAGNUOLO LOBB, M. La psicoterapia tra il dicibile e l'indicibile. Il modello della psicoterapia della Gestalt. *In*: M. Spagnuolo Lobb (ed.). *L'implicito e l'esplicito in psicoterapia. Atti del Secondo Congresso della Psicoterapia Italiana.* FrancoAngeli, 2006b. pp. 19-27.

SPAGNUOLO LOBB, M. La relazione terapeutica in psicoterapia della Gestalt. *In*: P. Petrini; A. Zucconi (eds.). *La relazione terapeutica negli approcci psicoterapici.* Alpes Italia, 2007b. pp. 527-536.

SPAGNUOLO LOBB, M. La teoria del sé in psicoterapia della Gestalt. *In*: M. Spagnuolo Lobb (ed.), *Psicoterapia della Gestalt. Ermeneutica e clinica.* FrancoAngeli, 2001b. pp. 86-110.

SPAGNUOLO LOBB, M. La vita e il dolore nell'arte dello psicoterapeuta. Intervista a Umberto Galimberti. *Quaderni di Gestalt XXIII*(1), 2010a. pp. 15-34.

SPAGNUOLO LOBB, M. L'awareness dans la pratique post-moderne de la Gestalt-thérapie. *Gestalt. Societé Française de Gestalt ed. XV*(27), 2004a. pp. 41-58 (it. trans: La consapevolezza nella pratica post-moderna della Gestalt Therapy. *In*: P. L. Righetti; M. Spagnuolo Lobb (eds.). Psicoterapia della Gestalt. Percorsi teorico-clinici. Rassegna di articoli dai. *Quaderni di Gestalt*. Upsel Domeneghini Editore).

SPAGNUOLO LOBB, M. Letter from Italy. *International Gestalt Journal 27*(1), 2004b. pp. 111-120.

SPAGNUOLO LOBB, M. Le psicoterapie: linee evolutive. *Quaderni di Gestalt 22/23*, 1996. pp. 71-88.

SPAGNUOLO LOBB, M. (ed.). *L'implicito e l'esplicito in psicoterapia. Atti del Secondo Congresso della Psicoterapia Italiana*. FrancoAngeli, 2006a.

SPAGNUOLO LOBB, M. Linee programmatiche di un modello gestaltico nelle comunità terapeutiche. *Quaderni di Gestalt 24/25*, 1997. pp. 19-37.

SPAGNUOLO LOBB, M. Malcolm Parlett's Five Abilities and Their Connection With Contemporary Scientific Theories on Human Interconnectedness. *British Gestalt Journal 15*(2), 2006c. pp. 36-45.

SPAGNUOLO LOBB, M. Opening Lecture: Gestalt Therapy. Hermeneutics and Clinical. *Studies in Gestalt Therapy 8*, 1999b (special issue dedicated to the 6th European Congress of Gestalt Therapy) (translated in the swedish magazine *Gestalt*, in the german magazine *Gestalttherapie*, in the swiss magazine *Gestalt pp*. 17-20, 2001, in the english e-magazine *Gestalt! 3-4*, 1999).

SPAGNUOLO LOBB, M. O self como contato. O contato como self. Uma contribuição à fundamentação da experiência na teoria do self em Gestalt-terapia. *In*: Robine, J. M.(org.). *Self: uma Polifonia de Gestalt-Terapeutas Contemporâneos*. Escuta. 2018. pp. 271–302.

SPAGNUOLO LOBB, M. "Papà, mi riconosci?". Accogliere la diversità del figlio oggi. *Quaderni di Gestalt XVI* (30/31), 2000. pp. 94-99.

SPAGNUOLO LOBB, M. *Psicologia della personalità. Genesi delle differenze individuali*. LAS, 1982.

SPAGNUOLO LOBB, M. Presentazione. *In*: G. Sampognaro. *Scrivere l'indicibile. La scrittura creativa in psicoterapia della Gestalt*. FrancoAngeli, 2008e. pp. 9-11.

SPAGNUOLO LOBB, M. Presentazione. *In*: R. Frank, *Il corpo consapevole. Un approccio somatico ed evolutivo alla psicoterapia* (or. ed. 2001). FrancoAngeli, 2005c.

SPAGNUOLO LOBB, M. (ed.). *Psicoterapia della Gestalt. Ermeneutica e clinica.* FrancoAngeli, 2001a (sp. trans: Gedisa, 2002; fr. trans: L'Exprimerie, 2004).

SPAGNUOLO LOBB, M. Psicoterapia della Gestalt. *In*: F. Barale; M. Bertani; V. Gallese; S. Mistura; A. Zamperini (eds.). *Psiche. Dizionario storico di psicologia, psichiatria, psicoanalisi, neuroscienze, vol. 2.* Einaudi, 2007c. pp. 900-904.

SPAGNUOLO LOBB, M. Psicoterapia Gestalt en Instituciones Psiquiatricas. *Figura/Fondo 11*, 2002c. pp. 43-66.

SPAGNUOLO LOBB, M. (in press). Sfondo. *In*: G. Nardone; A. Salvini; *Dizionario Internazionale di Psicoterapia.* Garzanti.

SPAGNUOLO LOBB, M. *Sentirsi a casa in terra straniera.* La Sicilia May 14th., 2009e.

SPAGNUOLO LOBB, M. Sexuality and Love in a Psychotherapeutic Setting: from the Death of Oedipus to the Emergence of the Situational Field. *International Journal of Psychotherapy 13*(1), 2009g. pp. 5-16.

SPAGNUOLO LOBB, M. *Senza certezze.* La Sicilia February 5th., 2009a.

SPAGNUOLO LOBB, M. Sessualità e amore nel setting gestaltico: dalla morte di Edipo all'emergenza del campo situazionale. *Idee in Psicoterapia 1*(1), 2008c. pp. 35-47.

SPAGNUOLO LOBB, M. Specific Support in the Interruptions of Contact. *Studies in Gestalt Therapy 1*, 1992. pp. 43-51 (or. ed: Il sostegno specifico nelle interruzioni di contatto. *Quaderni di Gestalt 10/11*, pp. 13-23, 1990; fr. trans: Institute de Gestalt-Thérapie de Bordeaux; sp. trans: Figura/Fondo 4,1, pp. 3-16, 2000).

SPAGNUOLO LOBB, M. Stress e benessere organizzativo. Un modello gestaltico di consulenza aziendale. *Quaderni di Gestalt XXV*(1), 2012. pp. 87-104.

SPAGNUOLO LOBB, M. The Theory of Self in Gestalt Therapy. A Restatement of Some Aspects. *Gestalt Review 4*, 2001c. pp. 276-288.

SPAGNUOLO LOBB, M. Therapeutic Meeting as Improvisational Co--creation. *In*: M. Spagnuolo Lobb; N. Amendt-Lyon (eds.). *Creative License. The Art of Gestalt Therapy.* Springer, 2003b. pp. 37-49.

SPAGNUOLO LOBB, M. The Therapeutic Relationship in Gestalt Therapy. *In*: L. Jabobs; R. Hycner (eds.). *Relational Approaches in Gestalt Therapy*. Gestalt Press, published and distributed by Routledge, Taylor and Francis Group, 2010b. pp. 111-129.

SPENCE, D. P. *Narrative Truth and Historical Truth*. Norton, 1982.

STEELE, H.; STEELE, M. (eds.). *Adult Attachment Interview. Applicazioni pratiche*. Raffaello Cortina Editore, 2008.

STERN, D. N. *Forms of Vitality. Exploring Dynamic Experience in Psychology and the Arts*. Oxford University Press USA, 2010.

STERN, D. N. L'implicito e l'esplicito in psicoterapia. *In*: M. Spagnuolo Lobb (ed.). *L'implicito e l'esplicito in psicoterapia. Atti del Secondo Congresso della Psicoterapia Italiana*. FrancoAngeli, 2006. pp. 28-35.

STERN, D. N. *et al*. Lo sviluppo come metafora della relazione. *Quaderni di Gestalt XVII* (30-31), 2000. pp. 6-21.

STERN, D. N. *et al*. On the Other Side of the Moon. The Import of Implicit Knowledge for Gestalt Therapy. *In*: M. Spagnuolo Lobb; N. Amendt-Lyon (eds.). *Creative License. The Art of Gestalt Therapy*. Springer, 2003. pp. 21-35.

STERN, D. N. *The Diary of a Baby*. Basic Books, 1990.

STERN, D. N. *The Interpersonal World of the Infant: a View from Psychoanalysis and Developmental Psychology*. Basic Books, 1985.

STERN, D. N. *The Present Moment in Psychotherapy and Everyday Life*. Norton, 2004.

STERN, D. N. *et al*. The Process of Therapeutic Change Involving Implicit Knowledge: Some Implications of Developmental Observations for Adult Psychotherapy. *Infant Mental Health Journal 3*, 1998b. pp. 300-308.

TESSAROLO, M. (ed.). *L'arte contemporanea e il suo pubblico. Teorie e ricerche*. FrancoAngeli, 2009.

TRONICK, E. Emotions and Emotional Communication in Infants. *American Psychologist 44*, 1989. pp. 112-119.

TRONICK, E. *et al*. The Infant's Response to Entrapment Between Contradictory Messages in Face-to-Face Interaction. *Journal of the American Academy of Child and Adolescent Psychiatry 17*, 1978. pp. 1-13.

VAN BAALEN, D. La Terapia della gestalt in Norvegia. *Quaderni Di Gestalt, 22*(1), Astrolabio, 2009. pp. 97-102.

VERNANT, J.-P. Oedipe sans complexe. *In*: J.-P. Vernant; P. Vidal-Naquet. *Mythe et tragédie en Grèce ancienne*. Maspero, 1973.

VIVONA, J. M. Leaping from Brain to Mind: A Critique to Mirror Neurons Explanation of Countertransference. *Journal of the American Psychoanalytic Association* 57(3), 2009a. pp. 525-550.

VIVONA, J. M. Response to Commentaries. *Journal of the American Psychoanalytic Association* 57(3), 2009b. pp. 569-573.

WATSON, S. H. Merleau-Ponty's Phenomenological Itinerary From Body Schema to Situated Knowledge: On How We Are and How We Are not to 'Sing the World'. *Janus Head* 9(2), 2007. pp. 525-550.

WERTHEIMER, M. *Productive Thinking*. Harper and Bros, 1945.

WHEELER, G. *Beyond Individualism: Toward a New Understanding of Self, Relationship, and Experience*. The Analytic Press, 2000b.

WHEELER G. *Gestalt Reconsidered. A New Approach to Contact and Resistance*. Gardner Press Inc., 1991.

WHEELER, G. Per un modello di sviluppo in psicoterapia della Gestalt. *Quaderni di Gestalt 30/31*, 2000 a. pp. 40-57.

WHEELER, G.; Backman, S. *On Intimate Ground: A Gestalt Approach to Working with Couples*. The Analytic Press, 1994.

WHEELER, G.; McConville, M. *The Heart of Development. Gestalt Approaches to Working with Children, Adolescents and Their Worlds*. Analytic Press/ Gestalt Press, 2002.

WINNICOTT, D. W. *Playing and Reality*. Routledge, 1974.

WOLDT, A. L.; TOMAN, S. M. (eds.). *Gestalt Therapy: History, Theory and Practice*. Sage Publications, 2005.

YONTEF, G. M. Gestalt Therapy Theory of Change. *In*: A. L. Woldt; S. M. Toman (eds.). *Gestalt Therapy: History, Theory and Practice*. Sage Publications, 2005. pp. 81-100.

ZINKER, J. C. *In Search of Good Form: Gestalt Therapy with Couples and Families*. GIC Press, 1994.

ZINKER, J. C.; CARDOSO ZINKER, S. Process and Silence. A Phenomenology of Couples Therapy. *Gestalt Review* 5(1), 2001. pp. 11-23.

ZINKER, J. C.; NEVIS, S. M. Teoria della psicoterapia della Gestalt sulle interazioni di coppia e familiari. *Quaderni di Gestalt* 4, 1987. pp. 17-44.

Construindo ideias
e conectando mentes

Este livro foi composto com tipografia Bembo Std
e impresso em papel Pólen Soft 80g.
na Gráfica Promove em setembro de 2023.